A emoção da ortodoxia

# A emoção da ortodoxia

*Redescobrindo a aventura da fé cristã*

## TREVIN WAX

Prefácio de
KEVIN J. VANHOOZER

Traduzido por Susana Klassen

MUNDO CRISTÃO

Copyright © 2022 por Trevin Wax
Publicado originalmente por InterVarsity Press, Downers Grove, Illinois, EUA.

Os textos bíblicos foram extraídos da *Nova Versão Transformadora* (NVT), da Tyndale House Foundation, salvo indicação específica.

Todos os direitos reservados e protegidos pela Lei 9.610, de 19/02/1998.

É expressamente proibida a reprodução total ou parcial deste livro, por quaisquer meios (eletrônicos, mecânicos, fotográficos, gravação e outros), sem prévia autorização, por escrito, da editora.

*Edição*
Daniel Faria

*Revisão*
Ana Luiza Ferreira

*Produção e diagramação*
Felipe Marques

*Colaboração*
Gabrielli Casseta
Guilherme Lorenzetti

*Adaptação de capa*
Jonatas Belan

*CIP-Brasil. Catalogação na publicação*
*Sindicato Nacional dos Editores de Livros, RJ*

W865e

Wax, Trevin, 1981-
  A emoção da ortodoxia : redescobrindo a aventura da fé cristã / Trevin Wax ; prefácio de Kevin J. Vanhoozer ; tradução Susana Klassen. - 1. ed. - São Paulo : Mundo Cristão, 2024.
  264 p.

  Tradução de: The thrill of orthodoxy : rediscovering the adventure of Christian faith
  ISBN 978-65-5988-351-6

  1. Credos. 2. Cristianismo. 3. Teologia dogmática - História. I. Vanhoozer, Kevin J. II. Klassen, Susana. III. Título.

24-93139

CDD: 238
CDU: 27-284

*Meri Gleice Rodrigues de Souza - Bibliotecária - CRB-7/6439*

Publicado no Brasil com todos os direitos reservados por:

Editora Mundo Cristão
Rua Antônio Carlos Tacconi, 69
São Paulo, SP, Brasil
CEP 04810-020
Telefone: (11) 2127-4147
www.mundocristao.com.br

*Categoria:* Igreja
1ª edição: novembro de 2024

PARA MAMÃE E PAPAI,
*que passaram adiante o tesouro*

# Sumário

Prefácio por Kevin J. Vanhoozer     9

1. Nisto eu creio     15
2. Levados pela correnteza     37
3. Redescobrindo a aventura     52
4. Por que os detalhes importam     79
5. A estreiteza da heresia     102
6. A verdade enfrenta o mundo     130
7. Prêmio eterno, batalha épica     152
8. Visão emocionante     180
9. Coração pulsante     198
10. O futuro da ortodoxia     218

Agradecimentos     233
Lista de leitura para os próximos passos     235
A Definição Calcedônia     237
Uma Confissão Católica Reformadora     239
Notas     247

# Prefácio

*Kevin J. Vanhoozer*

Nada emociona os desiludidos. Viver no Ocidente no século 21 é viver em um mundo que se tornou desencantado, uma terra de Oz em que as cortinas foram abertas, expondo o maquinário por trás do mistério, os interesses econômicos por trás da política, a psicologia por trás da religião e o genoma por trás do que costumava ser a alma. Nesse prosaico mundo novo, sentimentos de empolgação genuína são escassos e obrigam os engenheiros de parques de diversão a construir montanhas-russas cujas subidas íngremes, giros invertidos e curvas fechadas passam com tanta velocidade que o cérebro não é capaz de processar o que está acontecendo; e nem isso é suficiente. Os caçadores de emoção querem ir mais alto, mais rápido, experimentar mais intensamente a força da gravidade. Aqueles que têm condições financeiras agora fazem passeios de foguete para sentir essa euforia.

Hoje em dia, atletas raramente experimentam o que o comentarista esportivo Jim McKay descreveu memoravelmente como "a emoção da vitória, a agonia da derrota" (para o programa semanal *Wild World of Sports* da rede de televisão ABC). Em nosso tempo, os caçadores de emoção procuram esportes *extremos* com velocidade, altura e risco ainda maiores. Saia da frente, êxtase religioso; dê passagem para a injeção de adrenalina.

Outros sintomas aqui e ali na cultura atual confirmam que estamos morrendo de tédio. Considere, por exemplo, o Rainforest Cafe, um restaurante que se descreve como "uma emoção incrível para todas as idades". Os clientes não ficam apenas à espera de uma mesa; são recepcionados por um guia de safári que diz: "Sua aventura começa aqui". São conduzidos, então, para seus lugares em uma floresta tropical artificial, com todos os elementos típicos (graças a robôs animatrônicos), e, a cada dezoito minutos, há uma "tempestade" com fortes trovões, pois, afinal, que graça tem comer debaixo de um céu azul e sem animais selvagens?

Será que os cristãos são diferentes? Têm bons motivos para se empolgar com alguma coisa? Muitos acreditam que doutrina, a formulação de suas crenças distintivas, é mortalmente tediosa. Até mesmo gente que frequenta a igreja de longa data por vezes imagina que estudar teologia sistemática é tão empolgante quanto ser manobrista de estacionamento: sim, há um sistema e um lugar para cada coisa, mas falta algo que desperte interesse. O próprio termo *ortodoxia* tem efeito desanimador semelhante; "convenção antiga", "conformismo enfadonho" ou "opinião acomodada" não são exatamente descrições que incentivam as pessoas a saltar do banco de igreja e aplaudir, ou mesmo se levantar da cama pela manhã. Pior que isso, a simples ideia de que alguém tem de se conformar a conceitos definidos é anátema para o artista criativo que talvez se mostre mais propenso a falar da *depressão* da ortodoxia.

Trevin Wax nos convida a reconsiderar os caminhos batidos pelos quais nosso modo de pensar sobre a ortodoxia se enveredou. A *verdadeira* aventura dos cristãos começa nas águas do batismo, quando eles se identificam como seguidores de Jesus e têm de escolher um rumo. Se não tomarem

PREFÁCIO • 11

cuidado, porém, é fácil se tornarem como crianças, "levados de um lado para outro, empurrados por qualquer vento de novos ensinamentos" (Ef 4.14). Afinal, doutrinas e ortodoxias são inevitáveis. A única pergunta é: *De quem* será o conjunto de ensinamentos (sobre Deus, o mundo, nós mesmos, nosso desenvolvimento) que seguiremos? Concordo com a comparação que Trevin faz da doutrina cristã fundamental com um mapa. Discípulos precisam de direção!

Ele também lembra acertadamente que, por natureza, a doutrina cristã não nos permite privatizar nossa fé. O cristianismo não é algo que as pessoas fazem apenas em seu quarto. Em última análise, o que está em jogo é a declaração pública de uma verdade: "Ele ressuscitou". Fazer essa asserção significa dispor-se a entrar na arena em que a verdade cristã enfrenta o mundo. *Esse* é o tipo de perspectiva emocionante que temos quando, como cristãos, nos levantamos da cama pela manhã.

E essa ideia é relacionada à metáfora central que Trevin usa para descrever a caminhada cristã: uma *aventura*. Quando eu era menino, gostava de soldados de brinquedo, especialmente de cavaleiros medievais. Talvez por isso tenha me identificado tanto com a descrição de Trevin da ortodoxia como um castelo antigo, da missão da igreja como uma batalha épica por almas eternas (isso sim é igreja militante!) e da vida cristã como uma busca não por nossa glória, como dos cavaleiros de outrora, mas pela glória de Deus.

Em sua leitura de *A emoção da ortodoxia*, quero incentivá-lo, portanto, a ter em mente a imagem de Kierkegaard do Cavaleiro da Fé, equipado com o peitoral da justiça, o escudo da fé e a espada do Espírito, a saber, a Palavra de Deus (Ef 6.11-17). Não dê atenção aos cínicos que desprezam o Cavaleiro da Fé e o consideram um cavaleiro errante, um Dom Quixote evangélico

12 • A EMOÇÃO DA ORTODOXIA

que, no fim das contas, não passa de uma figura heroica, porém cômica, que trava batalhas com inimigos imaginários e luta contra moinhos de vento, pois imagina equivocadamente que são gigantes. Sim, para o mundo o Cavaleiro da Fé talvez pareça louco, afinal, a fé é "a certeza daquilo que esperamos e a prova das coisas que não vemos" (Hb 11.1, NVI). E, no entanto, *há* gigantes na terra. O Cavaleiro da Fé não ataca moinhos de vento, e nem mesmo carne e sangue; antes, luta "contra espíritos malignos nas esferas celestiais" (Ef 6.12).

A doutrina faz diferença na vida real, e doutrinas falsas podem ser nocivas. Em última análise, o que está em jogo ao preservar a ortodoxia é a verdade sobre Deus, o evangelho e nós mesmos. E o que torna a ortodoxia emocionante é a relevância perene de sua verdade. Creio que não há melhor exemplo do que o livro de Oliver O'Donovan *Begotten or Made? Human Procreation and Medical Technique* [Gerado ou criado? Procriação humana e técnica médica].[1] O título vem de uma frase de uma doutrina ortodoxa extremamente antiga, a doutrina da Trindade, formulada no Credo Niceno (325 d.C.). No contexto original, "gerado, não criado" refutava a heresia de que o Filho não é um com Deus, mas apenas a mais magnífica criatura de Deus. O'Donovan usa esse dogma do quarto século para tratar de problemas do século 21 resultantes de novas tecnologias de reprodução (como fertilização *in vitro*, mães de aluguel e congelamento de embriões). Aquilo que *geramos*, nossa progênie, é semelhante a nós; tem em comum conosco nossa natureza e dignidade. De modo contrastante, aquilo que *criamos* está debaixo de nosso controle e pode ser usado ou descartado como bem entendermos. No fim das contas, o que está em jogo nessa discussão é nosso entendimento do que significa ser verdadeiramente uma pessoa, com direitos humanos. O'Donovan consegue mostrar como essa distinção aparentemente enigmática do quarto século ("gerado, não criado") pode esclarecer o território complexo da ética médica e nos ajudar a interagir com ela. Quem diria!

A ortodoxia importa? Com tantas vozes que afirmam saber a verdade, em qual delas podemos confiar? Aqueles que depositam a confiança na voz da razão (podemos chamá-los "modernos") são suscetíveis ao pecado mortal do orgulho. De modo contrastante, aqueles que não se mostram dispostos a acreditar em nada, o que inclui a razão (podemos chamá-los "pós-modernos"), são vulneráveis ao pecado mortal da preguiça. O que torna a preguiça mortal não é a indolência física. De acordo com Dorothy Sayers, a preguiça é uma doença espiritual:

> No mundo, a preguiça toma para si o nome de tolerância; no inferno, porém, é chamada Desespero. [...] É o pecado que não acredita em nada, não se importa com nada, não busca nada, não interfere em nada, não desfruta nada, não ama nada, não odeia nada, não encontra propósito em nada, não vive para nada e permanece vivo apenas porque não há nada pelo que morrer.[2]

O antídoto para essa preguiça espiritual é crer em *mais* realidade, e não menos.

É justamente essa a tônica da ortodoxia: ela ajuda os seguidores de Cristo a refletir sobre as implicações das boas-novas de que Deus enviou a ressuscitou seu Filho por nós e para nossa salvação e fez novas todas as coisas. Discípulos precisam da direção que a ortodoxia provê a fim de trilhar o caminho de Jesus Cristo. A emoção da ortodoxia é o convite para fazer exatamente isso, para ser um Cavaleiro da Fé, e não apenas para satisfazer desejos. É o convite para assumir nosso papel no drama da redenção e andar como filhos da luz. Peter Pan, de J. M. Barrie, disse: "Morrer será uma enorme aventura". Morrer diariamente, porém, a serviço não de um príncipe terreno, mas do Rei dos reis, é uma aventura ainda maior. Quando eu era criança, falava e raciocinava como criança: queria ser um Cavaleiro da Távola Redonda, em comunhão com o rei Artur. Quando me tornei homem, abri mão das coisas de criança e me tornei Cavaleiro da Mesa do Senhor, em comunhão com o Rei Jesus. Leia este livro e deixe que sua imaginação evangélica seja reavivada por esta apresentação revigorante da emoção da ortodoxia. Sua aventura começa aqui.

# 1

## Nisto eu creio

A igreja enfrenta seu maior desafio não quando erros novos começam a vencer, mas quando verdades antigas deixam de encantar. J. R. R. Tolkien disse certa vez que a característica mais lamentável da natureza humana é a rapidez com que nos tornamos insatisfeitos com o bem.[1] Recebemos boas dádivas de Deus e, então, ficamos entediados com as bênçãos. Enfado espiritual. Visão embaçada. Dureza de coração. *Esses* são os desafios que a igreja enfrenta.

Lembro-me de minha primeira noite de volta aos Estados Unidos depois de uma estadia de vários meses na Romênia, quando eu tinha 19 anos. Havia resolvido passar algumas semanas em casa durante as festas de final de ano, uma breve pausa em um período de cinco anos dedicado a trabalho missionário e estudos na Europa Oriental. Nos primeiros meses em um país estrangeiro, tinha aprendido a sempre guardar água potável. Passava os finais de semana em um vilarejo, em uma casa sem encanamento, onde descobri novas maneiras de me lavar com baldes de água tirada de um poço e me habituei a sempre ter à mão uma ou duas garrafas de água filtrada.

Naquela primeira noite em casa, ainda envolto na névoa da longa viagem de avião, desfiz as malas, olhei ao redor em meu quarto e, depois, fui até a cozinha no andar de baixo pegar água gelada para beber antes de dormir. Ainda me vejo em pé na escada, segurando uma garrafa térmica verde escura cheia de água filtrada e gelada que havia corrido, como mágica, ao toque de um botão. Minha mente registrou espanto: *Foi tão fácil!* E meu coração trasbordou de gratidão diante da maravilha de ter água potável corrente, disponível em uma questão de segundos, algo que exigia previdência e planejamento na Romênia. Gostaria de poder dizer que essa sensação de maravilhamento e gratidão nunca se esvaneceu, que, desde então, nunca expressei frustração quando o sistema de gelar água da geladeira parou de funcionar, ou quando tive de trocar o filtro. Mas, como seria de esperar, a grande familiaridade com as coisas boas muitas vezes nos torna menos satisfeitos.

A familiaridade é a inimiga do maravilhamento.

Anos depois, em meu trajeto diário para o trabalho, tinha de pegar um caminho ladeado por árvores. E, por algum motivo, comecei a prestar atenção nelas. Meus olhos se abriram para a impressionante variedade presente naquelas fileiras verdes de ambos os lados da estrada, que se erguiam como as paredes do mar Vermelho aberto. Havia uma nogueira aninhada junto a um enorme carvalho, e uma serena bétula acompanhada de um velho e retorcido sicômoro e do roxo primaveril de uma árvore do amor. Uma vez desperto para a glória dessas árvores, a dificuldade foi concentrar-me na estrada a fim de não deixar o carro se desviar para uma vala. Quantas vezes antes havia passado a toda velocidade por essas belezas sem fazer o mínimo caso?

A aventura da vida é uma batalha por admiração, uma firme decisão de resistir ao tédio em um mundo repleto de maravilhas. Talvez por isso aqueles que vivem próximos da glória silenciosa das montanhas passem as férias junto ao mar, e vice-versa. Mudamos de cenário para que possamos *enxergar* o cenário. Saímos de casa para que, mesmo por um breve momento ao retornar, voltemos a perceber sua glória.

A vida cristã começa com admiração espiritual diante da glória do evangelho e da bondade e beleza da verdade cristã, com a surpresa cheia de encantamento de uma criança pequena conduzida a um novo mundo de graça. Ao longo do tempo, contudo, nossas pálpebras ficam pesadas e nosso paladar fica embotado, e é então que os erros se insinuam. A sonolência espiritual nos faz perder a percepção do amor de Deus e enfraquece nosso compromisso de transmitir a fé à geração seguinte. Enfastiamo-nos com as Escrituras, banalizamos a Bíblia e nos desleixamos na doutrina. Habituados demais com a verdade, sentimo-nos atraídos por novos ensinamentos "empolgantes" ou práticas que prometem nos fazer despertar de nosso sono espiritual. E o erro, que sempre se apresenta em roupagem mais chamativa que a verdade, aproveita as ocasiões em que nos mostramos mais propensos a nos desviar.[2]

Por que perdemos tão facilmente o maravilhamento com as verdades que nortearam e inspiraram cristãos por tantas gerações? Por que deixamos de nos encantar com antigas verdades? Por que nos sentimos atraídos por erros teológicos? Para entender melhor nossa suscetibilidade a essa enfermidade espiritual, temos de olhar com atenção para nosso contexto e ver as forças em ação em nosso mundo, em nossas igrejas e em nós, forças que corroem nossa devoção.

## Caos cultural

Começamos com a ansiedade e a inquietação desses tempos caóticos, resultado de polarização política, avanços tecnológicos e calamidades mundiais. Somos bombardeados com informação (e desinformação), inundados de perspectivas e opiniões diversas, que vão do absurdo ao abstrato e tornam difícil identificar fontes dignas de crédito. Qualquer um pode pegar um megafone e, aos gritos, calar aqueles que se desviam até mesmo ligeiramente desta ou daquela nova ortodoxia que une determinada comunidade ou partido político. Não sabemos em quem podemos confiar, se é que podemos confiar em alguém.

Para os cristãos essa sensação de desnorteamento é amplificada por mudanças no panorama moral. Não podemos mais ter a expectativa de que a religiosidade seja respeitável. Crenças e valores tradicionais extraídos da doutrina cristã agora são "extremos". Princípios que quase todos tinham em comum algumas décadas atrás se tornaram, repentinamente, inaceitáveis. À medida que menos pessoas se identificam com a tradição religiosa, aqueles que hoje seguem formas institucionais de religião são cada vez mais empurrados para as margens.

Em gerações passadas, a religiosidade respeitável e o cristianismo cultural apresentavam seu próprio conjunto de desafios à fé e à prática verdadeiras. O caminho para Cristo nunca é fácil, e cristãos de todas as eras são propensos a se esquecer de seu primeiro amor (Ap 2.4). Na presente era, o perigo de abandonar nosso primeiro amor se manifesta por meio das pressões de uma sociedade em que o cristianismo não é a norma e em que as crenças e valores morais cristãos deixaram de parecer plausíveis. Em meio às mudanças contínuas, a "estabilidade" passou a ser vista com desconfiança. Como todas as outras coisas, a fé foi pega no redemoinho de transformações.

## Confusão eclesiástica

Enquanto isso, muitas igrejas se encontram em estado de letargia, e a perplexidade esgota as energias dos crentes que ainda participam dos cultos. Igrejas e denominações estão envoltas em conflitos não muito diferentes do mundo da política inescrupulosa. A desilusão se espalhou e tomou conta da igreja depois das terríveis ondas de escândalo de abuso sexual, formas abusivas de liderança e acobertamento institucional de atrocidades cometidas por alguns dos líderes religiosos mais respeitados do mundo, pessoas consideradas plenamente confiáveis.

A hipocrisia reforçou a disposição anti-institucional de muitos em relação à igreja e levou a uma explosão de novas opções religiosas e experiências espirituais rigorosamente customizadas. A observadora da cultura Tara Isabella Burton diz que muitas pessoas têm trocado a religião institucional pela *espiritualidade intuitiva*: "Uma religião desvinculada de instituições, de credos, de asserções metafísicas a respeito de Deus e do universo [...] mas que ainda busca, de maneiras diversas e variáveis, proporcionar para nós as colunas daquilo que está sempre presente na religião: significado, propósito, comunidade, ritual".[3]

Em resposta a essa confusão incapacitante, alguns cristãos consideram necessário atualizar e aprimorar a fé para a era moderna. Outros rejeitam aspectos do cristianismo histórico, mas procuram se apegar a algumas partes mais desejáveis. Vários líderes de grande projeção renunciaram inteiramente a fé. Enquanto isso, um número considerável de pessoas que antes frequentavam a igreja fechou a porta e se foi silenciosamente.

## Acomodação cristã

O que acontece com os que restaram, com os cristãos comuns que amam suas famílias e dão valor a suas igrejas? Em todas as gerações, enfrentamos o perigo de ansiar pelo passado e temer o futuro. E essa mistura de nostalgia e medo nos leva a um estado de acomodação, de fé sem missão. Entramos e saímos da igreja uma semana após a outra e nos contentamos em recitar as mesmas palavras com nossos lábios, mas nosso coração permanece intocado pelas verdades que confessamos, e somos menos propensos a convidar outros a crer nas boas-novas.

O cristianismo acomodado leva à compartimentalização, uma separação conveniente entre verdade cristã e crenças que norteiam nossas atividades diárias.

O cristianismo se torna apenas um aspecto de uma vida atarefada. Ouvimos outros dizerem que nossas crenças não são tão importantes quanto nosso modo de viver. E, mesmo assim, não há problema se nossas escolhas de vida não se alinharem com o ensino cristão, desde que nossa fé nos ajude a ser sinceros e nos impeça de prejudicar outros.

O que falta nesse quadro é a percepção do cristianismo como missão que exige obediência a um Rei, como alegre aventura que nos coloca em confronto direto com oposição ao proclamarmos algo maior e que proporciona mais satisfação do que preferências pessoais. À primeira vista, o chamado do cristianismo à obediência custosa talvez não pareça heroico ou radical. Talvez passemos por fases estressantes, tenhamos dificuldade de educar os filhos, trabalhemos em empregos que não trazem realização e façamos o melhor que podemos para servir os cristãos em uma igreja cheia de problemas. No entanto, temos de lembrar que o caminho do arrependimento e da fé confere importância eterna até aos menores atos de abnegação. A missão permanece e contrasta com o cristianismo acomodado que almeja domesticar a fé e arrefecer seu fervor revolucionário. De maneiras incontáveis que talvez não fiquem evidentes para nós ou para outros, devemos nos rebelar contra a rebelião de um mundo caído e dar testemunho da soberania de Jesus ressurreto sobre o universo.

## O diagnóstico

Tenho convicção de que uma das principais causas dessa enfermidade espiritual é nossa perda de confiança no caráter verdadeiro e bom da fé cristã. Em todas as gerações, corremos o risco de perder o maravilhamento com a glória da verdade cristã e com o testemunho perene da igreja. Em meio ao caos e à confusão, é fácil voltarmos o foco para nós mesmos e, como consequência, nos esquecermos de *Deus*. É como se tivéssemos herdado uma imensa propriedade com belos edifícios cercados por extensos jardins, mas passássemos os dias enfurnados em um armário, acomodados e entediados, sem desejo de explorar tudo o que nos foi dado em Cristo.

Passamos por isso antes. Caos e confusão não são novidade. Todas as gerações enfrentam esses desafios, ainda que por motivos diferentes. A chave para a renovação não é nos livrar de aspectos do cristianismo que parecem incômodos em nosso tempo. (Afinal, se o cristianismo é verdadeiro, devemos esperar que todas as culturas entrem em conflito com suas asserções em algum momento.) Também não devemos ignorar novos desafios e desconsiderar as perguntas difíceis a respeito daquilo em que cremos e dos motivos pelos quais cremos.

Não, a chave para a renovação é voltar à única verdade sólida e confiável quando tanta coisa neste mundo é caracterizada por inconstância e modismos: o evangelho de Deus confiado de uma vez por todas aos santos. O evangelho é o anúncio régio de que Jesus Cristo, o Filho de Deus, viveu com perfeição em nosso lugar, morreu de forma substitutiva na cruz por nossos pecados, ressuscitou triunfantemente da sepultura para dar início à nova criação de Deus e agora é Rei exaltado sobre o mundo. Esse anúncio pede uma resposta: arrependimento (lamentar nosso pecado e deixá-lo para trás, trocar nossos objetivos pelos do reino, definidos por Jesus Cristo) e fé (crer somente em Cristo para a salvação pelo poder do Espírito). Podemos dizer muito mais coisas sobre as boas-novas e seu impacto sobre nós e sobre o mundo.[4] Mal arranhei a superfície daquilo que J. I. Packer costumava descrever para seus alunos como "a maior coisa que já existiu";[5] verdade antiga, mas sempre nova. O caminho para prosseguir consiste em recorrer ao passado, encontrar renovação em algo antigo, em verdades fundamentais testadas pelo tempo, em uma fonte de coisas boas que refresca e sacia, beleza do passado há muito esquecida que eleva nosso olhar acima do sofrimento e da tristeza do presente.

## A emoção da ortodoxia

O que a igreja precisa hoje é resgatar *a emoção da ortodoxia*. Para um filósofo como Aristóteles, o termo *ortodoxia* significava opinião "certa" ou "correta", mas os cristãos primitivos se apropriaram desse termo com o sentido de "ter a crença correta" e, para eles, a crença correta é fundamental, pois é ligada à adoração correta do único Deus verdadeiro. Ao longo dos séculos, *ortodoxia* passou a representar conformidade às Escrituras, de acordo com o consenso da igreja.

Para você, talvez ortodoxia não passe de uma densa e árida lista de doutrinas, uma lista possivelmente necessária, mas não emocionante. Não é muito diferente de esperar que um livro de matemática faça seu coração bater mais forte.

No entanto, essas duas palavras andam juntas. Concordo com Dorothy Sayers, poetisa e escritora de mistérios inglesa.

De acordo com ela, aqueles que afirmam que igrejas vazias são consequência de pregadores que insistem demais em "dogma sem graça" entenderam errado a situação. Sayers diz que é justamente o inverso: "É a desconsideração dos dogmas que torna as coisas sem graça". É enfadonho adaptar a fé cristã para que ela se conforme melhor às pessoas; empolgante é adaptar pessoas para que elas se conformem melhor à fé cristã. "A fé cristã é o mais emocionante drama a deslumbrar a imaginação humana, e o dogma é o drama."[6]

A ortodoxia é um castelo antigo com cômodos espaçosos, teto alto e arqueado e corredores misteriosos, uma vastidão de sabedoria prática transmitida por nossos antepassados na fé. Alguns moram no castelo, mas não exploram seus tesouros. Outros acreditam que o castelo é um empecilho para o progresso e deve ser demolido. Alguns consideram que a parte exterior do castelo pode ser preservada para fins estéticos, desde que o interior seja inteiramente reformado. A cada geração, porém, Deus levanta pessoas que enxergam o valor dos tesouros; são mulheres e homens séria e continuamente comprometidos com o trabalho de reconhecer e destacar a beleza ímpar da verdade cristã para que gerações futuras possam ser recebidas no esplendor desse castelo.

O mundo considera emocionante seguir a sugestão da velha canção da década de 1960 para "criar sua própria melodia" e "cantar sua própria canção singular".[7] Você decide que canção entoar, que caminho seguir, que tradições descartar e que crenças funcionam para você "mesmo que ninguém cante junto".

Na verdade, porém, o inverso é mais emocionante: precisamos da "mui antiga história" de "como o Salvador veio da glória".[8] Precisamos participar de um valente coral de cristãos despertados novamente para a beleza e a majestade da

24 • A EMOÇÃO DA ORTODOXIA

melodia cristã, comprometidos com a crença correta e a adoração correta. Precisamos unir nossas vozes às dos apóstolos de dois mil anos atrás e entoar a canção sem igual que, pelo poder do Espírito, ainda ressoa em nossos dias.

## Definição de ortodoxia

Ao longo deste livro, usarei o termo *ortodoxia* para me referir às verdades fundamentais, condizentes com as Escrituras, a respeito das quais há concordância entre os cristãos ao longo das eras. A ortodoxia é o consenso cristão histórico sobre os elementos essenciais da verdadeira fé e prática, o que se crê "em todo lugar, sempre e por todos".[9] Podemos chamá-la "cristianismo clássico"[10] ou "cristianismo puro e simples", mas *simples* não significa "mínimo" ou "mal e mal", mas "essencial" e "central".[11]

Ao observarmos qualquer declaração contemporânea de fé que expresse as crenças de uma tradição eclesiástica, provavelmente veremos que seus mananciais são os principais credos elaborados nos primeiros séculos da igreja (o Credo Apostólico, o Credo Niceno e o Credo Atanasiano) e as decisões tomadas pelos primeiros concílios e aceitas por todas as partes da igreja. Cristãos, sejam eles católicos, ortodoxos ou protestantes, consideram essas expressões doutrinárias fiéis à Bíblia.

O oposto de ortodoxia é *heresia*, termo que se refere à negação ou à distorção de uma doutrina cristã fundamental. A heresia obscurece a verdade bíblica a ponto de alterar o evangelho radicalmente e, portanto, representa um distanciamento significativo do testemunho histórico da igreja em questões de fé e prática.

Entre os extremos de ortodoxia e heresia há "erros". Verdade seja dita, todos nós adotamos erros de algum tipo, uma vez que ninguém pode afirmar que tem conhecimento exaustivo de Deus e de seus caminhos. Alguns erros, porém, são mais sérios que outros e dizem respeito a áreas que colocam em risco nossa lealdade à verdade cristã fundamental. Os erros aos quais me refiro com mais frequência neste livro são ligados de modo próximo a doutrinas essenciais, erros que, quando não são tratados, nos fazem desviar para a heresia.

*Um comentário sobre credos.* Por que definir ortodoxia em conformidade com credos antigos, em vez de apontar somente para as Escrituras? Vemos o desenvolvimento de credos (declarações de crenças centrais) na própria Bíblia, desde o credo fundamental dos israelitas: "O SENHOR, nosso Deus, o SENHOR é único" (Dt 6.4), até as primeiras declarações que resumem a pessoa e a obra de Cristo (Fp 2.5-11; Cl 1.15-20; 1Co 15.3-7; 1Tm 3.16). Embora somente os credos nas Escrituras tenham sido inspirados por Deus, a igreja primitiva, guiada pelo Espírito, deu continuidade à tradição de articular a fé de maneiras claras e sucintas e prover uma "gramática" para que nós, cristãos, possamos falar do Salvador a quem seguimos de modo fiel e bíblico. Os credos são resumos fiéis das Escrituras que, de acordo com a confissão de toda a igreja, apesar de divisões doutrinárias em outros pontos, a Bíblia ensina como regra de fé essencial para a salvação. Os credos ajudam a igreja a se pronunciar verazmente acerca de Deus e, como grades de proteção em estradas, mantêm os cristãos afastados de certos posicionamentos que poderiam levá-los a se desviar das Escrituras.

Os credos antigos revelam a natureza pessoal da fé cristã e chamam nossa atenção para Deus: o Pai, o Filho e o Espírito Santo. São declarações universais sucintas que se concentram em Deus. Ele é o Pai que criou o mundo e tudo o que nele existe, o Filho eterno que desceu até nós e para nossa salvação, e o Espírito que nos renova e restaura o mundo.

Alguns líderes atuais se dizem "ortodoxos" porque aderem às declarações da igreja antiga a respeito de Deus, mesmo que peçam consideráveis revisões ou distanciamento do restante da tradição cristã no tocante a questões de moralidade. Essa abordagem minimalista à ortodoxia diverge da perspectiva dos cristãos ao longo das eras que consideram os credos antigos inclusivos: eles abrangem outras doutrinas que ficam implícitas, embora não sejam mencionadas explicitamente nos credos propriamente ditos. Por exemplo, quando Agostinho de Hipona, teólogo do Norte da África, combateu a heresia de Pelágio, outro líder da igreja, ele não limitou a ortodoxia a declarações credais anteriores a respeito de Deus, mas encontrou acertadamente outras doutrinas importantes (sobre pecado, salvação e a humanidade) implícitas nas asserções fundamentais. Agostinho se valeu da estrutura da ortodoxia baseada nos credos para se opor a ensinamentos aberrantes que não haviam sido condenados explicitamente nessas declarações anteriores. Como Agostinho, cremos que cada linha dos credos é cheia de reverberações das Escrituras. Outro exemplo: confessar nossa fé no Pai, "Criador do céu e da terra", deixa implícito que o mundo criado por ele é bom e que recebemos dele nossa masculinidade e feminilidade, verdades que reafirmamos quando confessamos "a ressurreição do corpo". Cada linha abre para nós um mundo de maravilhamento e de verdades teológicas.

*Um comentário sobre confissões*. Muitas tradições eclesiásticas vão além dos credos e oferecem confissões específicas de fé que expressam em mais detalhes as crenças de sua comunidade de fé. Qual é a diferença entre confissões e credos? Os credos são declarações sucintas sobre a natureza de Deus, elaboradas a fim de ser memorizadas e recitadas na igreja. Confissões são declarações mais longas que extraem implicações adicionais da fé como é entendida por grupos menores dentro da igreja. Confissões se desdobram a partir das declarações trinitárias dos credos; focalizam a atenção em questões *derivadas* de nossa fé no Deus Triúno.[12] Credos são o projeto arquitetônico para a estrutura da ortodoxia. Confissões preenchem os detalhes do projeto e edificam sobre esse alicerce. Credos são poucos; confissões são muitas.

Meu propósito neste livro não é julgar confissões de diferentes denominações. Algumas dessas diferenças são importantes, especialmente nas linhas que definem os limites entre ortodoxos, católicos e protestantes, motivo pelo qual um termo forte como *conversão* é usado por pessoas de todos esses grupos, quer para protestantes que se convertem à fé ortodoxa quer para católicos que se convertem ao protestantismo.[13] Não devemos desconsiderar as divergências consideráveis e contínuas entre essas tradições e optar por indiferença doutrinária e um cristianismo de "menor denominador comum". Sou um protestante evangélico que crê em mais coisas além daquilo que os credos antigos e os primeiros concílios confessam, mas não em menos do que isso. (Uso o termo *evangélico* para me referir a certas distinções teológicas, e não à identidade sociopolítica que, muitas vezes, arroga indevidamente essa designação nos Estados Unidos.) Adoto crenças expressas na Confissão Católica Reformadora, uma declaração de fé lançada no quingentésimo aniversário da Reforma e que incluí no final deste livro. Portanto, é esperável que você depare com algumas ênfases evangélicas nas páginas a seguir. Não peço desculpas por isso, pois creio que o movimento do qual faço parte contém

28 • A EMOÇÃO DA ORTODOXIA

sementes de renovação que podem dar frutos em muitas denominações e tradições.

Meu objetivo, no entanto, é focalizar os elementos fundamentais da fé, a unidade subjacente expressa pelos credos antigos que resumem fielmente o ensino bíblico, o alicerce sobre o qual todas as confissões posteriores são edificadas (algumas de modo mais adequado que outras). Por isso, apresento aqui esses três credos principais: o Credo Apostólico, o Credo Niceno e o Credo Atanasiano. Também apresento várias referências bíblicas correspondentes às declarações desses credos a fim de mostrar como a igreja primitiva arraigou sua fé naquilo que leu na Palavra de Deus. Peço ao leitor que não passe por essas três declarações de fé apressadamente, mas que se demore em suas palavras e reflita sobre as implicações teológicas e morais de cada linha, sobre a importância dessas declarações para aquilo em que cremos a respeito de Deus e como devemos viver a fé cristã.

| O CREDO APOSTÓLICO | |
|---|---|
| Creio em Deus Pai, Todo-poderoso, | Deuteronômio 32.6; 2Crônicas 20.6; Isaías 40.28-29; 44.6; 45.5; Malaquias 2.10; Lucas 1.37; Marcos 14.36; João 14.1-3; Romanos 1.20; Efésios 1.17; 3.14-15. |
| Criador do céu e da terra. | Gênesis 1—2; Neemias 9.6; Salmos 33.6-9; 104.1-30; Jeremias 32.17; João 1.1-3; Atos 14.15. |
| Creio em Jesus Cristo, seu único Filho, nosso Senhor. | Mateus 16.16; Lucas 2.11; João 3.16; 20.28; Romanos 10.8-9. |
| Ele foi concebido pelo poder do Espírito Santo e nasceu da virgem Maria. | Mateus 1.20; Lucas 1.27,30-35. |

| | |
|---|---|
| **Ele padeceu sob Pôncio Pilatos,** | Mateus 27.24-31; Lucas 23.23-25; João 18.28—19.1. |
| **foi crucificado, morto e sepultado;** | Mateus 27.57-66; João 19.16-20,28-30,38-42; Atos 4.10; 1Coríntios 15.3-4. |
| **desceu aos mortos.** | Lucas 23.43; 1Pedro 3.18-20. Para mais detalhes sobre a descida de Cristo, veja Matthew Y. Emerson, *He Descended to the Dead: An Evangelical Theology of Holy Saturday* (Downers Grove, IL: IVP Academic, 2019). |
| **Ressurgiu dos mortos ao terceiro dia.** | Mateus 28.1-10; 1Coríntios 15.4. |
| **Subiu ao céu** | Lucas 24.50-52; Atos 1.9-11; Efésios 4.7-10. |
| **e está sentado à direita do Pai.** | Efésios 1.20-23; Colossenses 3.1; Hebreus 1.3. |
| **Ele voltará para julgar os vivos e os mortos.** | Mateus 25.31-32; João 5.22; 2Timóteo 4.1. |
| **Creio no Espírito Santo;** | João 14.26; 16.7-8,13-14; Atos 13.2. |
| **na santa igreja católica;** | Gálatas 3.26-29; 1Pedro 2.4-10. O termo "católica" se refere aqui à igreja universal de Jesus Cristo em todas as épocas e lugares, e não, de modo específico, à Igreja Católica Romana. O mesmo se aplica ao Credo Niceno e ao Credo Atanasiano. |
| **na comunhão dos santos;** | Atos 2.42,45-46; 1Coríntios 12.26-27; Efésios 1.15-18; 4.16; Hebreus 10.25; Apocalipse 19.14. |
| **no perdão dos pecados;** | Lucas 7.48; 2Coríntios 5.18-19. |
| **na ressurreição do corpo** | João 6.39; 1Tessalonicenses 4.16. |
| **e na vida eterna. Amém.** | Daniel 12.2-3; João 10.28; 17.2-3. |

30 • A EMOÇÃO DA ORTODOXIA

| O CREDO NICENO ||
|---|---|
| Cremos em um Deus, | Êxodo 20.2-3; Deuteronômio 6.4; Marcos 12.29-32; 1Coríntios 8.6; Efésios 4.6. |
| o Pai Todo-poderoso, | Gênesis 17.1; 35.11; Deuteronômio 32.6; 2Crônicas 20.6; Isaías 6.3; 40.28-29; 63.16; 64.7; Malaquias 2.10; Mateus 6.9; Marcos 14.36; Lucas 1.37; Romanos 1.20; 2Coríntios 6.18; Efésios 1.17; 3.14-15; 4.6. |
| Criador do céu e da terra, | Gênesis 1.1; Jó 38—42; Salmos 33.6-9; 104.1-30; Isaías 44.24; Jeremias 32.17; Apocalipse 4.11. |
| e de todas as coisas visíveis e invisíveis. | João 1.3; Colossenses 1.15-16; Hebreus 11.3; Apocalipse 4.11. |
| Cremos em um Senhor, Jesus Cristo, | João 20.28; Atos 11.17; 16.31; Romanos 13.14; 1Coríntios 8.6; 2Coríntios 1.3; Efésios 4.5; 1Tessalonicenses 1.1. |
| o unigênito Filho de Deus, | Mateus 3.17; 14.33; 16.16; João 1.14; 3.16; Hebreus 1.6. |
| gerado eternamente pelo Pai, | Salmos 2.7; João 1.1-2; 5.26. |
| Deus de Deus, Luz da Luz, | Salmos 27.1; Mateus 17.2,5; João 1.4,9; 8.12; 2Coríntios 4.6; Hebreus 1.3; 1João 1.5. |
| verdadeiro Deus de verdadeiro Deus, | João 1.1-2; 17.1-5; 1João 5.20. |
| gerado, não feito; | João 1.1-2,18; 16.28. |
| de uma só substância com o Pai. | Isaías 44.6; João 5.17-18; 10.30,38; Filipenses 2.6; Colossenses 2.9; Apocalipse 1.8; 22.13. |
| Por meio dele todas as coisas foram feitas. | João 1.3,10; Romanos 11.36; 1Coríntios 8.6; Colossenses 1.15-17; Hebreus 1.1-2,10. |
| Por nós e por nossa salvação, | Mateus 1.21; Atos 4.12; Colossenses 1.13-14; 1Tessalonicenses 5.9; 1Timóteo 2.4-5. |

| | |
|---|---|
| ele desceu dos céus; | João 3.13,31; 6.33-35,38,51; Filipenses 2.6-7; 1Timóteo 1.15. |
| pelo poder do Espírito Santo, foi encarnado da virgem Maria, | Mateus 1.20; Lucas 1.34-35. |
| e foi feito homem. | João 1.14; Hebreus 2.14. |
| Foi crucificado por nós sob Pôncio Pilatos; | Mateus 27.2,26; Marcos 15.15; João 18.48—19.1; Atos 2.36; 1Coríntios 15.3; 1Pedro 2.24. |
| ele padeceu e foi sepultado. | Mateus 27.50,59-60; Marcos 8.31; Lucas 23.53; João 19.38-42; 1Coríntios 15.4. |
| No terceiro dia ressuscitou conforme as Escrituras. | Marcos 9.31; 16.9; Lucas 24.45-46; Atos 10.40; 17.2-3; 1Coríntios 15.3-4. |
| Subiu ao céu | Lucas 24.50-52; Atos 1.9-11; Efésios 4.7-10. |
| e está assentado à direita do Pai. | Lucas 22.69; Atos 7.55; Colossenses 3.1. |
| De novo há de vir com glória | Mateus 24.27; Marcos 13.26; João 14.3; 1Tessalonicenses 4.17. |
| para julgar os vivos e os mortos, | Mateus 16.27; Atos 10.42; 2Coríntios 5.10; 2Timóteo 4.1; 1Pedro 4.5. |
| e seu reino não terá fim. | Lucas 1.32-33; 1Timóteo 6.15-16; Hebreus 1.8; 2Pedro 1.11. |
| Cremos no Espírito Santo, Senhor e Vivificador, | Gênesis 1.2; João 3.5; 6.63; 14.17,26; Atos 1.8; 2Coríntios 3.6,17; Tito 3.5. |
| que procede do Pai [e do Filho], | João 15.26. A inclusão de "e do Filho" é contestada pela Igreja Ortodoxa e foi um dos motivos do cisma entre Oriente e Ocidente em 1054. |
| que com o Pai e o Filho conjuntamente é adorado e glorificado. | Mateus 3.16-17; 28.19. |
| Ele falou por meio dos profetas. | 1Samuel 19.20; Ezequiel 11.5; Efésios 3.5; 1Pedro 1.10-11; 2Pedro 1.21. |

| | |
|---|---|
| Cremos na igreja una, católica e apostólica. | Mateus 16.18; 28.19; Atos 1.8; 2.42; Romanos 12.4-5; 1Coríntios 10.17; Efésios 1.4; 2.19-22; 4.4; 5.27; 1Pedro 2.5-9. |
| Reconhecemos um só batismo para o perdão dos pecados. | Mateus 28.18-19; Atos 22.16; 1Coríntios 12.13; Gálatas 3.27; Efésios 4.5; Colossenses 2.12-13. |
| Aguardamos a ressurreição dos mortos | João 11.24; Romanos 6.4-5; 1Coríntios 15.12-49; 1Tessalonicenses 4.16. |
| e a vida do mundo por vir. | Marcos 10.29-30; Efésios 2.6-7; 2Timóteo 4.18; 2Pedro 3.13; Apocalipse 21.1; 22.20. |

## O CREDO ATANASIANO

| | |
|---|---|
| Todo aquele que quiser ser salvo deve, acima de tudo, apegar-se à fé católica. Quem não a preserva perfeita e inviolável certamente perecerá para sempre. | Marcos 9.43; João 14.6; Atos 4.12; Romanos 2.6-8; 3.23-25; 6.23; 10.13; 1Coríntios 1.18; Gálatas 3.10-11; 2Tessalonicenses 1.8-9; Hebreus 11.6; Apocalipse 21.8. |
| Ora, a fé católica é esta: Adoramos um único Deus em Trindade, e a Trindade em unidade, não confundindo as pessoas, nem dividindo a substância. | Gênesis 1.26; Deuteronômio 6.4; Isaías 43.10; Mateus 3.16-17; 28.19; Marcos 12.29,32; João 10.30; 2Coríntios 13.14; Efésios 4.5; Tiago 2.19. |
| Pois a pessoa do Pai é uma, a do Filho é outra, e a do Espírito Santo, ainda outra. | Mateus 3.16-17; Marcos 1.9-11; Lucas 3.21-22; João 1.18; 6.44; 10.15; 14.16-17, 26-27; 15.26; 16.7,13-15; Atos 8.29; 10.19; 13.2-4; Romanos 8.27; 1Coríntios 8.6; Efésios 4.4-6. |
| Mas no Pai, no Filho e no Espírito Santo há uma mesma divindade, igual em glória e coeterna em majestade. O que o Pai é, o mesmo é o Filho e o Espírito Santo. | Gênesis 1.2,26; Êxodo 3.14-15; Isaías 44.6; João 8.58; 16.15; Atos 5.3-4; Romanos 8.9; 1Coríntios 12.4-6; Colossenses 2.9; Hebreus 9.14; 10.29; 1Pedro 1.2; Apocalipse 5.13; 21.22-23. |

| | |
|---|---|
| O Pai é não criado, o Filho é não criado, o Espírito Santo é não criado. | Gênesis 1.1; Deuteronômio 33.27; Salmos 90.2; Isaías 40.28; João 1.1; Efésios 3.10-11; Colossenses 1.17; Hebreus 9.14; 1Timóteo 1.17; Apocalipse 1.8. |
| O Pai é ilimitado, o Filho é ilimitado, o Espírito Santo é ilimitado. | Gênesis 1.1; 1Reis 8.27; Salmos 113.4-6; 145.3; 147.5; Isaías 40.28; Jeremias 23.24; Romanos 11.33; Efésios 3.8; Apocalipse 4.8. |
| O Pai é eterno, o Filho é eterno, o Espírito Santo é eterno. Contudo, não há três seres eternos, mas um que é eterno; assim como não há três seres não criados, nem três ilimitados, mas um não criado e ilimitado. | Isaías 9.6; 48.12; Mateus 3.11; João 1.1,3; Romanos 1.4; 1Coríntios 8.4; 17.5; Colossenses 1.17; Tito 3.5-6; Hebreus 9.14; Apocalipse 1.8; 22.13. |
| O Pai é onipotente, o Filho é onipotente, o Espírito Santo é onipotente. Contudo, não há três seres onipotentes, mas um só onipotente. | Gênesis 17.1; 18.14; Salmos 62.11; Mateus 19.26; Marcos 14.36; Lucas 1.35; João 5.21; 1Coríntios 8.4; 12.4,11; Efésios 1.20-21; 3.20-21; Filipenses 3.20-21; Colossenses 2.9-10; Hebreus 1.3; 1Pedro 3.22; Apocalipse 1.8; 4.8; 11.17; 15.3; 16.7,14; 19.6. |
| Assim, o Pai é Deus, o Filho é Deus, o Espírito Santo é Deus. Contudo, não há três deuses, mas um só Deus. | Gênesis 1.26; Isaías 9.6; Mateus 1.18,23; 28.19; João 1.1,14; 6.27; 10.30; 20.28; Atos 5.3-4; 20.28; Romanos 9.5; 1Coríntios 2.10-11; 3.16; 6.19; 8.4; 2Coríntios 1.21-22; 3.17; Colossenses 1.15-17; 2.9; Tito 2.10. |
| Portanto o Pai é Senhor, o Filho é Senhor, e o Espírito Santo é Senhor. Contudo, não há três senhores, mas um só Senhor. | Deuteronômio 6.4; Mateus 11.25; Lucas 2.11; Atos 10.36; 1Coríntios 6.14; 2Coríntios 3.17; Apocalipse 17.14. |

| | |
|---|---|
| Como a verdade cristã nos compele a reconhecer cada pessoa separadamente como Deus e Senhor, assim também a religião católica nos proíbe de dizer que há três deuses ou senhores. O Pai não foi feito de ninguém, nem criado, nem gerado. O Filho procede do Pai somente, nem feito, nem criado, mas gerado. O Espírito Santo procede do Pai e do Filho, não feito, nem criado, nem gerado, mas procedente. | Gênesis 1.1; Deuteronômio 33.27; Jó 38.4; Isaías 9.6; João 1.14,18; 3.16,18; 5.26; 14.26; 15.26; 16.7; 1Coríntios 8.6; Efésios 3.9; Colossenses 1.16-17; 1João 5.20; Apocalipse 4.11. |
| Portanto, há um só Pai, não três pais, um Filho, não três filhos, um Espírito Santo, não três espíritos. | Mateus 23.9; 12.13; Efésios 4.4-6. |
| E nessa Trindade nenhum é primeiro ou último, nenhum é maior ou menor; mas todas as três pessoas coeternas são coiguais entre si; portanto, devemos adorar a Trindade em unidade e um único Deus em três pessoas. | João 1.1-2; 10.30; 16.14-15; 17.5,10; Atos 5.3-4; 1Coríntios 12.11; Efésios 4.4-6; Hebreus 9.14. |
| Todo aquele que quiser ser salvo deve pensar desse modo com relação à Trindade. | Mateus 28.19-20; João 3.18,36; 8.34; Romanos 3.28. |
| É necessário para a salvação eterna que se creia fielmente na encarnação de nosso Senhor Jesus. | Mateus 1.23; João 1.14; 3.18; 6.40; Atos 13.38; Gálatas 4.4; Filipenses 2.6-8; 1Timóteo 2.5-6; 3.16. |
| Pois esta é a fé verdadeira em que cremos e que confessamos: Que nosso Senhor Jesus Cristo, Filho de Deus, é tanto Deus quanto homem. | Mateus 1.23; 3.17; 10.32-33; 17.5; Lucas 2.11; João 1.14; 3.18; 6.40; 8.58; Atos 13.38; Romanos 10.9; Gálatas 4.4; Filipenses 2.5-11; Colossenses 3.17; 1Timóteo 2.5-6; 3.16; Hebreus 5.5; 1Pedro 3.15; 2Pedro 1.17. |

| | |
|---|---|
| Ele é Deus eternamente gerado da substância do Pai, e ele é homem nascido no mundo da substância de sua mãe; existe plenamente como Deus e plenamente como homem, com alma racional e carne humana; igual ao Pai em sua divindade, subordinado ao Pai em sua humanidade. | Lucas 2.52; 24.39; João 1.1-3,14; 5.23; 7.29; 10.30; 11.35; 16.15; 17.24; 19.33-34; Romanos 1.3; Gálatas 4.4; Colossenses 1.16. |
| Embora ele seja Deus e homem, não é dividido, mas um só Cristo. | Romanos 5.15,17; 1Coríntios 8.6; Efésios 4.5; 1João 2.22. |
| É unido porque Deus assumiu a humanidade; não transforma a divindade em humanidade. É inteiramente um na unidade de sua pessoa, sem confusão de suas naturezas. Pois assim como a alma racional e o corpo constituem uma só pessoa, assim Deus e homem constituem um só Cristo. | Mateus 1.23; João 1.1,14; Filipenses 2.5-8; Hebreus 2.14-17. |
| Ele sofreu por nossa salvação, desceu ao inferno e ressuscitou dos mortos. | Isaías 53; Romanos 3.25; 4.25; 6.4; 8.11; 1Coríntios 6.14; Gálatas 1.4; Efésios 1.7; Colossenses 1.20; 1Tessalonicenses 4.14; 5.10; Hebreus 2.17; 1Pedro 1.3; 2.24; 3.18-19; 1João 2.2. |
| Ascendeu ao céu e está assentado à direita do Pai. | Salmos 110.1; Lucas 24.51; Atos 1.9; 7.56; Romanos 8.43; Colossenses 3.1. |
| Ele voltará para julgar os vivos e os mortos. | João 5.22; Atos 1.11; 10.42; 17.31; 2Coríntios 5.10. |
| Em sua vinda, todos ressuscitarão com o corpo para prestar conta de suas obras. | Jó 19.26; João 5.28-29; Romanos 14.12; Apocalipse 20.12. |

| Aqueles que houverem feito o bem entrarão na vida eterna, e aqueles que houverem feito o mal entrarão no fogo eterno. | Mateus 16.27; 25.31-46; João 5.28-29; Efésios 2.8-10; 2Coríntios 5.10; Tiago 2.14-26; Apocalipse 20.12; 22.12. |
| --- | --- |
| Esta é a fé católica. Não se pode ser salvo sem crer nisto firmemente e fielmente. | João 3.18; Gálatas 1.8; 2Tessalonicenses 2.15; Judas 1.3. |

## Desperte para a aventura

Todos nós estamos arraigados em *algo*. É importante que seja algo que possa nos sustentar e nos transformar, algo que não mude a cada novo movimento ou era. Espero reacender em você o gosto pelo cristianismo bíblico e histórico, para que você permaneça firme e produtivo nos tempos turbulentos por vir.

Essa é a aventura: ligar nosso coração a algo antigo e perene, crentes de que *a* fé permanecerá quando passarem as modas e os entusiasmos efêmeros. Não é questão de nos tornar defensivos, mas de nos *aprofundar* no alicerce de nossa fé a fim de que possamos permanecer. A igreja avança não porque somos fiéis em todos os aspectos (não fomos e não seremos), mas porque Jesus é fiel. Ele prometeu edificar sua igreja, e as portas do inferno não prevalecerão. Portanto, despertos de nosso sono espiritual, damos as mãos com milhões de outros no espaço e no tempo e dizemos com intrepidez e convicção: "Nisto eu creio".

# 2

## Levados pela correnteza

Quando vamos à praia e passamos algum tempo dentro da água para observar peixes ou relaxar em uma boia, pode acontecer de nos surpreendemos ao olhar para a areia e descobrir que nossas coisas sumiram. A cadeira de praia, o guarda-sol, as toalhas — alguém levou tudo embora!

É bem provável, contudo, que as coisas estejam exatamente onde as deixamos. Nós é que fomos levados embora. Talvez a correnteza nos tenha puxado sem que percebêssemos ou, talvez, distraídos com o que estávamos fazendo, tenhamos perdido nosso referencial na praia. Em alguns casos, é possível *sentir* a correnteza nos puxando, e uma forte corrente pode nos arrastar para o meio do mar. Por isso há bandeiras amarelas onde é necessário ter cautela e bandeiras vermelhas que advertem para não entrar na água.

É natural ser levado pela correnteza. A menos que verifiquemos repetidamente onde estamos ou nos movamos contra a correnteza, podemos ir parar em um lugar distante de nosso ponto de partida. Em outras palavras, por mais estranho que pareça, não fazer nada pode resultar em movimento. A menos que façamos oposição ativa à correnteza, seremos levados aonde não queríamos ir.

Quando se trata de doutrina, também é natural ser levados pela correnteza. Graças a nossa propensão natural à apatia e à desatenção, e graças às fortes correntezas presentes em nossa cultura, sempre corremos o risco de ser levados para longe da verdade. Nosso histórico, nossa personalidade, nossas inclinações e as tradições de nossa igreja são fatores que nos tornam mais suscetíveis a determinados erros que a outros. Se não aceitarmos essa realidade e lhe fizermos oposição ativa, acabaremos, inevitavelmente, nos desviando de certas crenças e práticas. A menos que prestemos "muita atenção às verdades que temos ouvido", nos desviaremos (Hb 2.1) da fidelidade bíblica e seremos puxados por fortes correntes em direção à heresia. O que começa como desvio para o erro pode terminar em afogamento em heresia. E, uma vez que geralmente não percebemos que estamos sendo levados para longe, corremos o risco de nos afogar antes de nos dar conta do que está acontecendo.

## Quatro conversas

Antes de resgatarmos a emoção da ortodoxia — uma percepção renovada de maravilhamento e reverência pelas glórias do evangelho — temos de prestar grande atenção aos sinais de que a verdade deixou de nos empolgar. Como perceber que estamos sendo puxados pela correnteza? Como nos conscientizar de que somos mais suscetíveis a erros do que pensamos?

Imaginemos uma conversa no corredor de um congresso cristão. Hannah, Michael, Daniel e Sarah são amigos há anos. Moram em diferentes cidades, mas têm um relacionamento cordial e boas conversas sempre que se encontram. Ouça o que eles têm a dizer e você verá que cada um enfrenta um desafio diferente. A princípio, talvez seja difícil identificar as semelhanças em suas histórias. No entanto, cada um deles, à sua maneira, dá sinais de que está sendo levado pela correnteza sem perceber.

*Hannah: em piloto automático.* Hannah confessa a seus amigos:

— Não *sinto* muita coisa.

Eles acenam de modo afirmativo, gratos por sua vulnerabilidade sincera ao descrever o estado de sua vida espiritual.

— Vou à igreja e leio a Bíblia porque é o que tenho de fazer. Provavelmente não oro tanto quanto deveria. Mas continuo indo aos cultos, embora não aproveite muita coisa dos cânticos e do sermão.

— Todos nós passamos por fases de aridez— Daniel observa. — Já aconteceu comigo. Felizmente, não é nada que cristãos ao longo dos séculos não tenham experimentado. Até os salmistas ficavam desanimados.

— É verdade — diz Sarah. — Mas deixe-me perguntar uma coisa, Hannah: Você *quer* se sentir mais próxima do Senhor?

Hannah pensa por um momento, o olhar distante, e então relata aos amigos histórias de seus primeiros dias depois de sua conversão, em que ela sentia maior "fervor". Algumas canções sempre a faziam chorar. Ela gostava de dedicar tempo à Palavra de Deus. Sempre se animava de ir à igreja. Aguardava com grande expectativa ouvir o que o Senhor tinha a lhe dizer por meio do culto. Mas tudo isso estava no passado. Hannah comenta:

— Suponho que seja dessa forma no começo. Às vezes tenho a impressão de que a pessoa que eu era antes desapareceu.

Enquanto ela conversa com os amigos, deixa claro que, embora não se sinta próxima do Senhor e tenha de fazer esforço para encontrar disposição de servir a outros (e embora lhe pareça quase impossível compartilhar sua fé com outros), tudo vai ficar bem.

— É claro que eu ainda creio em Jesus — Hannah lhes garante. — Minhas crenças não mudaram. Quem sabe acontecerá alguma coisa que me ajudará sair do piloto automático. É o que eu espero que aconteça nesse congresso. Enquanto isso, vou levando.

**Michael: colocando a fé em prática.** A conversa passa para Michael, que diz:

— Talvez o problema seja que você não está servindo a outros tanto quanto deveria. A vida cristã é uma questão de fazer a coisa certa, não importa como estejamos nos sentindo. Estudar a Bíblia, aprender teologia, tudo isso é ótimo. Mas eu sou um cara prático.

Teologia é para pensadores, e Michael é um sujeito de ação.

— Gosto do seu enfoque no aspecto prático — Hannah responde.

Sarah concorda:

— Verdade. De que adianta crer nas coisas certas se elas não trazem mudança de vida?

— É bem isso — diz Michael.

Todas as manhãs, ele lê um ou dois trechos curtos da Bíblia a fim de obter sabedoria para guiá-lo ao longo do dia, mas concentra-se na prática da fé, e não em suas minúcias teóricas.

— Por isso eu não entro em detalhes de doutrina — ele diz para o grupo. — A maioria dessas discussões só traz divisão. A teologia pode nos distrair da prática.

Em seguida, ele começa a desabafar e falar de sua frustração com cristãos que se preocupam demais com dogmas, pensadores que complicam as coisas.

— É claro que eu acredito em todos os pontos importantes — ele diz. — Só penso que é importante manter a simplicidade e nos apegar ao básico.

Depois de uma pausa, fica evidente que Daniel não concorda com a perspectiva de Michael.

— Mas, em certo sentido, todo mundo é teólogo, não é mesmo? — Daniel pergunta. — Todos nós operamos com base em uma perspectiva de Deus, de nós mesmos e do mundo. E estar correto quanto aos detalhes é importante para a fé e prática.

Michael faz que sim com a cabeça, mas comenta:

— Não estou dizendo que a teologia é irrelevante. Só me parece que aquilo que a gente *faz* é mais importante do que aquilo em que a gente diz que acredita. Amar Deus e amar os outros. É simples assim.

*Daniel: lidando com as questões difíceis*. Daniel então replica:

— Para mim não é tão simples. Às vezes, é difícil amar Deus e amar os outros quando temos a impressão de que nossa fé contradiz as crenças mais profundas dessas pessoas. Por isso eu me concentro nas partes do cristianismo que são verdadeiramente relevantes para elas.

Os amigos de Daniel sabem que ele ocupa a vanguarda do ministério, sempre em busca de oportunidades de compartilhar o evangelho no *campus* da universidade.

— Enfatizo os aspectos positivos — ele diz. — É claro que creio em todos os ensinamentos, até os que são difíceis de engolir, mas só trato deles quando alguém pergunta.

Sarah quer saber de Daniel quais são alguns desafios culturais que ele enfrenta ao apresentar o cristianismo para outros. Ele relaciona alguma das objeções mais comuns: *Cristãos são intolerantes porque creem que Jesus é o único caminho para Deus*, ou *Seu Deus não é amoroso, pois vocês acreditam em inferno*, ou *Sua igreja comete discriminação, pois não permite uniões homoafetivas*.

— A maioria das pessoas que defende o cristianismo hoje em dia depara com essas objeções — Hannah observa.

— É difícil — Daniel diz. — Quando tenho essas conversas, procuro mostrar que *eu* não me sinto à vontade com alguns dos ensinamentos do cristianismo. É uma abordagem mais humana, mais vulnerável e autêntica — ele faz uma pausa. — Para dizer a verdade, gostaria que o cristianismo ou a Bíblia fosse diferente em alguns aspectos. Acho importante mostrar para outros que sou como eles. Estou tentando lidar com as questões difíceis que parecem causar tanta ofensa hoje em dia.

*Sarah: empolgada com o impacto*. Quando Sarah percebe uma oportunidade de falar, não consegue conter seu entusiasmo:

— É emocionante ver o que está acontecendo em minha igreja! — Sarah conta para os demais que faz parte de uma equipe de missões que está começando uma igreja no centro de uma cidade grande do sul. — Os pastores são incríveis, e a comunidade é extremamente carente.

Seu sorriso é contagiante, e há empolgação em seus olhos. Michael lhe pergunta qual é a visão da igreja, e ela fala sobre as necessidades da comunidade e sobre como a igreja pode ser relevante. Hannah pergunta que tipo de igreja ela está ajudando a começar, e Sarah menciona o plano da igreja de usar vários estilos de música nos cultos. A equipe que está iniciando o trabalho procura ter consciência da diversidade étnica para refletir os grupos que formam essa comunidade.

— Não existe nenhuma igreja parecida na região — ela diz, antes de relatar que espera trabalhar em um projeto para atender a famílias carentes.

— O que vocês pretendem fazer para ajudar essas pessoas a se aproximar de Deus? — Daniel pergunta.

Sarah sorri e acena afirmativamente.

— É claro que isso é o mais importante! O evangelho está por trás de tudo o que a gente faz. É o motivo pelo qual nós queremos nos envolver com a comunidade e pelo qual queremos ter uma igreja com diversidade, voltada para o serviço a outros. Pode ter certeza de que temos forte compromisso com os fundamentos. Mas, a partir dessa base, queremos fazer coisas que vão além.

A conversa volta aos aspectos da nova igreja que ela considera mais empolgantes.

## Como somos levados pela correnteza

Quatro cristãos, todos sérios, conversando no mesmo congresso. Talvez você se veja em um ou mais desses indivíduos. Em momentos diferentes de minha vida, tive opiniões semelhantes àquelas expressadas pelos quatro. Como Hannah, passei por fases em que levamos a vida de fé em piloto automático. Como Michael, por vezes me concentrei mais naquilo que o cristianismo me chama a *fazer* e não dei muita atenção aos detalhes daquilo em que creio. Como Daniel, houve ocasiões em que me senti desconfortável com os elementos contraculturais da fé cristã e tive mais vontade de me desculpar pelo cristianismo do que de apresentar argumentos apologéticos a favor dele. Como Sarah, empolguei-me com a prática da obediência cristã, desejoso de ver o impacto de meu ativismo.

Na verdade, porém, esses quatro indivíduos se encontram vulneráveis a erros teológicos. Apesar de suas diferenças, são suscetíveis a se desviar e talvez já estejam se afastando da ortodoxia.

À primeira vista, é difícil discernir um elemento em comum nessas quatro conversas. Hannah está em um marasmo espiritual e quer alguma coisa que restaure seu fervor. Michael se concentra na prática em lugar da doutrina, nos resultados de vida em lugar da aquiescência intelectual. Daniel se sente constrangido com as partes controversas do cristianismo e incomodado com alguns ensinamentos cristãos. A igreja recém-formada de Sarah quer exercer impacto ao servir à comunidade com dedicação e, portanto, ela avança a todo vapor com um plano de ação.

No entanto, *há* algo que liga essas conversas. Releia cada uma e você verá a expressão "é claro!". É claro que Hannah ainda crê no evangelho, embora não sinta mais a glória de sua verdade. É claro que Michael ainda crê nas doutrinas corretas, embora não lhes dê muita atenção. É claro que Daniel aceita os ensinamentos cristãos difíceis de engolir, mesmo que eles lhe sejam incômodos. É claro que Sarah considera o evangelho e sua proclamação importantes, mesmo que se concentre em outros aspectos nobres do chamado da igreja.

A expressão "é claro!" muitas vezes indica falta de interesse nas verdades básicas do cristianismo ou falta de confiança no poder do evangelho. Ela comunica pressuposição; é a linguagem que fala de ir além de algo que não precisamos mais levar em consideração e, muito menos, dedicar tempo a refletir a seu respeito. No caso de Hannah, a ortodoxia está presente, mas deixou de ter poder. No caso de Michael, a ortodoxia é importante, mas irrelevante, pois na verdade o que importa são ações e não palavras. No caso de Daniel, a ortodoxia é fundamental, mas não está em sintonia com a atualidade, pois levanta barreiras para alcançar outros. No caso de Sarah, a ortodoxia é essencial, mas não eficaz e, portanto, devemos ir além dela e buscar mudanças para melhor na sociedade, deixando o evangelismo em segundo plano e priorizando outros aspectos do chamado da igreja.

O "é claro!" que aparece em cada uma dessas falas é um sinal: esses quatro cristãos pressupõem a verdade do cristianismo, mas voltam o foco para alguma outra coisa. E esse é o problema. Pressupor a ortodoxia é o caminho para abandonar a ortodoxia. É dessa forma que perdemos de vista a glória da verdade. Pressupor a ortodoxia arrefece o fervor da aventura de fé. Assim que colocamos verdades cristãs fundamentais na categoria de "é claro!" e passamos para alguma outra coisa, tornamo-nos vulneráveis às correntezas que nos afastam da verdade. Quando pressupomos o evangelho, é sinal de que perdemos de vista a beleza diante de nós. Andamos sem rumo quando perdemos o maravilhamento.

Cada uma dessas quatro pessoas, de maneiras diferentes e em graus diferentes, se encontra vulnerável a erros doutrinários prejudiciais a sua fé. Se você se identifica com alguma delas, talvez esteja mais suscetível do que imagina a ser levado pela correnteza e se afastar da verdade, ou pior, a naufragar na fé. Sempre que *pressupomos* a verdade do evangelho, sempre que consideramos os ensinamentos fundamentais do cristianismo tediosos, irrelevantes ou deficientes, corremos o risco de ser levados pela correnteza.

***Como Hannah pode se afastar da verdade***. Hannah passou por um tempo de aridez em que as verdades cristãs que antes a emocionavam deixaram de tocar seu coração. Muitos cristãos passam por estiagem espiritual em algum momento, períodos em que Deus parece distante, por vezes em razão de pecado ou de sofrimento. O pecado endurece o coração e embota os sentidos, impedindo-nos de interagir apropriadamente com a Palavra de Deus. O sofrimento e as desilusões tanto podem tornar o coração mais sensível para as coisas de Deus e nos fazer buscar consolo em seus braços quanto podem endurecer nosso coração, e dúvidas e ressentimentos arrefecem nosso fervor por Deus.

Pessoas na situação de Hannah podem se afastar de duas maneiras. A primeira é simplesmente aceitar um cristianismo sem vitalidade e se acostumar com um relacionamento com Deus sem intimidade. Nesse caso, a pessoa apenas concorda com os ensinamentos cristãos e realiza os rituais da prática cristã ao mesmo tempo que perde, silenciosamente, a paixão pela adoração e pelo serviço.

A segunda maneira é reconhecer que falta algo e procurar preencher a lacuna com novas crenças ou práticas inovadoras, qualquer coisa que possa dar mais "gás" à fé. Em vez de voltar à ortodoxia, às riquezas da tradição cristã, e descobrir doutrinas e práticas ainda não exploradas como forma de reanimar o coração para as maravilhas do amor de Jesus, Hannah talvez se mostre propensa a complementar sua fé com uma mistura de outros rituais e práticas religiosos, qualquer coisa que prometa novidade. É dessa forma que alguns se afastam da verdade e criam uma "espiritualidade pessoal" que reúne, de qualquer fonte que seja, algo que prometa efervescência espiritual.

*Como Michael pode se afastar da verdade*. Michael pressupõe que o cristianismo seja verdadeiro, mas não tem tempo para detalhes teológicos, pois é mais importante focalizar "aquilo que funciona". É um sujeito prático, mais preocupado em viver a vida que em entendê-la. Ações são mais importantes que detalhes. Aqueles que se dedicam a investigar minúcias teológicas (questões aparentemente pequenas ou insignificantes) estão perdendo tempo caso não consigam associá-las a algo prático na vida cristã. Enfatizar definições excessivamente teológicas e discussões doutrinárias é uma distração do cerne do cristianismo que consiste em amar Deus e amar os outros.

Pessoas na situação de Michael podem se desviar em diferentes direções. Para alguns, fazer pouco da doutrina saudável os torna vulneráveis a ensinamentos falsos. Uma vez que não se fundamentam em convicções cristãs, tornam-se presa fácil para seitas e movimentos que rejeitam o cristianismo bíblico.

Para outros, a pressuposição de que o cristianismo diz respeito, acima de tudo, àquilo que eles *fazem*, e não Àquele em quem eles creem, os leva a perder de vista o cerne do evangelho. O evangelho não é uma questão daquilo que fazemos para Cristo. Nosso amor por Deus e pelo próximo se torna mero sentimentalismo quando não temos um entendimento sólido de quem Deus é e de qual é a melhor maneira de amar as pessoas ao nosso redor. Sem uma forte ligação com a teologia cristã, cedo ou tarde todas as nossas boas obras se esgotam ou se tornam indistinguíveis de gestos amáveis que qualquer pessoa, de qualquer religião, poderia realizar.

Cristãos que se concentram exclusivamente em "fazer o bem" ou em "viver a fé" sem uma ênfase correspondente nas verdades que confessam raramente passam adiante sua fé de modo eficaz. A primeira geração sabe *o que* fazer e *por que* o faz (o evangelho); a segunda geração mantém a ação, mas perde o motivo; a terceira geração perde a ação e o motivo. Ações sem palavras de explicação e sem convicções profundamente arraigadas não perpetuam a fé ao longo do tempo. Antes, produzem uma versão de cristianismo que não passa de boa cidadania e de formação de crianças bem-educadas, mas que não têm nenhuma razão válida para agir desse modo. Pessoas legais, mas com raízes superficiais.

O estudo da teologia não nos distrai das boas obras. A teologia saudável é uma fonte para boas obras duradouras. Quando desvalorizamos a fonte, as boas obras secam.

*Como Daniel pode se afastar da verdade.* Daniel, o rapaz que gosta de apresentar Jesus a pessoas de seu *campus*, expressou desconforto com ensinamentos difíceis do cristianismo. Embora ele continue comprometido com as partes impopulares da fé, acredita que é melhor deixá-las em segundo plano. A seu ver, terá mais aceitação se viver em um estado constante de incerteza enquanto procura entender essas doutrinas difíceis.

Daniel pode acabar se afastando inteiramente do conceito de ortodoxia. Uma vez que há tantas perspectivas a respeito desta ou daquela doutrina, é impossível dizer ao certo o que é ortodoxia. Essa conclusão o livra do peso de ter de permanecer ligado a algo. Ele pode descansar na consciência de que não tem nenhum conhecimento categórico. Esse é o caminho do agnosticismo, em que Daniel continua a ser "ortodoxo" nas crenças que declara, mas deixa de ver motivo para defender essas doutrinas.

Daniel também pode procurar aliviar o desconforto que sente em relação a certos ensinamentos de sua religião ao alterar o cristianismo a fim de torná-lo mais aceitável para uma nova geração. Diante de barreiras doutrinárias ou éticas que dificultam a aceitação do evangelho, ele pode imaginar que a melhor forma de garantir que o cristianismo tenha futuro seja desvinculá-lo do passado. E assim começa o processo de "reimaginar", "reinterpretar" e "revisar" uma fé mais adequada para nossa era moderna. Uma vez que ele adotar esse projeto de adaptação, fortes correntes logo o puxarão para a heresia.

*Como Sarah pode se afastar da verdade.* Sarah também corre o risco de ser levada pela correnteza, embora, à primeira vista, seja difícil identificar de que maneira isso possa acontecer. Afinal, ela se dedica a sua igreja recém-formada com grande entusiasmo. Considera empolgante fazer diferença para melhor no mundo. Tudo o que ela diz parece o oposto de indiferença espiritual. Como os outros, porém, seu "é claro!" indica que ela pressupõe que o evangelho de Jesus permanece no centro de sua igreja. Ela parece estranhamente desinteressada no milagre que ultrapassa, em muito, qualquer coisa boa que sua igreja possa fazer na comunidade: a conversão de um só pecador em um santo, o momento em que uma pessoa é tocada pelo poder do evangelho e passa das trevas para a luz, da vida para a morte. É o milagre do novo nascimento.

Quer Sarah perceba quer não, ela é suscetível a se afastar da centralidade do evangelho em si, pois coloca em primeiro plano o *impacto* do evangelho. Empolga-se mais com todo o bem que sua igreja pode realizar do que com o bem que somente o Espírito Santo pode realizar: salvar alguém do pecado. Embora ("é claro!") ela afirme que o evangelho é essencial e que a conversão individual é necessária, sua tendência é tornar uma boa causa mais central do que a cruz ensanguentada. Esse movimento remove o caráter distintivo do cristianismo, pois existem no mundo muitas boas causas que não têm nenhuma ligação com a cruz de Cristo.

Para Sarah, o cristianismo corre o risco de se tornar um meio para um fim maior e, uma vez que ela transformar o cristianismo em um instrumento para alguma outra coisa ou celebrar as implicações do evangelho mais que o evangelho em si, existe grande probabilidade de ser levada pela correnteza. Sarah começará a enxergar as verdades cristãs como algo que ela pode pressupor, mas não precisa mais explorar, pois a *verdadeira* ação está naquilo que a igreja *faz*.

Fervor admirável por ver frutos do cristianismo na política ou na ação social pode nos afastar do evangelho que produz esses frutos, e as fortes correntes do fervor equivocado podem nos arrastar para o alto-mar de serviço a outros em

50 • A EMOÇÃO DA ORTODOXIA

que Jesus é um elemento secundário em relação a todas as boas obras que realizamos.

## A aventura de nadar contra a correnteza

Nenhuma dessas pessoas está se afastando propositadamente da fé — muito pelo contrário! É justamente por isso, contudo, que ser levados pela correnteza é tão perigoso: pode acontecer de modo tão silencioso que não percebemos. Por isso temos de olhar constantemente para a praia, nadar contra a correnteza e nos realinhar com a verdade que não se move. Esse princípio vale para todos nós; precisamos reconhecer com humildade que somos todos suscetíveis a nos afastar da verdade de diferentes maneiras, seja por uma religião em piloto automático, por uma desvalorização da teologia em favor de coisas mais práticas, pelo desejo de alterar o ensino cristão a fim de remover algumas de suas dificuldades ou pelo esforço para causar impacto no mundo. Uma vez que dizemos "é claro!" para o evangelho e para a verdade cristã, corremos o risco de ser arrastados para longe da ortodoxia.

Qual deve ser nossa reação diante da possibilidade de nos afastar da verdade? Deve ser de fé, e não de medo. O apóstolo Judas nos exortou: "Mantenham-se firmes no amor de Deus, enquanto aguardam a vida eterna que nosso Senhor Jesus Cristo lhes dará" (Jd 1.21). No entanto, esse mesmo apóstolo começou sua carta com a seguinte descrição de seus leitores: "Chamados por Deus, o Pai, que os ama e os guarda sob o cuidado de Jesus Cristo" (1.1). Pela fé, devemos nos manter "firmes no amor de Deus" e, pela fé, temos convicção de que somos amados pelo Pai e de que ele nos "guarda sob o cuidado de Jesus Cristo". Não precisamos ter medo de ser levados pela correnteza, embora sejamos exortados a resistir-lhe.

Portanto, como pessoas amadas por Deus e guardadas sob o cuidado de Jesus Cristo, como resistimos à correnteza que nos arrasta para o erro doutrinário? Suponho que possamos bater com a Bíblia na mesa, gritar mais alto, colocar um adesivo no carro que diga "Se Deus falou, está falado" ou reforçar as tradições da igreja. Mas essa abordagem "ferrenha" à ortodoxia nos deixará indefesos se algo novo aparecer: uma nova revelação, uma técnica diferente ou uma prática inovadora.

A melhor maneira de nadar contra a correnteza da heresia é a emoção da ortodoxia. Precisamos de uma empolgação *melhor*, de um fervor mais duradouro. A melhor maneira de evitar novos erros é amar antigas verdades, ouvir a história repetidamente e "entrar no processo de ser mortos e reavivados pelo evangelho".[1] Felizmente, nosso posicionamento nesses casos não consiste apenas em "nos guardar" da correnteza, como se não fosse necessário nenhum movimento, apenas uma aceitação passiva da verdade.

A aventura da ortodoxia exige consumo de energia. Uma coisa morta pode boiar correnteza abaixo. No entanto, nadamos *contra* a correnteza. Esforçamo-nos para ir na direção oposta ao movimento das águas, mantemo-nos firmes quando as ondas quebram sobre nós: esse é o sinal de vitalidade espiritual.

Os cristãos não devem ser como os lemingues da Noruega que, a cada quatro anos, migram por lagos e rios e acabam morrendo em grandes números quando se lançam no mar, quase como se fossem membros de alguma seita. Antes, devemos ser como os salmões que saem do mar e nadam correnteza acima nos rios por centenas de quilômetros, contra toda probabilidade, para pôr seus ovos e dar vida à geração seguinte.[2]

Ser levado pela correnteza é fácil... e tedioso. Prepare-se para nadar rio acima.

# 3

## Redescobrindo a aventura

As pessoas gostam de dizer que a vida é uma jornada. Costumamos usar essa metáfora porque, inevitavelmente, entendemos nossa vida como uma história com começo e fim e nos imaginamos em um caminho que nos leva a algum lugar, a um destino adiante. Não é de hoje que os cristãos pensam na vida dessa forma. Quinze salmos são chamados "salmos de subida", o hinário dos judeus fiéis que subiam pela longa estrada para Jerusalém a fim de prestar culto no templo, o lugar de habitação do Senhor, onde céu e terra se uniam (Sl 120—134). O autor de Hebreus imaginou a vida cristã como uma corrida que requer perseverança (Hb 12.1-2; veja tb. 1Co 9.24-27). A obra *O peregrino*, de John Bunyan, acompanha um homem chamado Cristão em seu caminho para a Cidade Celestial, um percurso em que ele depara com obstáculos e com personagens que o detêm ou que o incentivam em sua busca.[1]

A ortodoxia se encaixa bem nessa metáfora. Contudo, as doutrinas fundamentais da fé cristã são mais do que uma mochila na jornada, algo opcional para levar conosco em caso de necessidade. Antes, são mais parecidas com o mapa que mostra nosso destino, aponta os caminhos sem saída e nos situa em nossos arredores, ajudando-nos a interpretar o presente momento e a prosseguir como viajantes fiéis.

E, no entanto, são ainda mais que isso. As verdades antigas do cristianismo expressas nas Escrituras e resumidas nos credos são não apenas um mapa que nos guia na jornada, mas também um livro de gramática que nos ajuda a falar a língua da fé de maneiras que exaltam o Salvador de cujo nome somos portadores. O modo mais natural de adquirir uma língua é aprendê-la quando ainda somos crianças. Ao conversar com outros, captamos intuitivamente a estrutura gramatical que confere às palavras unidas em sequência significado e relevância.

Quando me mudei para a Romênia, não tinha uma experiência de infância à qual pudesse recorrer. Tornei-me fluente ao passar horas fazendo exercícios de gramática, ou seja, aprendendo a superestrutura da língua e, então, preenchendo-a com um vocabulário cada vez mais extenso adquirido em conversas, dicionários, cultos da igreja e cânticos de adoração. Podemos adquirir uma língua de ouvido e usá-la para conversação, mas se desejamos dominar o idioma a ponto de sermos capazes de ler poesias, escrever textos, pregar sermões (e até, por vezes, sonhar nesse idioma), não conheço outro caminho senão o trabalho árduo dos exercícios de gramática. Eles podem parecer tediosos e repetitivos, mas, a menos que formemos essas estruturas mentais, não seremos capazes de experimentar plenamente a liberdade de nos expressar bem em outra língua. Não podemos pular os exercícios. Eles são fundamentais.

Sei que palavras como *teologia*, *ortodoxia* e *doutrina* parecem tão empolgantes quanto ler um mapa ou estudar um livro de gramática. São termos que remetem a coisas sérias, possivelmente maçantes e que parecem apagar as cores da vida cristã. Na verdade, porém, aprender o mapa nos dá liberdade de explorar as maravilhas do mundo com uma bússola que sempre aponta para Deus. Aprender a gramática abre novos horizontes de pensamento e expressão e permite que falemos com liberdade e convicção a respeito Daquele que adoramos. A teologia não é o objetivo final, assim como conhecer o mapa não é o objetivo final de uma jornada e estudar um livro de gramática não é o objetivo final de um idioma. Não buscamos conhecimento como um fim em si; antes, fazemos o trabalho necessário com o propósito de ter os fundamentos para desfrutar liberdade. Da mesma forma que o mapa nos mostra o terreno para que possamos explorá-lo e a gramática nos dá ferramentas para expressão e compreensão, a teologia mostra o terreno e dá as palavras para que compreendamos e expressemos melhor o Deus magnífico do evangelho. *Ele* é o objetivo final.

Infelizmente, defender a ortodoxia ou promover a teologia é uma tarefa que exige grande esforço, pois muitos hoje em dia partem do pressuposto de que cada um deve criar o próprio mapa e desenvolver a própria gramática; sujeitar-me a um conjunto de regras seria reprimir minha autenticidade e colocar em risco a singularidade do *meu* caminho ou do *meu* discurso. Os heróis do cinema, da televisão e da música mais celebrados de nossa cultura se propõem abrir um novo caminho para si. É uma aventura de rebeldia. O herói embarca em uma jornada de autodescoberta e se recusa a ser limitado pelas ideias de outros a respeito de como a vida deve ser. O drama nasce da resistência à autoridade, e não da sujeição a alguém ou algo além dele mesmo. Escreva seu próprio mapa. Fale sua própria língua. Trace seu próprio roteiro.

A princípio pode parecer emocionante seguir nosso coração, trilhar um novo caminho e criar um conjunto ímpar de crenças pessoais em vez de adotar as crenças impostas por outros. É o que acontece especialmente quando crescemos em um ambiente que suprimia qualquer expressão de individualidade ou divergência, quando havia em nossa família ou igreja uma sensação sufocante de conformidade. Libertar-nos dessas amarras artificiais e tomar nossas próprias decisões parece muito mais audaz do que seguir, sem questionamentos, os passos de outra pessoa.

Felizmente, porém, há um mapa que não exige que abramos mão de nossa individualidade ou singularidade, mas que também aponta para um caminho maior do que aquele que escolhemos para nós mesmos. Uma aventura maior aguarda quem se rebela contra o espírito de rebeldia e quem escolhe seguir um mapa antigo e se expressar em uma língua antiga. A verdadeira empolgação se encontra em seguir os passos de outra Pessoa, não cegamente, sem questionamentos, mas de todo o coração e de toda a mente, com os olhos bem abertos para a beleza do caminho. A coisa mais subversiva que podemos fazer em um mundo que prioriza a não conformidade acima de todas as coisas é nos destacar da multidão ao conformar nossa alma, nossa mente e nosso corpo intencionalmente a uma verdade maior do que nós e nossos desejos.

## A aventura de descoberta

A ortodoxia é uma aventura de descoberta, e não de invenção, duas coisas bem diferentes. Descobrir é trazer à luz aquilo que já está presente; inventar é criar algo novo. A descoberta pressupõe a existência de algo real, porém ainda não conhecido; a invenção pressupõe a capacidade criativa de nossa mente. Descoberta diz respeito a revelação. Invenção diz respeito a criação. Quando começamos a falar sobre crenças corretas, doutrina correta e o alinhamento de nosso coração e de nossa mente com o ensino cristão, entramos no âmbito da descoberta.

Deparamos com algo real. Encontramos algo que não inventamos. Esbarramos em um tesouro. Topamos com uma coisa que não criamos, mas que, se nos sujeitarmos a ele, *nos* recriará.[2]

É comum ouvirmos hoje em dia expressões como "dizer sua verdade" ou "viver sua verdade", como se a palavra *verdade* houvesse se tornado apenas sinônimo de "perspectiva" ou "experiência". Por certo, devemos criar espaço para compartilhar nossas perspectivas e relatar nossas experiências. No entanto, se temos a tendência de enfeitar a verdade com pronomes como *meu* e *seu* e nunca com o artigo *a*, violamos de modo fundamental a definição de verdade. *Verdade* é aquilo que é certo não obstante a época, a situação ou as circunstâncias. É válida para jovens e idosos, para hoje tanto quanto foi para ontem. Ademais, quando pensamos em verdade exclusivamente da perspectiva pessoal, perdemos a oportunidade de embarcar na aventura de procurar e encontrar algo fora dos limites de nossas próprias experiências.

Hoje em dia, muitos colocam a religião na categoria de autodescoberta e autoexpressão. Toda a nossa empreitada de buscar e encontrar ocorre dentro das cavernas de nosso coração, onde escavamos até chegar a nossos desejos mais profundos, incorporamos crenças religiosas e práticas espirituais que correspondem a nossas necessidades e, então, construímos uma identidade inspirativa que nos convém. Quando se trata de religião, como em todas as outras coisas, existe a *minha* verdade e a *sua* verdade.

A aventura mais emocionante, porém, consiste em explorar algo além das profundezas de nosso próprio coração. A aventura mais emocionante é vivenciada quando encontramos algo além do âmbito da *minha* perspectiva e da *sua* experiência, verdades que não inventamos nem adaptamos de acordo com nossa conveniência, verdades que descobrimos e às quais *nós* nos adaptamos.

Descobrir a verdade é como lidar com as condições do tempo. Talvez prefiramos a chuva fresca que cai suavemente em um dia de outono, ou gostemos de ver as nuvens de tempestade em uma tarde de verão. Talvez apreciemos o sol intenso de uma manhã sem nuvens no final da primavera, ou a neve que desce silenciosamente sobre a paisagem em uma noite de inverno. Podemos ter nossas preferências, mas não dizemos *minhas* condições do tempo ou *suas* condições do tempo, pois não as controlamos. Elas estão presentes, acontecem, e temos de nos adaptar. A brisa ganha força, e um dia ensolarado de primavera se torna frio o suficiente para lamentarmos por não termos trazido um casaco. Uma queda na umidade do ar transforma uma tarde de final de verão em um paraíso. Uma frente fria chega no começo do outono e desfolha as árvores antes do que esperávamos. Uma pequena elevação na temperatura acaba com a esperança de neve e traz tão somente mais um dia melancólico de chuva gélida.

Isso sem falar nas condições extremas do tempo, em que um furacão transforma as ondas plácidas na praia em monstros espumantes, em que uma tempestade de gelo rompe cabos de energia e derruba árvores, em que uma onda de calor transforma ruas em grelhas e casas em fornos. Leia biografias de gente que viveu 150 anos atrás e você encontrará comentários sobre condições do tempo que levavam as pessoas a buscar lugares mais frescos no verão ou as obrigavam a passar longas semanas de inverno sem sair de casa. Antes da chegada de aquecimento central e de aparelhos de ar-condicionado, as pessoas faziam planos em função do tempo atmosférico. Calendários escolares em comunidades rurais eram organizados conforme as épocas de plantio e colheita. A vida girava em torno das condições do tempo, pois era algo que não podia ser alterado.

Hoje em dia, abrigamo-nos das condições extremas do tempo e escolhemos o conforto de uma casa cuja temperatura se ajusta a nosso desejo. Não importa o que esteja acontecendo do lado de fora, com o toque de um botão ou por meio de um aplicativo, adaptamos o ambiente interior a nossas preferências. Apenas as condições mais extremas do tempo acabam com nossa ilusão de controle, quando uma tempestade deixa as casas sem energia elétrica ou um furacão nos obriga a fugir. Só quando planejamos um evento ao ar livre (um piquenique, um casamento, um jogo) é que corremos o risco de ter de mudar nossos planos em função das condições do tempo. Em geral, porém, temos controle de nosso conforto.

Quando alguém diz que a aventura da vida consiste em descobrir e dizer *nossa* verdade, é como apaixonar-se pelo termostato e encantar-se com a possibilidade de definir a temperatura que produzirá o agradável conforto de uma casa com ar-condicionado. A grande aventura da ortodoxia nos chama a sair de casa, a nos afastar das doutrinas domesticadas e das heresias agradáveis de nosso tempo e ingressar em um mundo selvagem e glorioso de maravilhas. A ortodoxia nos convida a deixar as celas abafadas da previsibilidade e explorar um mundo mais vasto em que o tempo atmosférico não se ajusta a nossas preferências pessoais. É um mundo belo e assustador, definido não por limites artificiais, mas por uma variedade de condições às quais temos de nos adaptar.

## A aventura dos limites

Precisamos ter consciência de algo importante sobre *a* verdade, não apenas a sua ou a minha. Assim que encontramos a verdade, confrontamos a mentira. A existência da verdade implica a realidade do erro. Surgem linhas claras de distinção. Inventar uma identidade religiosa pessoal é atraente porque, nesse caso, *nós* traçamos todas as linhas. Decidimos que crenças são convenientes para nós, que heróis e exemplos se tornam parte de nosso círculo e que práticas adotamos. A aventura de descobrir a verdade, porém, é diferente da invenção. Não definimos os limites; apenas os reconhecemos.

O cristianismo bíblico diz respeito a descobrir a verdade e, portanto, também diz respeito a rejeitar o erro. Por isso, ao longo de todo o Novo Testamento, vemos os apóstolos fazerem distinções claras entre verdade e mentira. Os apóstolos não tinham medo de traçar linhas divisórias entre pessoas *dentro* da fé e pessoas que, em razão de suas ações e crenças, mostravam que estavam *fora* da fé.[3]

Para muitos, esse tipo de demarcação com base em convicções religiosas parece contraprodutivo. O impulso do cristianismo não deveria nos levar a maior inclusão? Não cabe a nós apagar as linhas e derrubar os muros? A resposta seria afirmativa se a religião fosse apenas uma questão de espiritualidade individual ou de preferência pessoal, como escolher um sabor de sorvete em lugar de outro. O que há de errado em preferir chocolate a morango? Apague as linhas e receba de braços abertos todos que gostam de qualquer tipo de sorvete!

No entanto, o Novo Testamento não apresenta o evangelho como uma questão de preferência pessoal. O evangelho diz respeito a acontecimentos, a ocorrências históricas que fizeram o mundo estremecer, que precisam ser reconhecidas e levar a uma decisão: *O que faremos com Jesus?*

É verdade que seguir Jesus e assumir um compromisso de fidelidade a ele como Senhor derruba algumas barreiras construídas por pessoas, mas, ao mesmo tempo, levanta outras barreiras. O cristianismo acaba com divisões secundárias entre as pessoas: judeu ou gentio, escravo ou livre, homem ou mulher (Gl 3.28). Ao mesmo tempo, cria divisões ao fazer distinção clara entre aqueles que confessam Jesus como Senhor e aqueles que rejeitam sua soberania. Esse é o paradoxo da ortodoxia: o evangelho derruba e levanta muros. Barreiras secundárias entre cristãos são demolidas, enquanto limites entre cristãos e o mundo são reforçados. Tudo pelo mesmo evangelho.

*Onde se encontra o mistério.* Quando iniciei meus estudos de teologia, tomei conhecimento do movimento da igreja emergente e comecei a ler obras de líderes de igreja e escritores que levantavam perguntas válidas sobre a natureza da igreja e a melhor forma de alcançar a próxima geração. Muitos desses livros promoviam a ideia de indistinção teológica e instavam o leitor a não se afligir por não saber as respostas, a se apaixonar pela névoa, a ser menos categóricos e aceitar proposições enigmáticas como forma de demonstrar confiança mais profunda em Deus e no evangelho. Tive a impressão de que esses livros descreviam os cristãos do passado como simplórios e ignorantes por traçarem linhas claras.

Essa abordagem era atraente para muitos de minha faixa etária. Aqueles que haviam crescido na igreja consideravam inovador celebrar o "mistério" e acolher as ambiguidades da fé. Com o tempo, entretanto, quando comecei a fazer um balanço das crenças e práticas dos escritores e pensadores que apresentavam essa proposta, concluí que sua visão do cristianismo era excessivamente domesticada e sanitizada. Era uma fé da qual haviam sido removidas todas as arestas a fim de que fosse mais aceitável para os ocidentais modernos. Embora falasse muito de empolgação e aventura, levava de volta à casa climatizada de uma fé adaptada aos melindres contemporâneos.

Quanto mais eu estudava, mais eu percebia que era no cristianismo histórico e no evangelho bíblico transmitido de uma geração a outra por milênios que eu poderia encontrar o mistério que satisfaz a alma. Nas profundezas do mar da teologia cristã havia coisas desconhecidas à espera de serem exploradas; ali existia ambiguidade por causa da vastidão e da magnificência da ortodoxia. Muitos líderes que desejavam nebulosidade em lugar de clareza acabaram sendo arrastados por fortes correntes para erros e, em alguns casos, para heresias. Imaginaram que tivessem embarcado em uma aventura quando, na verdade, estavam apenas sendo levados correnteza abaixo.

*O encontro com uma pessoa.* A ideia de recorrer a mistério em lugar de clareza parece humilde e despretensiosa, não é mesmo? Quando chegamos ao fim de nosso conhecimento e nos damos conta de nossa finitude, os mistérios da fé despertam sensação de maravilhamento. De acordo com essa linha de raciocínio, o que produz admiração reverente não é, acima de tudo, aquilo que sabemos, mas aquilo que *não* sabemos.

À primeira vista, parece haver precedentes nas Escrituras para essa abordagem ao mistério, principalmente na declaração de Paulo no final de Romanos 11 em que ele irrompe em louvor pelos juízos insondáveis e os caminhos inescrutáveis de Deus, ou na reação de Jó à visão impressionante do poder criador de Deus (Rm 11.33-36; Jó 40—42).

No fim das contas, porém, não é o mistério daquilo que *não* sabemos que inspira admiração reverente, mas a revelação dos juízos e caminhos de Deus, ou a manifestação de sua glória na criação. Sem dúvida, sempre haverá um nível de mistério que deve nos fazer refletir e reconhecer nossa finitude. Mas essa reação vem depois de uma gloriosa *revelação* dos mistérios de Deus.

Por isso, mesmo que o mistério de Deus seja tal que jamais possamos sondar as profundezas de sua majestade, os pais da igreja primitiva insistiram em certa medida de clareza e traçaram diversas linhas de distinção no tocante ao Deus Triúno (um Deus em três Pessoas) e à divindade de Cristo (uma Pessoa, duas naturezas, duas vontades).[4] Os cristãos antigos trabalharam várias décadas para chegar a um esclarecimento sobre a natureza da identidade de Cristo, não porque eram obcecados com minúcias ou propensos a controvérsias teológicas, mas porque sabiam que a ortodoxia não era uma árida definição abstrata; era um retrato de um Deus real e vivo.

Jó é um forte exemplo para nós. Os primeiros capítulos do livro de Jó nos dão um vislumbre de soberania e sofrimento. Vemos um inimigo cuja ação é firmemente limitada, mesmo quando causa destruição. No entanto, vemos também um Deus no controle de modo firme, porém misterioso. E vemos um homem no ponto de articulação entre os dois, um homem cheio de perguntas.

Um capítulo após o outro, Jó olhou para o céu e indagou: "Por quê?". E, um capítulo após o outro, não recebeu resposta. Quando Deus finalmente se pronunciou, não deu uma resposta satisfatória para as perguntas de Jó; fez algo melhor. Em vez de Deus revelar para Jó todos os motivos eternos por trás de seus sofrimentos, ele lhe revelou sua grandeza. Deus trouxe à mente de Jó seu poder, sua glória e sua verdade, No fim, Jó não encontrou o "por quê" que estava procurando; ele encontrou o "Quem" que ele não estava procurando.[5]

O cristianismo não é simplesmente uma questão de anuência mental a um conjunto de proposições. Ser cristão é

REDESCOBRINDO A AVENTURA • 63

entregar-se a uma Pessoa. Por isso, as declarações que fazemos sobre a identidade de Deus são *verdadeiramente importantes*. Sem dúvida, as águas da ortodoxia são mais profundas do que a compreensão humana e suas doutrinas precisam ser confessadas pela fé. No entanto, na busca por clareza doutrinária fundamentada na Palavra de Deus, enxergamos um reflexo melhor e mais nítido do coração de Deus, quem ele é e o que ele fez para nos salvar. "Estendemos a débil capacidade de nossa linguagem de expressar realidades indescritíveis."[6] É ao buscar a verdade, e não ao abandoná-la, que encontramos mistério mais profundo, maravilhas eternas e prodígios paradoxais.

## Um tipo diferente de liberdade

Nossa cultura nos condiciona a resistir às linhas e aos limites que herdamos de pessoas do passado, mas a ortodoxia afirma que certas demarcações são necessárias para que haja liberdade. Se nos desfizermos das linhas e dos limites, se imaginarmos que todos os muros precisam de marretas, se rasgarmos o projeto e o jogarmos fora, talvez nos sintamos livres, mas jamais construiremos algo duradouro.

A ortodoxia é como o projeto de uma construção, a gramática de um idioma, o mapa que indica as variações do terreno. O propósito das linhas e das demarcações não é nos acorrentar, mas nos libertar.

Considere a importância dos códigos de edificações. Talvez reviremos os olhos para algumas de suas restrições e regras. Parecem uma imposição, um obstáculo para a visão daquilo que desejamos construir. Idealmente, porém, os códigos proporcionam liberdade. Em minha primeira visita à Romênia, quando era adolescente, apenas alguns anos antes de o ditador daquele país ser deposto, meu pai e eu visitamos uma instituição cristã. Subimos as escadas de concreto e chegamos a uma plataforma e, quando meu pai se inclinou para trás, quase caiu de uma altura de mais de três metros. Felizmente, ele conseguiu recuperar o equilíbrio a tempo. Ficamos surpresos de observar que a plataforma não tinha parapeito; naquela época, o código de edificações na Romênia era diferente e não havia nada em volta da plataforma que impedisse alguém de cair. Depois de meu pai escapar por um triz de um acidente, ele ficou mais atento e me advertiu em várias ocasiões para ter cuidado. Ele se sentiu *menos* livre, e não mais, em razão da ausência de um código de edificações.

O mesmo se aplica aos esportes. Talvez não gostemos das regras de impedimento e fiquemos irritados quando o juiz anula um gol porque o jogador de nosso time estava impedido. Imagine, porém, como o futebol seria diferente sem essa regra. A beleza do futebol depende em parte considerável da regra de impedimento. Imagine uma quadra de basquete sem linhas de demarcação. Ou um campo de futebol americano em que ninguém tenha medido as jardas. A única forma de os jogadores terem liberdade para desfrutar o jogo é aceitar as regras e restrições que tornam o jogo possível.

A aventura da ortodoxia oferece uma liberdade contraintuitiva encontrada dentro de certas linhas e limites. Não inventamos a verdade. No entanto, temos liberdade de organizar a verdade, de adotar novas estratégias para participar de um jogo antigo, de correr à vontade dentro de certos limites e entender o que é necessário a fim de que permaneçamos fiéis em nossos dias.

O conceito atual de liberdade consiste em fazer o que bem entendermos, em desenvolver nosso próprio credo pessoal.

Contudo, essa forma de pensar é inevitavelmente tacanha; acaba com a aventura. Nossa religião pessoal nunca é maior que nosso coração e nossa mente. O "Calvinbol" (jogo imaginário com regras que mudavam continuamente) era divertido apenas para Calvin e Haroldo.[7] Esse tipo de aventura começa e termina em nós.

A ortodoxia, por mais estreita que pareça para quem olha de fora, é muito maior por dentro. As regras e restrições e as delineações claras nos dão liberdade para vivenciar algo que, de outro modo, seria impossível. Depois de trabalhar com exercícios gramaticais que poderiam servir de sonífero, por fim nos descobrimos *livres* para falar de modo fluente, para ingressar no mundo de outro idioma e de outra cultura. A aventura cristã não consiste em uma tentativa de conformar a realidade a nós, mas em conformar nossa alma à realidade.

O cristianismo oferece uma visão mais profunda e mais gloriosa de liberdade. É a liberdade para aceitar certas regras e restrições, para crer em certas doutrinas e dogmas e viver de acordo com elas a fim de que possamos experimentar liberdade para alcançar excelência; é a aventura de disciplinar nossos desejos, de moldar nossa alma para que desenvolvamos piedade. É a jornada que transforma pecadores em santos.

### É possível conhecer a verdade?

Como saber, então, o que é ortodoxo? Se aceitamos que a verdade existe, como ter certeza de que a descobrimos? Afinal, cristãos bem-intencionados discordam quanto à melhor maneira de interpretar a Bíblia. Como discernir entre doutrinas verdadeiras e falsas, entre práticas certas e erradas?

Uma reação comum diante de divergências entre cristãos hoje em dia é simplesmente irritar-se, jogar a toalha e

66 • A EMOÇÃO DA ORTODOXIA

considerar inútil buscar a verdade. Talvez concluamos que é melhor não ser excessivamente dogmáticos a respeito de nossas crenças e façamos cara feia para qualquer um que pareça ter convicção acerca de determinada doutrina. Existe, porém, um caminho melhor e, mais uma vez, temos de olhar para trás a fim de avançar.

*O Concílio de Sírmio.* Em 357 d.C., cristãos estavam envolvidos em uma longa controvérsia a respeito da melhor maneira de articular o fato de que Jesus Cristo era Deus e homem. A troca de argumentos se estendeu por décadas e, por fim, líderes cristãos em um concílio em Sírmio encontraram uma forma de acabar com a discussão e restabelecer a paz, ou foi o que imaginaram. Uma vez que as Escrituras não deixam explícitas descrições detalhadas da natureza de Cristo, eles declararam que ninguém tinha como saber exatamente qual era o relacionamento entre o Filho e o Pai e, portanto, quem afirmasse que conhecia a verdade a esse respeito estaria equivocado. A natureza de Cristo é gloriosa demais para ser expressa em palavras e, consequentemente, não devemos fazer declarações sobre detalhes de sua identidade.[8]

Parece humilde e despretensioso, não é mesmo? Talvez a princípio. Mas os pais da igreja se opuseram a essa ideia com veemência por três motivos. Primeiro, rejeitaram a asserção do concílio de que, por mais convicto que alguém se mostrasse, não havia como saber a verdade. Segundo, resistiram à exigência do concílio não apenas de silêncio sobre essa questão, mas de que todos reconhecessem ignorância. Terceiro, viram que o concílio, ao reprimir a discussão e descartar qualquer especulação sobre o relacionamento entre Pai e Filho (ao dizer, com efeito: "Jamais saberemos e, portanto, temos de concordar em discordar"), deixou a porta escancarada para heresias:

a ideia herética de que o Filho de Deus não era eterno foi colocada no mesmo nível da asserção ortodoxa de que Cristo é co-igual com Deus.[9]

A linha de raciocínio desse concílio é atraente para muitos hoje em dia quando surgem divergências. Há quem argumente a favor de silêncio sobre vários assuntos e diga que discussões e discordâncias devem ser sacrificadas no altar da unidade. A fim de haver paz, devemos simplesmente parar de falar sobre assuntos controversos. Hoje, como no passado, líderes se levantam para dizer que "a Bíblia não é clara" ou "a situação é extremamente complexa" e, portanto, devemos "concordar em discordar". Mas, como destaca o teólogo inglês Michael Ovey, recorrer à ignorância dessa forma parece acabar com a discussão, quando, na realidade, prepara o terreno para a multiplicação de doutrinas e práticas aberrantes de toda espécie.

> A alegação de falta de clareza ou ignorância permite que busquemos nosso próprio posicionamento de forma bastante dogmática ao mesmo tempo que aparentamos ser extremamente não dogmáticos. [...] A alegação de ignorância parece não defender nenhum posicionamento, mas afirma de modo tácito que o posicionamento do adversário não pode ser categoricamente asseverado; será, para sempre, apenas uma possibilidade, e não uma certeza na qual se possa basear ação ou decisão. Há algo de muito gratificante em ser um dogmatista enrustido e dar a impressão de ser justamente o contrário.[10]

A abordagem do Concílio de Sírmio — jogar a toalha e repreender aqueles que têm convicções firmes — é uma rua sem saída e acaba com a aventura da ortodoxia. Os pais da igreja fizeram bem em se opor a esse posicionamento, e nós fazemos bem em resistir a essa mesma tendência hoje em dia.

Mas, afinal, o que devemos fazer quando cristãos bem-intencionados discordam acerca de pontos fundamentais de doutrina em outras áreas de ensino e prática? Como nos posicionar diante da realidade de tantas denominações? Até mesmo em igrejas que parecem unidas à primeira vista (católicos, ortodoxos), quando observamos com mais atenção, encontramos diversas facções em conflito interno.

*Uma língua, vários sotaques.* Há uma forma melhor de considerar os conflitos entre cristãos e as divergências que dão origem a diferentes denominações e tradições teológicas. A tendência de discutir sobre doutrina não significa que é impossível conhecer a verdade; antes, indica que a ortodoxia é real e que vale a pena lutar por ela. De que adiantaria discutir se não houvesse uma verdade a ser descoberta?

Aqueles que enxergam a emoção da ortodoxia, que conhecem a aventura de descobrir a verdade, têm mais em comum uns com os outros do que com aqueles que negam a possibilidade de chegar a qualquer certeza. Quem procura descobrir a verdade e não inventá-la, quem adota a ortodoxia em seus elementos essenciais, experimenta mais camaradagem com um irmão ou uma irmã que discorda fortemente dele do que com alguém que faz pouco da discussão teológica e desiste de encontrar a verdade. Heróis da fé nunca são indiferentes quanto a doutrina.

Por certo, cristãos são pessoas que buscam a verdade, mas também são pessoas que encontram a verdade e, então, a propagam. Apesar das várias divergências a respeito de assuntos de toda espécie, não devemos ignorar a ampla unidade existente entre os cristãos quanto aos elementos essenciais da ortodoxia. Ao considerarmos a complexidade da Bíblia, o exemplo dos cristãos primitivos, o desenvolvimento de concílios, credos e confissões e os esclarecimentos gradativos sobre as melhores maneiras de expressar a verdade cristã ao longo dos séculos, vemos que, apesar de todas as tramas políticas de imperadores, teólogos e bispos envolvidos na discussão dos pormenores do cristianismo, a Fé Nicena ainda é uma representação clássica dos elementos fundamentais da fé à qual cristãos de toda parte se apegaram e continuam a confessar. Não é incrível? Acaso não é obra do Espírito que cristãos ao longo de dois mil anos concordem entre si quanto à superestrutura da fé cristã?

A árvore do cristianismo tem muitos ramos e, com o tempo, alguns deles talvez apodreçam por adotar erros teológicos, ou mesmo caiam ao sucumbir a heresias. No entanto, o Deus Triúno da ortodoxia, revelado no Novo Testamento e descrito pelos credos, é o tronco que transmite vida aos ramos. Os cristãos talvez discutam sobre diversos aspectos de doutrina e teologia, e diferentes grupos talvez adotem diferentes confissões desenvolvidas a partir dos princípios centrais da ortodoxia. Mas essas discussões não devem obscurecer a unidade fundamental que nos ajuda a falar de Deus com exatidão.

A ortodoxia é como uma língua que descreve a verdade sobre Deus, e os diferentes grupos dentro do cristianismo falam essa língua com sotaques diferentes. Podemos (e devemos) discutir quais sotaques são mais próximos da Bíblia e representam mais exatamente a verdade. Contudo, os elementos em comum são tão substanciais que a última coisa que devemos concluir ao ver cristãos discordarem entre si é que "jamais saberemos qual é a verdade". É como dizer que não temos como *verdadeiramente* saber inglês porque existem diferentes sotaques no Reino Unido, na Austrália, na Nigéria, em Gana e nas diversas regiões dos Estados Unidos. Uma reação mais

70 • A EMOÇÃO DA ORTODOXIA

apropriada é espanto diante do fato de que, por dois mil anos, em meio ao caos da história, a aventura de *descobrir* a ortodoxia, e não inventá-la, *reuniu* cristãos do mundo inteiro. Esse fato nos leva à característica fundamental que deve se aplicar a qualquer um que deseje vivenciar a aventura da ortodoxia: humildade.

## A grandeza da humildade

Não temos como aprender uma nova língua se não nos humilharmos. Precisamos estar dispostos a parecer tolos, cometer erros, lidar com o incômodo de formular pensamentos de maneiras estranhas e suportar gozações amigáveis que acontecem quando não acertamos no vocabulário ou na estrutura das frases.

O mesmo se aplica ao aprendizado de teologia. Eu costumava acreditar em uma heresia. Obviamente, não era intencional. Descobri meu erro durante o primeiro ano de estudo de teologia na Romênia. Nosso professor de teologia sistemática apresentou uma lista de heresias relacionadas à Trindade e chegou ao apolinarismo, que ele descreveu como "o ensino segundo o qual Jesus tinha uma alma divina em um corpo humano". Foi como se eu tivesse levado um soco no estômago. Embora essa heresia não tivesse sido ensinada em minha igreja, de algum modo havia entrado sorrateiramente em meus pensamentos como a maneira mais lógica de asseverar, ao mesmo tempo, a divindade e humanidade de Cristo. Simplesmente tomei por certo que "Deus encarnado" significava mente e espírito divinos envoltos em um corpo humano.

Lógica ou não, essa ideia estava errada. Eu estava errado. Isso não quer dizer que eu não era verdadeiramente seguidor de Cristo. Havia vários anos, esforçava-me para andar com

Jesus fielmente, o que, aliás, explica por que fui parar na Romênia, onde estudava teologia. Meu entendimento da natureza de Cristo estava equivocado, mas eu era um cristão autêntico. Uma vez que meu erro foi refutado pelo testemunho das Escrituras e da igreja ao longo das eras, corrigi meu entendimento, e fim da história.

Assim como a humildade é importante para o aprendizado de uma língua, também é importante para o aprendizado de teologia. E graças a Deus por que, quando deparamos com analogias ruins, ou recorremos a expressões imperfeitas, ou procuramos superar um entendimento confuso do Deus Triúno, não é nosso conhecimento perfeito da natureza e da pessoa de Cristo que nos salva, mas o próprio Cristo. Não é a teologia ortodoxa que nos salva, mas o Deus que essa teologia ortodoxa descreve. O que nos salva é a realidade e não o conhecimento da realidade. Dito isso, a verdadeira humildade nos leva à autocorreção quando necessário, a fim de nos alinharmos com a regra de fé.

Nada acaba mais rapidamente com a emoção da ortodoxia do que o orgulho. Ele nos leva a pensar que somos senhores de nosso destino, que determinamos nossa sorte. Convence-nos de que temos poder para inventar ou manipular a verdade. Impede-nos de embarcar na aventura de descoberta e nos acorrenta à pequenez de nosso próprio coração. A humildade, em contrapartida, nos liberta para que aceitemos a vida como dádiva, para que reconheçamos que a verdade, quando encontrada, deve ser recebida com alegria. A humildade é fundamental para a emoção da ortodoxia, pois é o pré-requisito para a submissão voluntária e disposta a algo maior do que nós.

Mais de um século atrás, G. K. Chesterton observou o aumento de "humildade deslocada". O cristianismo nos chama a depositar nossa fé e confiança em Deus e nas verdades que ele nos revelou e a permanecer humildes e despretensiosos em nossos esforços e ambições. Devemos confiar na verdade e duvidar de nós mesmos. Conhecemos o destino, mas nos perguntamos se chegaremos a ele.

De acordo com Chesterton, hoje em dia a humildade é invertida. Confiamos em nós mesmos e duvidamos da verdade. Sabemos que somos capazes de chegar a nosso destino, mas não sabemos onde ele fica. "A humildade de outrora fazia a pessoa duvidar de seus esforços, o que a levava a trabalhar com afinco ainda maior. A nova humildade, porém, faz a pessoa duvidar de seus alvos, o que a leva a parar inteiramente de trabalhar."[11]

A humildade de outrora nos liberta para que sigamos algo maior que nosso coração. Ela nos liberta para que nos ajoelhemos diante de algo maior que nosso governo e reino. Mostra aquilo que não sabemos, mas produz em nós o forte anseio de crescer em conhecimento, o que nos atrai para o caminho de descobertas ainda mais numerosas e magníficas.

*Humildade* **versus** *certeza?* A humildade mal aplicada não tem paciência com discussões sobre ortodoxia, pois, em nossa cultura atual, o oposto de humildade mal aplicada não é arrogância, mas certeza. Muitos imaginam que, se você tem certeza de algo, não pode ser humilde. Nessa linha de pensamento, a certeza intelectual se torna incompatível com um espírito de humildade. A principal forma de demonstrar humildade é confessar as limitações de nosso conhecimento e dizer: "Não sei" ou "Não entendo tudo". O mistério nos mantém humildes. A certeza nos torna arrogantes. Pelo menos, é o que dizem.

No entanto, há uma diferença entre uma busca racionalista e iluminista por uma "certeza abrangente" (uma perspectiva divina da realidade que não pode ser desafiada nem questionada) e o tipo de certeza ou segurança que devemos buscar como aspecto da fidelidade cristã. "Nosso conhecimento é parcial", diz o apóstolo Paulo, e a humildade lembra que nosso conhecimento é verdadeiramente apenas *parcial* (1Co 13.9-12). Mas, para não exagerarmos na correção, lembremo-nos de que Paulo também disse que *temos conhecimento*.

Esse conhecimento não é a tentativa de encontrar certeza na certeza, como se pudéssemos manter controle de nossa fé ao pensar que respondemos a todas as perguntas e dominamos todos os detalhes. O objetivo de crescimento em conhecimento não é uma Bíblia que empunhamos como livro cheio de respostas sistemáticas para todas as perguntas da vida. Sempre resta mistério.[12]

Contudo, também devemos evitar reagir a uma "certeza abrangente" presunçosa ao duvidar inteiramente de que possamos saber ao certo *qualquer coisa*. A busca por humildade não exige que abramos mão da certeza, como se certeza e humildade não pudessem coexistir. É verdade que, há muitos séculos, cristãos convivem com mistério, mas não há dúvida que as *Confissões* de Agostinho, por exemplo, mostram um desejo insaciável de segurança e conhecimento. No cerne da fé cristã se encontra confiança pessoal, e não certeza abrangente. No entanto, não há como fazer distinção plena entre "certeza" e "confiança" quando, de acordo com Hebreus, a fé é a *certeza* daquilo que esperamos, mas não vemos (Hb 11.1, NVI). *Certeza* não é um termo negativo na Bíblia. O Evangelista Lucas se propôs registrar acontecimentos de que ele tinha certeza que haviam ocorrido, e o testemunho do centurião junto à cruz é exemplo de fé: "Este homem era *verdadeiramente* o Filho de Deus!" (Lc 1.4; Mt 27.54, grifos meus).

74 • A EMOÇÃO DA ORTODOXIA

A humildade resolve o problema da confiança excessiva e o problema da falta de confiança. A humildade nos lembra de nosso conhecimento limitado, da incapacidade humana de compreender plenamente toda a revelação de Deus. A humildade também nos ajuda a ter certeza das verdades que recebemos, da revelação que veio de fora de nós.

Posso ser humilde ao ajudar meu filho de 5 anos com a tarefa de casa ("4 + 5 = 9, com certeza!") e também posso ser humilde quando vejo o livro de matemática avançada de meu filho de 16 e dizer: "Não me lembro de como fazer esses cálculos". Não sou menos humilde quando ajudo meu filho de 5 anos com adição básica, nem mais humilde quando reconheço que não sou de grande ajuda com cálculo. *Certeza* não é sinônimo de "arrogância".

Essa analogia não pode ser levada a extremos, pois a doutrina cristã é mais que um simples conjunto de fatos e números. Não podemos reduzir os preceitos cristãos a declarações sistemáticas ou formulações matemáticas, pois as Escrituras revelam uma história, um drama, que confere significado e relevância às proposições que afirmamos. Precisamos não do tipo de certeza científica exaltada pelo Iluminismo, mas da certeza pessoal que encontra segurança na bondade da Palavra de Deus e na realidade do amor de Deus por nós, demonstrado quando ele enviou Cristo para morrer por nossos pecados. *Esse tipo* de certeza, fundamentada na Palavra de Deus e imersa no amor de Deus, deve nos guardar de adotar a segurança arrogante de um estudioso interessado, acima de tudo, em marcar pontos em um debate intelectual ou em descompor adversários teológicos.

A fé cristã é cheia de mistério e paradoxo, mas boa parte desse mistério foi divinamente *revelado*. A certeza não deve, portanto, ser colocada em oposição à humildade. Reconhecemos que nosso entendimento da verdade (embora não seja plenamente abrangente no sentido idólatra e autônomo) se baseia não em nossa inteligência ou estudo, mas na graça de Deus. Precisamos não de menos certeza, mas de mais dependência do Deus que revelou sua verdade a nós. Conhecemos a verdade de modo real, e sempre a conhecemos apenas de modo parcial. O objetivo da teologia, assim, não é encher nossa cabeça, mas nos levar a curvá-la.

*Crescimento humilde.* Quando reconhecemos que a humildade é mais uma questão de *descobrir* a verdade fora de nós e nos sujeitar à verdade que encontramos, entendemos como, ao contrário da percepção popular equivocada, a humildade é necessária para que cresçamos em conhecimento. Uma vez que chegamos a uma convicção a respeito de determinada verdade, temos liberdade de aceitar outra verdade, e outra depois dela. Essa é a atitude receptiva do cristão.

A vida cristã é uma jornada de descobertas cada vez mais profundas da verdade. A ortodoxia não reprime o pensamento e a descoberta. Crescer em conhecimento é como fazer uma escavação. Encontramos um tesouro e, então, cavamos um pouco mais até encontrar outro tesouro, e outro. Pensar é formar ligações entre as coisas. Começamos com a humilde aceitação das primeiras coisas e, então, podemos avançar para as segundas coisas, para as terceiras e quartas e para implicações adicionais.

De que adianta ter um mapa se damos apenas alguns passos e, então, voltamos e nunca resolvemos para onde queremos ir? Sem compromisso com um curso de ação, caminharemos em círculos e jamais chegaremos a algum lugar. Ortodoxia implica humildade de sujeitar-nos ao mapa, de construir uma verdade sobre outra, de aprender a estrutura de uma língua para que possamos falar fluentemente. Uma descoberta sucede outra.

*A melodia da fé.* A ortodoxia é como uma melodia para ser tocada ou uma canção para ser entoada.[13] Se errarmos, a música para. Se acertamos, a música cresce. Podemos experimentar novas combinações, remasterizar ou ajustar o ritmo, algo que cantores fazem, por vezes, quando interpretam canções de outros. Mas, se fizermos alterações demais, o resultado será uma melodia diferente. Não podemos reconsiderar, revisitar, redefinir, revisar ou retratar a fé interminavelmente e, ainda assim, permanecer comprometidos com *a* fé. Novas combinações, arranjos e produções de uma canção antiga destacam a beleza do original com variações e instrumentos que acrescentam novo efeito. No entanto, uma vez que deixamos de nos sujeitar à canção, uma vez que alteramos a letra ou a melodia, perdemos a composição original.

Infelizmente, os cristãos muitas vezes se desviam para crenças e ações que não fazem jus à melodia transmitida pelos apóstolos, quer na horrenda dissonância de guerreiros que cometeram atrocidades em nome de Cristo quer nas demonstrações ostentosas de riqueza e favoritismo em clara desarmonia com as instruções de nosso Salvador. Em qualquer era, encontraremos cristãos que destroçaram a melodia e outros que a entoaram com grande beleza.[14] Por vezes, talvez fiquemos estarrecidos ao ver um líder entoar uma estrofe impecavelmente e estragar a seguinte. Afinal, somos um bando de gente imperfeita. Nenhum de nós acerta todas as notas o tempo todo, e talvez pareçamos mais um grupo improvisado de crianças desafinadas do que coristas do mosteiro de Westminster. No entanto, a humildade continua a nos conduzir de volta à canção e a nos tornar dependentes do Espírito em nossa tentativa de fazer jus à melodia.[15]

*A humildade de nossa condição de criaturas.* "Pergunto--me em que tipo de história viemos parar", diz Frodo em *O Senhor dos Anéis*, de J. R. R. Tolkien.[16] O reconhecimento de que somos personagens em uma história, nascidos da imaginação do Narrador, se encontra no cerne da humildade. Reconhecer nossa condição de criaturas é um aspecto da humildade necessário para a aventura da ortodoxia.

Não criamos a nós mesmos. Fomos criados. Décadas atrás, um juiz da Suprema Corte dos Estados Unidos definiu a essência da liberdade como "o direito de definir o próprio conceito de existência, de significado, do universo e do mistério da vida humana".[17] Essa definição de liberdade expressa bem a perspectiva de muitos americanos hoje em dia, uma perspectiva que limita a liberdade à decisão do indivíduo de definir a si mesmo e criar significado no mundo. A realidade moral, a verdade moral, deixou de ser algo que descobrimos e se tornou algo que criamos. A vida não é uma questão de "conformar a alma à realidade", mas de "sujeitar a realidade a nossos desejos".[18]

Nossa sociedade está imersa em discussões sobre identidade, poder, privilégio, gênero e sexo porque, para alguns em nossa sociedade, a liberdade viceja dentro da forma corpórea que recebemos, enquanto, para outros, a liberdade consiste em superar e redefinir o corpo. De qualquer modo, a discussão diz respeito ao contraste entre *receber* e *criar* realidade e verdade morais.

A aventura da ortodoxia exige que embarquemos na jornada com humildade e consideremos a religião não algo que construímos, mas revelação divina que recebemos.

A descoberta da verdade é a grande emoção da ortodoxia. Comece a jornada por esse caminho trilhado por muitos e você encontrará um vasto mundo de crença à sua espera, uma língua inteiramente nova a ser aprendida. Ao deixar para trás os brandos confortos de uma casa com ar-condicionado, você experimentará a aventura da natureza imprevisível que não somos capazes de controlar. Fará sucessivas descobertas e formará conhecimento ao entender cada vez melhor em que você crê e por quê. E, quanto mais você trilhar esse caminho, mais consciência terá de que a verdade é importante.

# 4

## Por que os detalhes importam

Desvios doutrinários muitas vezes começam com a desconsideração de detalhes. Muitos cristãos hoje têm aversão aos detalhes da teologia cristã. Não vemos grande necessidade de ensino teológico e, portanto, fazemos pouco caso de discussões doutrinárias "teóricas" e, supostamente, irrelevantes; preferimos concentrar nossa atenção naquilo que, a nosso ver, é imediatamente prático. Nesse aspecto, divergimos de nossos antepassados, que guardavam e promoviam com zelo a sã doutrina e se dedicavam a transmitir a fé que haviam recebido. As gerações que nos antecederam sabiam da devastação que erros teológicos causam na alma humana, na igreja e no mundo.

Poderíamos chamar esse fenômeno de *desvio pragmático*. Interessamo-nos por teologia apenas quando conseguimos identificar sua relevância para nossa vida diária e, uma vez que não entendemos quão relevante é nossa perspectiva de Deus para o cotidiano, não nos preocupamos muito com teologia. O pragmatismo sufoca a emoção da ortodoxia e apaga o fogo da convicção cristã ao descuidar das brasas vivas da doutrina.

### Atos *versus* credos?

O verdadeiro cristianismo enfatiza a importância de seguir Jesus, e não apenas de anuir mentalmente a uma lista de doutrinas corretas. No entanto, o verdadeiro cristianismo não enfatiza a caminhada com Jesus em detrimento daquilo em que cremos a seu respeito. Para muitos cristãos bem-intencionados, atos e credos são conflitantes. "O que importa é o que você faz, e não em que você crê", dizem eles. Essa é uma ideia equivocada. As Escrituras falam de doutrina como algo que *confessamos*, ou seja, uma atitude que adotamos de todo o coração e de toda a mente. Doutrina é algo que *seguimos*, ensino é algo em que *permanecemos*, e o evangelho é algo a que *obedecemos*.[1]

Chegamos de forma inocente a essa tendência de separar ações de credos que remonta ao século 19. O poeta Henry Wadsworth Longfellow escreveu:

> O evangelho da Regra de Ouro,
> O Novo Mandamento dado à humanidade,
> Refletir sobre o ato em lugar do credo,
> Nos socorreria em nossa maior necessidade.[2]

Longfellow descreveu "o evangelho" como a ordem para fazer a outros o que desejamos que seja feito a nós. Para ele, nossa maior necessidade é realizar boas ações em favor de nosso próximo, e não mais um credo para recitar. Precisamos de pessoas que *façam* e não apenas *falem*.

Contudo, a Bíblia não faz esse tipo de distinção. Não permite que desvinculemos o prático do teológico. É tolice imaginar que podemos fazer o que a Bíblia não faz, a saber, distinguir facilmente entre ação e doutrina. A tendência de cristãos de tentarem colocar atos e credos em oposição é predominante no mundo ocidental, pois nasce das raízes pragmáticas lançadas por nossa cultura.

Muitos em nossa sociedade se preocupam mais com "o que funciona" do que com "o que é verdadeiro". A religião existe para nos ajudar a ser pessoas boas e encontrar nosso caminho ao longo da vida. Podemos deixar todas as doutrinas (credos e confissões) para os teólogos, estudiosos e entusiastas que gostam desse tipo de coisa. O importante é tirar a cabeça das nuvens, colocar os pés no chão e simplesmente ser como Jesus.

É verdade que, a fim de exercer impacto no mundo ao nosso redor, temos de ir ao encontro das pessoas onde elas estão. Se o ponto de partida é a busca por aquilo que "funciona", por certo devemos lhes mostrar que o cristianismo "funciona". Mas esse não pode ser o propósito maior do cristianismo, pois se seguirmos por esse caminho transformaremos o evangelho em moralismo. E sabemos que estamos nos desviando para o moralismo quando o foco do cristianismo se torna aquilo que *nós* fazemos, e não aquilo que Deus fez.

Ainda assim — e antes que alguém imagine que dividi atos e credos em favor de credos —, mesmo ao afirmar que é necessário confiar na obra de Deus, e não na nossa, as Escrituras não nos permitem separar a confissão correta da conduta correta. Nas cartas do Novo Testamento, os apóstolos instruem e ensinam os cristãos primitivos a "sã" ou "salutar" doutrina e os afastam de mentiras prejudiciais para sua saúde espiritual.[3]

Os melhores credos e confissões não permitem que separemos nossas crenças de nossas ações. Considere o catecismo antigo: "A coisa principal que as Escrituras nos ensinam é o que o ser humano deve crer acerca de Deus e o dever que Deus requer do ser humano".[4] Não poderia ser mais evidente: uma declaração daquilo que devemos confessar acerca de Deus *e* o que ele requer de nós em resposta.

Observe com atenção os pastores, missionários e cristãos ao longo das eras que dedicaram a vida a fazer o bem ao próximo — pessoas como Francisco e Clara de Assis, que distribuíram

82 • A EMOÇÃO DA ORTODOXIA

seus bens, sem falar em incontáveis outros que fizeram votos de castidade e de pobreza — e você verá que, com frequência, eles eram os que *mais se preocupavam* com a sã doutrina e com um entendimento correto da ortodoxia. Heróis da fé que amavam seu próximo com excelência não consideravam os credos irrelevantes. Amar a verdade e amar o próximo são realidades entretecidas.

A ortodoxia é mais emocionante do que o pragmatismo porque teologia implica relacionamento. Confessamos o Deus vivo. Assim que dizemos que devemos nos concentrar em credos ou em atos, separamos a fé que declaramos da "obediência de fé" que demonstramos.[5] A aventura do cristianismo mantém unidas declaração e demonstração.

## Doutrina, discussões e desamor

Um dos motivos pelos quais temos a tendência de preferir atos a credos é a possibilidade de nos apegar a determinados pontos da teologia como justificativa para o desamor, ou para enfatizar exageradamente diferenças doutrinárias que nos enchem de arrogância, ou para desculpar nossa grosseria com irmãos e irmãs em Cristo.

Cristãos discordam acerca de diversas questões. E, embora celebremos ampla unidade ao declarar os credos antigos, encontramos diferenças consideráveis nas várias confissões elaboradas pelos cristãos que procuram articular suas convicções a respeito daquilo que as Escrituras ensinam. Algumas dessas diferenças impedem os cristãos de fazer parte da mesma igreja. Podemos considerar essas distinções "secundárias". Mesmo que não sejam imperativos credais, questões secundárias ainda são importantes. É possível que as minúcias de determinada doutrina não sejam descritas claramente nos credos, mas esses pormenores continuam a ter relevância. Logo, não é de surpreender que os cristãos tenham desenvolvido confissões que se posicionam a favor deste ou daquele lado em divergências doutrinárias que, embora não ocorram no nível dos credos, se tornam pontos de controvérsia.

O apóstolo Paulo apresenta uma terceira categoria de crenças e práticas, algo que os cristãos chamam *questões adiáforas*, termo que significa "coisas indiferentes" ou "assuntos controversos".[6] Ao contrário dos credos que fazem distinção entre ortodoxia e heresia ou das confissões que fazem distinção entre as convicções de diferentes grupos cristãos, questões adiáforas são as diferenças menores entre cristãos que podem se encaixar mais ou menos confortavelmente na mesma igreja. A igreja cultiva unidade nas crenças maiores sem exigir uniformidade nas menores.[7]

Por vezes, as pessoas confundem questões adiáforas com assuntos de importância fundamental e, com isso, causam desunidade na igreja ao insistir em uniformidade em todas as interpretações ou práticas. Quando isso acontece, qualquer diferença se torna meio caminho andado para a heresia, motivo de briga, questão de vida ou morte. A ênfase excessiva em pontos secundários de doutrina nos leva a tratar injustamente irmãos e irmãs que procuram ser fiéis de acordo com sua consciência e seu entendimento da Palavra de Deus. Um movimento que tem mais fervor para caçar hereges do que para fazer convertidos não dura muito tempo.

Outros caem na tentação de transformar o estudo da teologia em pouco mais que um jogo, como se a Bíblia fosse apenas um conjunto de conhecimentos a ser dominados a fim de que possamos mostrar nossa habilidade e perícia.[8] De acordo com Paulo, "o conhecimento traz orgulho, enquanto o amor

84 • A EMOÇÃO DA ORTODOXIA

fortalece" (1Co 8.1). Até mesmo teologia correta pode mascarar desamor. Dentro do coração, desviamo-nos para confiança em nossas doutrinas, em lugar de confiança em Jesus, como se fosse possível ser justificados por meio de nossa capacidade de ser aprovados em um teste. Contudo, é possível ter as doutrinas certas e, ainda assim, ter a atitude errada. Até mesmo os demônios sabem que há um único Deus e tremem de medo (Tg 2.19).

Portanto, sejamos justos. Alguns são suscetíveis à atração exercida pelo pragmatismo, pois não querem ter nada que ver com os intelectuais teológicos graças aos quais as discussões doutrinárias têm má reputação. Viram cristãos cujas infindáveis teorizações não produzem amor por Deus nem pelo próximo. Observaram investigações teológicas serem empregadas como forma de se esquivar do chamado de Cristo. Viram pessoas ficarem obcecadas com passagens difíceis das Escrituras e, ao mesmo tempo, desconsiderarem mandamentos bastante claros.

O filósofo dinamarquês Søren Kierkegaard certa vez descreveu os meios acadêmicos teológicos como "a invenção prodigiosa da igreja para se defender da Bíblia, para garantir que continuemos a ser bons cristãos sem que a Bíblia se aproxime demais". Alguns cristãos são "trapaceiros intriguistas" que preferem discutir sobre o texto a obedecer-lhe. "Ah, preciosos estudos acadêmicos, o que faríamos sem vocês?", ele escreveu. "Terrível coisa é cair nas mãos do Deus vivo. Sim, é terrível até mesmo estar a sós com o Novo Testamento."[9]

Levemos a sério essa advertência e tenhamos consciência da tentação de usar a doutrina para encobrir desobediência. Mas não imaginemos que a solução é abrir mão do estudo da teologia e apenas nos concentrar no amor. O cuidado em relação à teologia é uma expressão de amor, e não uma distração dele.

A teologia deve ser realizada como ato de serviço a Deus e ao próximo. A teologia é mais saudável dentro do contexto de missão, quando o estudo das Escrituras nos ajuda a cumprir a ordem de Jesus para fazer discípulos. Portanto, se o pragmatismo lhe parece atraente e se você duvida da necessidade de se preocupar com temas teológicos que não parecem afetar de modo imediato sua vida diária, eis algumas coisas para considerar.

## Encontro com uma Pessoa

O principal motivo pelo qual os detalhes são importantes na teologia é que eles não apontam apenas para o que é prático; eles apontam para uma *pessoa*.

A declaração em forma de credo mais antiga que encontramos na Bíblia está em Deuteronômio 6, a passagem conhecida pelos judeus como *Shemá*. "Ouça, ó Israel! O Senhor, nosso Deus, o Senhor é único! Ame o Senhor, seu Deus, de todo o seu coração, de toda a sua alma e de toda a sua força" (v. 4-5). Vemos aqui o compromisso de fidelidade para Israel, o credo que antecede todos os outros credos.

Observe, porém, o que essa passagem une: uma declaração de que o Senhor é o único Deus *e* a ordem para amar esse Senhor Deus. *Deus é único*: teologia. *Ame o Senhor*: prática. A prática do amor é ligada à identidade de Deus. Teologia e amor são vinculados porque a teologia diz respeito a uma pessoa. "Assim é Deus. E assim interagimos com esse Deus". Em outras palavras: "Assim é Deus. Agora, amem-no". Não temos aqui a imagem de uma imensa e poderosa força em algum lugar do universo que só pode ser descrita por meio de abstrações ou mencionada por meio de mistérios. Estamos falando de um relacionamento de amor com o Deus do universo! O Deus único. O Deus singular. O Deus verdadeiro.

*O que funciona* versus *Eu Sou*. A princípio, correr em direção às coisas práticas parece empolgante, porque implica ação, e todo mundo sabe que ação é interessante, não é mesmo? Quando assistimos a um filme ou lemos um livro, se não tem ação, ficamos entediados. Por isso, sempre há um público para livros que dizem o que devemos fazer ou como devemos viver, os "*hacks* de vida" para facilitar nosso cotidiano.

É fácil imaginar que o cristianismo segue um caminho parecido. *A vida é feita de ação. Minha fé deve me oferecer algumas práticas que me ajudem a progredir na vida.*

Aí mora o problema. Se nossa fé se concentra, acima de tudo, naquilo que fazemos como cristãos, se nossa fé não vai além dos elementos da teologia cristã que parecem "funcionar bem para nós", o cristianismo se tornou apenas mais uma opção em um mundo repleto de soluções espirituais aproveitáveis. Esse tipo de fé pragmática não é muito diferente das religiões gregas e romanas antigas. As religiões pagãs não se concentravam nos credos; antes, eram definidas por rituais. Atos eram sua essência. Revelação divina — a ideia de que Deus fala conosco e deixou uma Palavra escrita para que a leiamos, creiamos nela e lhe obedeçamos — não fazia muito sentido em um universo de mitologia. Sem dúvida, há histórias de deuses e deusas em todo o seu esplendor (e horror), mas não fazia sentido alguém dizer que tinha um relacionamento real e pessoal com eles. Ninguém convidava Afrodite ou Ártemis a entrar em seu coração. Ninguém se importava se o indivíduo acreditava na existência de Zeus ou de Hermes, ou se "havia entregado sua vida" a Apolo, desde que seguisse o plano e oferecesse o incenso que o protegia das consequências de desrespeitar o poder dessas divindades. Religião era mito e prática. Não era relevante se a pessoa acreditava ou não; o que importava era se parecia funcionar.

Contraste essa religião feita somente de rituais com o cristianismo que, desde o início, apresenta um Deus *real* e *pessoal*. Por certo, ele é misterioso. Sem dúvida, é santo e transcendente. Mas, como fez Moisés junto ao arbusto em chamas, tiramos os calçados e nos aproximamos com reverência e, do esplendor do fogo, Deus *fala*. Não estamos mais no âmbito de uma religião que simplesmente "funciona". Estamos na presença do Grande Eu Sou.[10]

Quando focalizamos exclusivamente o aspecto prático, aquilo que "funciona para você", perdemos o que torna a teologia cristã tão empolgante: ela é relacional. Imagine que você está noivo e tem forte compromisso e lealdade para com a pessoa com quem se casará. O que aconteceria se, nos momentos que vocês passam juntos, o assunto sempre fosse suas necessidades, seus desejos, o que você deve fazer? Que tipo de relacionamento amoroso é tão unilateral? Quão saudável é um relacionamento se você focaliza apenas o que pode ganhar com ele, como ele pode tornar você uma pessoa melhor ou contribuir para sua vida?

E, no entanto, essa é a abordagem que muitos adotam em relação a Deus. Nós o vemos como auxiliador, como *coach* pessoal ou como alguém que pode tornar nossa vida melhor. O que falta é a profunda emoção de se encontrar com uma pessoa, de verdadeiramente conhecê-la, de estar com ela e ser atraídos para o maravilhamento de descobrir outro ser vivo. A essência da teologia devidamente compreendida é o amor.

*O estudo de Deus.* A palavra "teologia" significa "o estudo de Deus". Existe matéria de estudo mais esplêndida que essa? A emoção da ortodoxia abrange um encontro com Aquele que

88 • A EMOÇÃO DA ORTODOXIA

é o mais belo, magnífico e estimável de todos. Pensamos nele, lemos a seu respeito, o louvamos, suplicamos a ele, temos comunhão com ele: o único Deus verdadeiro, aquele cujas glórias nos proporcionam alegria quando as contemplamos e meditamos a seu respeito. Que sentido faz dizer que detalhes teológicos não são importantes? Claro que são importantes quando é uma questão de amor. A diligência em definir doutrina exige esforço para descrever mais adequadamente o Deus que nos criou, o Deus em quem confessamos nossa fé, o Deus que se revelou nas Escrituras e que a igreja descreve nos credos. Os detalhes são importantes porque o *desejamos* e o *amamos*.

Se teologia é o estudo de Deus, a teologia cristã é o estudo de Deus como ele se revelou em Cristo. O cerne de nossa fé não é uma série de proposições ou uma lista de posicionamentos éticos (por mais importantes que sejam), mas uma pessoa. "Vejam, aqui está o homem!", disse Pilatos junto ao Cristo coroado com espinhos (Jo 19.5). Toda teologia cristã é uma interação com essa declaração, uma tentativa de responder à pergunta feita por Jesus a seus discípulos: "Quem vocês dizem que sou?" (Mt 16.15; Mc 8.29; Lc 9.20).

A teologia não é meramente a investigação histórica do passado, a busca por uma resposta para a pergunta: "Quem *foi* Jesus?". Não. Confessamos nossa fé naquele que é, hoje, o Senhor vivo, "o mesmo ontem, hoje e para sempre" (Hb 13.8). Somos estudantes, discípulos, aqueles que aprendem Cristo (Ef 4.20) e creem que o conhecimento de Cristo é vida eterna. O centro de nossa fé não é uma proposição, mas uma pessoa. Todas as declarações que fazemos a respeito dele pela fé têm por objetivo descrever o Senhor magnífico que constitui o centro resplandecente do universo.

A teologia não consiste em uma tarefa árdua de organizar detalhes irrelevantes. É um convite para conhecer melhor esse Jesus que nos salvou. O próprio Jesus disse que a vida eterna é conhecer a Deus e aquele que foi enviado por ele (Jo 17.3). Queremos aprender a falar de maneiras dignas de sua majestade, para que possamos descrever suas qualidades excelentes a outros. Fomos chamados pelo Grande Eu Sou, e a salvação que ele oferece transformará nossa vida. "Não existe asserção tão completa, íntima e transformadora para nossa vida e ameaçadora para o pecado quanto o cristianismo", escreveu Peter Kreef. "O cristianismo não é uma *hipótese*, é um pedido de casamento."[11]

Por isso teólogos muitas vezes argumentam acaloradamente a favor de seus posicionamentos e procuram a melhor maneira de representar o Deus em cuja imagem fomos criados. Quem olha de fora pode pensar que as discussões teológicas são exageradas. Talvez balancemos a cabeça em desprezo ao ver pessoas que ficam tão indignadas em razão de um erro teológico. *Por que se preocupar tanto? Para que perder as estribeiras? Por que não deixar que cada um adote a teologia que prefere?* Mas, para quem olha de dentro, faz sentido.

Considere novamente a ideia de que o cristianismo é um pedido de casamento. Se é verdade, temos não apenas a alegria, mas também a responsabilidade de conhecer melhor a cada dia a pessoa com quem vamos nos casar; temos, também, o privilégio e a responsabilidade de representar essa pessoa do modo o mais autêntico possível para o mundo. Não seria insensível o marido deixar de defender a esposa com veemência quando ela é interpretada equivocadamente ou difamada? Como poderíamos não ficar indignados se alguém caluniasse nosso cônjuge? Como poderíamos simplesmente dar de ombros quando a reputação da pessoa que amamos é atacada?

90 · A EMOÇÃO DA ORTODOXIA

Da mesma forma, nós, cristãos, nos preocupamos com pormenores doutrinários porque *amamos o Deus que essas doutrinas descrevem*. E, quando erros doutrinários apresentam Deus de forma equivocada, difamam seu caráter, negam seu poder ou alteram seu retrato, os cristãos que experimentaram a emoção da ortodoxia não podem deixar de reagir.

A resistência a desvios doutrinários que reduzem a majestade de Deus é *sinal* de amor, não falta de amor. Será, então, que o motivo pelo qual nos falta disposição para teologia e doutrina, o motivo pelo qual nos concentramos nos aspectos práticos, é que nos esquecemos do Deus que somos chamados a amar? É possível que a indiferença doutrinária seja sinal claro de desamor?

## Ajuste fino para a liberdade

Suponhamos que concordemos que a teologia deve nos ajudar a conhecer melhor a Deus e amá-lo mais. Ainda assim, isso não explica por que estudiosos e teólogos discutem tanto os pormenores da doutrina, detalhes que não parecem contribuir para nossa busca por Deus. Por que polemizar essas minúcias teológicas?

Pormenores doutrinários se tornam importantes quando percebemos como criam as condições para desenvolvimento, liberdade e felicidade ilimitadas. Um argumento comum a favor da existência de Deus recorre a pesquisas que mostram como as condições no universo são finamente ajustadas para que haja vida na Terra. Se a atmosfera fosse ligeiramente diferente, se as condições fossem apenas minimamente alteradas ou se houvesse uma infinitésima mudança na distância do Sol, a vida não seria possível. As condições extremamente específicas e complexas que encontramos na Terra são aquilo de que a vida necessita.[12]

É possível transplantar uma palmeira da Flórida para a Nova Inglaterra, mas as condições climáticas não a sustentarão. Para manter saudável uma palmeira no nordeste dos Estados Unidos é preciso colocá-la em um ambiente interior em que temperatura e umidade sejam reguladas e que permita a quantidade correta de luz solar. A fim de que a árvore viceje, alguém precisa atentar para certos detalhes. O mesmo se aplica à teologia. Os detalhes não são um fim em si, mas dentro de determinada estrutura esses detalhes tornam possível outras vias de reflexão, outras formas de pensar e viver. A aventura consiste em entender corretamente os detalhes para que a verdade possa ser sustentada, expressa e transmitida em diferentes condições climáticas.

Em contrapartida, quando há desvios em um desses detalhes, o efeito talvez não fique evidente de imediato. Digamos que você esteja construindo um muro de arrimo em seu quintal, mas esteja com pressa e assente os primeiros blocos de cimento a olho. Eles parecem retos e você não tem as ferramentas certas para verificar se tudo está alinhado. A segunda, terceira e quarta fileiras talvez continuem a parecer retas e niveladas, mas quando você chega ao fim do muro, descobre que houve uma mudança considerável desde o início.

Nós, cristãos, devemos nos importar com as minúcias da teologia não porque queremos "caçar hereges", ou dar um "chega pra lá" em qualquer um cujas perspectivas sejam ligeiramente inadequadas, mas porque desejamos preservar algo vivificador e manter certas condições necessárias para a liberdade e o desenvolvimento. Resistimos a inovações ou desvios doutrinários nos detalhes porque pequenos desvios no início têm efeito exponencial no final. Insistir em determinado caminho não é uma tacanha caça à heresia; é a forma como protegemos e preservamos as preciosas condições necessárias para a vida.

*O exemplo do pecado original.* Por vezes, não percebemos como determinada doutrina é estreitamente ligada às condições para o desenvolvimento. Precisamos olhar com mais atenção a fim de entender como até mesmo doutrinas impopulares produzem desenvolvimento de maneiras surpreendentes. Considere, por exemplo, a crença cristã de que todos são corrompidos pelo pecado dos primeiros seres humanos. "Nascemos em pecado", com uma natureza propensa a fazer o mal. Não somos pecadores porque pecamos em algum momento do passado. Pecamos porque, desde o início, somos pecadores.

A princípio, essa doutrina do pecado parece terrivelmente pessimista: os seres humanos são maus por natureza. Será que podemos, verdadeiramente, descrever um bebê meigo e fofo como *pecador*? Será que seria tão terrível se ajustássemos esse ensinamento e disséssemos que os bebês nascem perfeitos e sem pecado e só se tornam pecadores quando começam a fazer escolhas erradas? Por certo, toda essa conversa sobre natureza pecaminosa transmitida desde Adão é obsoleta e antiquada, sem falar no perigo que ela representa para a autoestima! Não encontraríamos mais pessoas dispostas a nos ouvir se afirmássemos que, lá no fundo, as pessoas são essencialmente boas, e não más? Que as pessoas são abnegadas enquanto não começam a imitar o egoísmo de outros?

Da perspectiva teológica, esse desvio do padrão de pecaminosidade do coração humano teria consequências amplas. Sem um sério diagnóstico da profundeza de nossa pecaminosidade, não teríamos motivo para encontrar o remédio em Cristo, nem desejo de fazê-lo. E é exatamente essa ideia que vemos entre muitos que não conhecem o ensino cristão sobre esse assunto. Durante a maior parte da história cristã, todos sabiam que o pecado era real e se perguntavam sobre a salvação. Hoje, as pessoas imaginam que a salvação é garantida e se perguntam o que é pecado.

Contudo, não são apenas verdades sobre a salvação que estão em jogo nesse caso. Ao asseverar essa doutrina finamente ajustada sobre a pecaminosidade inata do coração humano, o cristianismo torna possível o desenvolvimento humano de maneiras surpreendentes. Eis um exemplo: a realidade da pecaminosidade humana coloca todos no mesmo nível. Muitas vezes, as pessoas resistem ao ensino cristão sobre o pecado porque não querem sondar seu egoísmo. É mais fácil se sentirem moralmente superiores a outros em razão de seu prestígio ou de suas origens, da família em que nasceram ou do cargo de autoridade que ocupam. E, no entanto, o cristianismo afirma categoricamente que todos, desde o camponês até o rei, são corrompidos pelo pecado. Todos são naturalmente egoístas, todos precisam de salvação. Ninguém é salvo em razão de sua virtude ou bondade. Ninguém é salvo em razão de um cargo prestigioso de poder.

No século 18, a duquesa de Buckingham expressou repulsa a essa doutrina, especialmente da maneira como foi articulada por um evangelista itinerante da época, e afirmou que era "impregnada de impertinência e desrespeito" para com os superiores. A duquesa escreveu para uma condessa:

> [É] uma tentativa de nivelar todas as classes e acabar com todas as distinções. É monstruoso alguém lhe dizer que você tem um coração tão pecaminoso quanto o dos miseráveis comuns que se arrastam sobre a terra. É extremamente aviltante e insultuoso; admira-me que a senhora aprecie uma ideia tão dissonante das classes mais elevadas e da boa educação.[13]

94 • A EMOÇÃO DA ORTODOXIA

A duquesa se sentiu insultada, mas as pessoas comuns choraram ao imaginar que Deus as amava, por mais que fossem pecadoras. Os pobres foram elevados pelo chamado ao arrependimento feito a todos, desde o cidadão comum até o rei. Ao asseverar a pecaminosidade humana, o cristianismo coloca todos nós no mesmo nível e nos oferece a mesma oportunidade. Todos nós — do príncipe ao mendigo, do rico ao pobre, do erudito ao analfabeto — somos rebaixados a nosso devido lugar.

Esse é o outro lado de nossa crença na criação dos seres humanos à imagem de Deus. Temos dignidade e valor intrínsecos porque somos portadores da imagem de Deus. E, no entanto, todos nós temos a mesma enfermidade e precisamos da mesma salvação porque também somos portadores do pecado de Adão. Blaise Pascal expressou bem a emoção desse paradoxo ao escrever: "O cristianismo é estranho; pede ao homem que reconheça que é vil, e até abominável, e também lhe pede que deseje ser semelhante a Deus. Sem esse contrapeso, sua exaltação o tornaria horrivelmente presunçoso, ou sua humilhação o tornaria horrivelmente abjeto".[14]

Considere outra maneira pela qual essa doutrina promove desenvolvimento. Uma perspectiva correta de pecado, o reconhecimento das tendências egoístas da humanidade, nos protege de fantasias utópicas. Cientes do poder e do caráter amplamente difundido do pecado, interagimos com o mundo com expectativas moderadas quanto ao que seremos capazes de realizar. Estranhamente, as revoluções mais sangrentas muitas vezes foram lideradas por pessoas que acreditavam na bondade inerente da humanidade, que imaginavam que um paraíso terreno as esperava do outro lado de uma busca idealista por justiça. Em vez disso, quando reconhecemos a natureza insidiosa do pecado, esperamos que até mesmo nossos melhores esforços em busca de justiça na sociedade se deteriorem e se transformem em futura injustiça de toda espécie; esperamos que cada conquista, por mais real e importante que seja, provavelmente se corrompa em algum momento por pecado e egoísmo até que Jesus volte para restaurar e renovar o mundo. Os cristãos buscam paz e justiça, mas rejeitam sonhos utópicos e reconhecem que, com o tempo, enquanto houver seres humanos envolvidos, até mesmo as reformas terão de ser reformadas.

Eis mais um motivo pelo qual um entendimento preciso do pecado humano é importante: essa doutrina confere relevância moral a nossas escolhas. Temos consciência da escolha entre bem e mal e, quando olhamos com honestidade para a natureza humana, reconhecemos nossos próprios erros e fracassos. Cientes de nossas tendências, podemos desenvolver mais paciência com aqueles cujo pecado produziu outras formas de imperfeição e dor. Por ironia, aceitar o ensino cristão sobre o pecado cria condições mais adequadas para que as virtudes da paciência e do perdão se desenvolvam.

Essas são apenas algumas considerações bastante superficiais, mas espero que ajudem você a enxergar como uma doutrina correta fornece determinadas condições para uma sociedade mais saudável, um mundo que coloca todos no mesmo nível; um mundo em que temos expectativas moderadas a respeito de nossos esforços para alcançar justiça e paz duradouras; um mundo em que somos mais pacientes uns com os outros e vemos em nosso coração os mesmos pecados que fazem outros tropeçar. Os detalhes são importantes.

## Ações doutrinárias

Doutrinas são importantes para conhecer Deus. Elas contribuem na criação de condições propícias para desenvolvimento.

96 • A EMOÇÃO DA ORTODOXIA

Talvez nos pareça, contudo, que elas devam permanecer no âmbito de competência das "pessoas inteligentes". Sim, as doutrinas são importantes, mas é difícil entender por que *nós* temos de nos importar com elas. Por que não deixar as discussões doutrinárias para os teólogos e estudiosos e simplesmente nos concentrar na vida cristã?

De certa forma, faz sentido. Nem todos são chamados para ser pastores ou teólogos em tempo integral. Observe, contudo, como esse comentário ainda coloca atos em oposição a credos. *Não preciso me concentrar em doutrinas* (credos); *só preciso viver a vida cristã* (atos). Eis o problema: sem teologia cristã, não sabemos como deve ser a vida cristã. Se acreditamos que a vida cristã deve ser caracterizada por hospitalidade, perdão, amor, misericórdia e fé, precisamos de doutrinas cristãs que preencham essas palavras com significado cristão. Sem doutrina, resta-nos apenas sentimento.

Quando alguém diz: "Deixe a doutrina para lá; vamos cumprir nossa missão", temos de responder: Qual é a missão? Afinal, a missão que nos foi dada é fortemente norteada pela teologia. Quão ampla ou restrita é essa missão? Será que nossa única tarefa é compartilhar o evangelho para que outros creiam em Cristo? Ou essa missão inclui todas as boas obras que realizamos no mundo como cristãos? Qual é a ligação entre a Grande Comissão (fazer discípulos) e o Grande Mandamento (amar Deus e amar o próximo como a nós mesmos)? Como discernir as melhores formas de cumprir a missão? Que papel o Espírito desempenha em conferir poder a nossas ações?

Alguém talvez retruque: "Não precisamos focalizar a teologia; ela é uma distração. Só precisamos compartilhar o evangelho". Diante disso, porém, temos de perguntar: O que é o evangelho? Qual é a natureza da salvação? De que somos salvos? Para que somos salvos? Quais são as melhores maneiras de proclamar o evangelho no contexto cultural de hoje?

Percebe como missão e teologia são interligadas? Não podemos recomendar que a teologia seja colocada de lado em favor de missão, pois *a teologia define e dirige a missão*.

Por certo, devemos ter em mente as advertências de Kierkegaard e nos esforçar ao máximo para evitar a tentação de discutir pormenores secundários como forma de nos esquivar de nossa responsabilidade de obedecer a Jesus. Que Deus nos guarde de nos tornamos como o seminarista capaz de discutir interminavelmente as minúcias da cristologia sem jamais falar a outros sobre Cristo. A solução não consiste em nos livrar da teologia, mas em resgatar a emoção da ortodoxia que fornece a base para amar Deus com o coração *e a mente*.

Àqueles que dizem: "Só quero amar Deus, sem me preocupar com toda essa história de teologia", devemos responder: Teologia é a disciplina de conhecer e entender o Deus que somos chamados a amar. Não faria sentido dizer para alguém: "Amo você, mas não quero conhecê-lo". A busca por maior conhecimento é motivada pelo forte entusiasmo do amor. A teologia nos ajuda a entender melhor o que significa amar Deus e os outros. A doutrina nos ajuda a fazer distinção entre verdadeiro amor e sentimentalismo inconstante. A ética nos ajuda a enxergar se, em nome do amor, talvez estejamos fazendo mal a outros, por melhores que sejam nossas intenções.

Alguns dirão: "Só quero ser como Jesus para todas as outras pessoas". Sem dúvida, é um desejo nobre. No entanto, somos confrontados de imediato com a pergunta: Quem é esse Jesus que somos chamados a imitar? É Jesus o mestre moral? Jesus o exorcista? Jesus o profeta que alimentou cinco mil pessoas no deserto? Ou Jesus o Messias que morreu na cruz e ressuscitou?

Também nesse caso, o simples desejo de "viver como Jesus" depende de nossa reflexão teológica sobre *quem Jesus é* e o que ele requer de nós.

Por isso, os pais da igreja primitiva usaram um bocado de tinta e não pouparam palavras para descrever minuciosamente a identidade de Jesus. Não foi porque deixaram de se preocupar com a forma como os cristãos vivem, mas porque perceberam que a elaboração correta dessas doutrinas era importante para que as gerações futuras continuassem a entoar o cântico do Salvador. Desejavam certificar-se de que a letra e a melodia — cada nota, cada compasso, cada pausa — fossem perfeitas a fim de que o mundo pudesse acompanhar esse cântico de uma forma que engrandecesse Jesus.

## Pequenas mudanças, enormes consequências

Um acúmulo de notas erradas altera a melodia. Os detalhes doutrinários são importantes porque pequenas mudanças podem produzir grandes consequências. Uma ligeira alteração na trajetória de um foguete pode levá-lo a um lugar bem diferente de seu destino. Uma dose incorreta ou uma mistura errada de ingredientes em um medicamento pode fazer mal ao paciente. A omissão ou substituição de um tempero em uma receita dará sabor diferente ao prato preparado.

Nós, cristãos, nos preocupamos em definir corretamente os detalhes porque sabemos das consequências do erro. De tempos em tempos, ouvimos falar de um edifício que desabou em alguma cidade, ou de uma ponte que cedeu. Essas catástrofes sempre começam com rachaduras muitas vezes imperceptíveis a olho nu, pequenas mudanças nos alicerces que afetam a estrutura. Tudo começa com uma rachadura. O distanciamento começa com um pequeno erro aparentemente insignificante que, com o passar do tempo (à medida que esse erro é levado cada vez mais a sua conclusão lógica), se mostra contrário à ortodoxia.

Uma alteração aparentemente *pequena* ocupou o centro da maior controvérsia da igreja: a discussão entre Ário e Alexandre e, posteriormente, Atanásio, nos anos que antecederam e sucederam o Concílio de Niceia em 325 d.C. A ortodoxia estava suspensa pelo fio tênue de uma só vogal no termo grego para "substância", a diferença de uma só letra do alfabeto. Mas Atanásio, do qual trataremos em mais detalhes adiante, sabia que a presença de uma vogal a mais mudava inteiramente o significado de confessar que Jesus Cristo é Deus Filho, que desceu a nós encarnado a fim de nos salvar. Uma vogal poderia colocar Jesus no âmbito das criaturas, e não do Criador.

*Apenas uma letra.*

Claro que nem toda letra tem tamanha importância na teologia. E nem toda doutrina é tão importante quanto a da Trindade. No entanto, a discussão sobre uma vogal mostra por que certos detalhes importam, e muito. Quando damos de ombros para a teologia, removemos o cerne da adoração. Em resposta àqueles que desejam se livrar "das tediosas complexidades de dogmas" e ter "simples espírito de adoração", Dorothy Sayers ressaltou como "adoração generalizada e sem direção" não desperta "nenhum tipo de entusiasmo pela adoração a nada específico".[15] Os detalhes importam, pois o que está em jogo é a adoração:

> A dramaticidade se encontra no dogma e não em belas expressões, nem em emoções reconfortantes, nem em aspirações indefinidas à bondade e à exaltação, nem na promessa de algo mais agradável depois da morte; encontra-se na asserção estarrecedora

de que o mesmo Deus que fez o mundo também viveu no mundo e passou pela sepultura e pelas portas da morte.[16]

Os detalhes importam porque, juntos, contam uma história. Relatam a história do Filho de Deus que desceu a este mundo para trazer seu reino, tomou a cruz para ser seu trono no alto de um monte em que sua humilhação (preso ao madeiro como se fosse um inseto) produziu a destruição da morte pela morte, salvou-nos de nossos pecados e inaugurou a nova criação de Deus. Será que para nós, dois mil anos depois, os detalhes dessa história ou da identidade de nosso Salvador são maçantes, tediosos e distantes da realidade prática? Em caso afirmativo, talvez esse fato revele mais sobre nós mesmos do que sobre a teologia.

## A bela complexidade da verdade

O paradoxo da ortodoxia se encontra em sua simplicidade e complexidade. O evangelho é simples o suficiente para que uma criança o entenda; ao mesmo tempo, é tão complexo que os maiores estudiosos são capazes apenas de arranhar a superfície de sua glória. Tomás de Aquino, que deixou como legado para o mundo duas obras-primas de grande profundidade teológica, teve alguns meses antes de falecer uma visão que o levou a colocar de lado pena e tinta de uma vez por todas. Quando lhe pediram que continuasse a escrever, ele disse: "Não posso mais. Vi coisas que fazem todos os meus escritos parecerem palha".[17]

Diz-se que quando alguém pediu ao teólogo Karl Barth que resumisse sua teologia, ele citou uma linha de um cântico infantil conhecido: "Jesus me ama, isso eu sei, pois a Bíblia assim o diz". Uma declaração singela de fé vinda de um teólogo de renome mundial. Até mesmo essa canção simples, porém, é edificada sobre um rico alicerce.

*Jesus me ama.* Jesus, o Filho eterno de Deus, Aquele que é Deus e homem, o Messias de Israel, que confessamos como Salvador e Senhor. *Me.* Quem sou eu? Ser humano feito à imagem de Deus, marcado pelo pecado, necessitado de salvação. Um infeliz e uma obra-prima entretecidos em um ser. *Ama.* Ah, como me ama! *Isso eu sei.* Como sabemos? O que significa termos esse conhecimento? *A Bíblia assim o diz.* As Escrituras, nossa autoridade divinamente inspirada e transmitida a nós. Você percebe a gloriosa complexidade por trás da bela simplicidade? Poderíamos escrever milhares de páginas com uma exposição de cada palavra dessa canção infantil.

Uma vez que descobrimos a ortodoxia, temos motivos de orgulho e de humildade. Orgulho da complexidade de nosso credo, do esplendor do nome que confessamos, da majestade por trás dessas doutrinas detalhadas em toda a sua complexidade. Humildade diante do fato de que recebemos tamanho tesouro, transmitido de geração em geração. Humildade diante de uma história tão verdadeira e emocionante, diante do Salvador que se rebaixou para nos salvar.

# 5

## A estreiteza da heresia

Uma das maneiras mais fáceis de nos afastarmos da ortodoxia é nos habituarmos à sensação de desconforto em relação àquilo que, a nosso ver, é a estreiteza da doutrina cristã. Sentimo-nos presos a crenças e práticas que gostaríamos que fossem diferentes. Parece-nos atraente a ideia de que certas doutrinas e posicionamentos morais ou teológicos possam ser atualizados (ou desconsiderados) a fim de facilitar o trabalho da igreja de argumentar a favor do cristianismo no mundo moderno. Será que não seríamos beneficiados por inovações doutrinárias que expandissem os horizontes do cristianismo? Será que não deveríamos buscar uma perspectiva mais inclusiva da ortodoxia?

Talvez não reconheçamos abertamente que desejamos nos afastar do cristianismo histórico; apenas minimizamos os aspectos de nossa fé que não fazem sucesso hoje em dia. Não precisamos negar doutrinas cristãs fundamentais, mas talvez seja melhor não falar a seu respeito com frequência. Por que não destacar as partes do cristianismo que nos ajudam a conquistar a simpatia do mundo? Por que não focalizar questões práticas que beneficiam nossa vida diária em vez de voltar a atenção para temas controversos?

O problema dessa mentalidade é que ela coloca o mundo no banco do motorista e empurra a ortodoxia para dentro do porta-malas. Nós, cristãos, estamos pegando uma carona com

A ESTREITEZA DA HERESIA • 103

alguém, e nossas crenças são a bagagem. Essa estratégia dá ao mundo poder de veto sobre nossa confissão de fé e autoridade sobre aquilo que dizemos ou deixamos de dizer.

Anos atrás, um político da Inglaterra teceu um comentário sobre determinada controvérsia doutrinária na Igreja Anglicana e, frustrado com a lentidão da igreja em se adaptar, disse que ela precisava "se enquadrar no programa". Seguiu-se uma enxurrada de comentários que condenaram sua tentativa de atrelar a igreja a qualquer programa além da Grande Comissão de Cristo. O programa do governo e as tendências culturais de hoje não importam; o que importa é o discernimento, pela igreja, da verdade em consonância com as Escrituras.

Todas as gerações são tentadas a associar o cristianismo a um programa político ou social, seja ele da direita, da esquerda ou de algum ponto entre os extremos. No entanto, assim que começamos a avaliar a ortodoxia com base nos padrões deste mundo, em vez de avaliar o mundo com base nos padrões da ortodoxia, é inevitável que minimizemos e, por fim, neguemos aspectos da fé que não harmonizam com nosso tempo. Com isso, despimos o cristianismo da estranheza que o torna atraente. Nossa tentativa de tornar a fé mais adequada faz com que ela perca seu caráter distintivo. A tentativa de tornar o prato mais palatável faz com que o alimento perca o sabor.

A pressão para resolver dessa forma nossa inquietação em relação a ensinamentos cristãos nasce da crença de que, ao nos afastarmos da ortodoxia ou atualizarmos doutrinas tradicionais, teremos uma visão mais ampla e mais abrangente do cristianismo. Mas não é o que acontece. Heresias, ainda que sejam apresentadas como ideias *amplas* ou *inclusivas*, são sempre menores e mais estreitas que a ortodoxia.

## A grandeza da verdade cristã

Controvérsias surgem quando cristãos começam a falar de maneiras contrárias ao ensino cristão histórico. Por que isso acontece? Afinal, ninguém entra em discussões sobre crenças e práticas pagãs antigas, ou sobre a melhor maneira de incorporar ao mundo de hoje parte da sabedoria dessas crenças. O motivo é simples: ninguém acredita nos deuses antigos da Grécia e de Roma. Não há um conjunto de crenças ortodoxas ao qual fazer oposição, mas apenas ruínas religiosas a serem estudadas.

De modo contrastante, as propostas que se afastam da ortodoxia cristã geram uma reação na igreja. Isso acontece porque a fé cristã é viva. É perene. E é *grande*. A ortodoxia é real e imensa. Pense nela como um castelo medieval que oferece proteção para que todas as pessoas dentro de seus muros se desenvolvam. Um castelo é algo a ser considerado com respeito, uma estrutura impressionante projetada para transmitir a ideia de imponência.

A declaração central do cristão não é "eu crio", mas, "eu creio". Aquilo em que cremos é importante. Ao confessar nossa fé, firmamo-nos em algo sabidamente verdadeiro. Ao confessar nossa fé, não dizemos "construí uma religião", mas sim "creio em revelação". Não dizemos "eu inventei", mas sim "eu recebi".

A adoção dessa atitude de submissão é fruto da humildade que possibilita a aventura de descoberta da verdade. Não temos autoridade para alterar a doutrina a fim de que se enquadre em nossos tempos. Está fora de nossa alçada.

Imagine que você acabou de abrir uma lata de tinta para pintar um cômodo de sua casa. Dentro da lata você vê uma cor sólida, quente e vívida, mas, ao longo do trabalho, percebe que vai faltar tinta. Em vez de comprar outra lata, você começa a adicionar água à tinta que restou. Sua intenção é simplesmente cobrir uma área mais ampla, expandir o potencial da tinta. No fim das contas, você consegue pintar uma parte maior das paredes porque aumentou a quantidade, mas, ao fazê-lo, diluiu a cor. O que antes era forte e puro se tornou fraco e translúcido.

Semelhantemente, quando as pessoas tentam ampliar a ortodoxia a fim de abranger mais crenças e práticas, para incluir uma área mais ampla, esses erros teológicos não fazem o cristianismo se fortalecer, mas, sim, se enfraquecer por diluição.

*Jesus é o único caminho para Deus.* Considere a declaração de que Jesus é o único caminho para Deus. Essa não é uma crença bem aceita em um mundo pluralista. Alguns que questionam esse ensino cristão fundamental, expresso na declaração do apóstolo Pedro de que "não há nenhum outro nome debaixo do céu, em toda a humanidade, por meio do qual devamos ser salvos" (At 4.12), desejam ser generosos e inclusivos para com as pessoas sinceras de outras fés. Não seria uma belíssima expansão da salvação se nos livrássemos da ideia de exclusividade de Cristo e disséssemos que a misericórdia de Deus acolherá adeptos de outras religiões, mesmo que não reconheçam Jesus?

De uma perspectiva, talvez. Mas, de outra perspectiva, reduziríamos o escopo do chamado da igreja para cumprir a Grande Comissão. Há mais de dois mil anos, cristãos têm obedecido à ordem de Cristo de fazer discípulos de todas as nações com base na crença de que é verdadeiramente importante as pessoas ouvirem a Palavra de Deus ser transmitida por alguém que lhes anuncia a mensagem (Mt 28.18-20). "E como ouvirão a seu respeito se ninguém lhes falar?", Paulo perguntou (Rm 10.14).

Quando "expandimos" a salvação para pessoas de outras fés, o que implica especulação muito além daquilo que a Bíblia ensina, tomamos a proclamação de Jesus como Salvador do mundo e encolhemos a abrangência de seu reinado; dizemos, com efeito: "Jesus não é para todos. Pode ser meu Salvador ou o Salvador das pessoas em minha cultura, mas não é necessário chamarmos pessoas de outras partes do mundo a fim de que dobrem os joelhos para seu senhorio". Ao procurar "expandir" o cristianismo, encolhemos Jesus ao tamanho de uma divindade local qualquer, um salvador pessoal e privado, e sacrificamos a missão mundial de propagar a glória e a fama de seu nome. A negação da exclusividade de Cristo reduz o caráter inclusivo da Grande Comissão. Voltaremos a essa doutrina em breve.

*Expansão do casamento.* Um exemplo mais recente de controvérsia gira em torno do ensino bíblico sobre a natureza do casamento. Durante dois mil anos, cristãos concordaram com o que Jesus disse nos Evangelhos: "Desde o princípio, o Criador 'os fez homem e mulher'" e, quando um homem deixa pai e mãe e se une a sua esposa, "os dois se tornam um só" (Mt 19.4-6; Mc 10.5-9). Os cristãos chegam a conclusões diferentes em relação a determinados aspectos do casamento (o que constitui devido preparo, se deve ser considerado um sacramento, os motivos para divórcio e novo casamento). No entanto, cristãos de todas as épocas e lugares sempre creram que o casamento é uma união que se fundamenta na complementaridade entre homem e mulher.[1]

Há quem deseje separar questões de moralidade sexual e significado do casamento de discussões maiores sobre ortodoxia, erro e heresia. Por certo, podemos concordar em discordar, não é mesmo? Não demora muito para descobrirmos, porém, que o casamento não é uma doutrina desligada do restante do ensino cristão. A Bíblia começa e termina com uma cerimônia de casamento, a primeira no jardim, entre um homem e uma mulher, e a última na cidade-jardim, quando a igreja é unida a Cristo, o noivo, e céu e terra são reunidos para sempre. A complementaridade de homem e mulher é entretecida na tapeçaria da criação, vista nas distinções que se interconectam entre céu e terra e entre mares e terra. Deus projetou o homem e a mulher para se unirem como sinal que aponta para os mistérios mais profundos de comunhão eterna dentro do próprio Deus: Pai, Filho e Espírito.

Hoje, há quem defenda uma trajetória na Bíblia rumo a maior abertura no tocante ao casamento, um movimento em direção a maior variedade; devemos, portanto, estar mais abertos para novas formas de parceria e deixar de lado o requisito homem/mulher (ou mesmo a limitação a duas pessoas). Contudo, mesmo que essa trajetória existisse, esse posicionamento entende seu desdobramento de forma invertida. É no *Antigo* Testamento que encontramos poligamia, adultério, homens que tomavam para si várias esposas e concubinas, e grande facilidade de divórcio. As exigências morais são mais rigorosas no *Novo* Testamento, em que Jesus nos faz voltar à intenção original de Deus na Criação. Os comentários de Jesus sobre casamento foram tão severos que surpreenderam seus seguidores mais próximos!

Logo, não devemos nos espantar com a reação do mundo ao ensino cristão sobre casamento; as palavras de Jesus continuam a causar surpresa (e ira) hoje em dia, especialmente quando as pessoas colocam seu desejo sexual no centro de sua identidade, o que torna plausível o objetivo político de redefinir casamento a fim de que inclua pessoas do mesmo sexo

108 • A EMOÇÃO DA ORTODOXIA

ou vários parceiros. A princípio, pode parecer que o mundo simplesmente resolveu expandir o casamento como forma de aprimorar uma definição excessivamente restritiva do passado. O resultado, contudo, na verdade é mais limitado; reduz o casamento a um relacionamento romântico sancionado pelo Estado entre adultos que consentem com esse arranjo e rompe o vínculo intrínseco entre casamento e filhos.

Essas alterações morais mostram o quanto nossa sociedade encolheu a importância do caráter de nosso corpo como algo que nos foi dado — reduzindo o casamento em comparação com sua definição anterior como vínculo singular que une homem e mulher e que traz ao mundo vida nova — e o transformou em uma parceria reconhecida pelo Estado entre quaisquer pessoas com inclinações românticas. Uma aliança criada para promover a união das duas metades da humanidade, o único relacionamento que produz vida nova, é reduzida a um contrato baseado em desejos românticos de adultos, uma união inerentemente estéril, sem possibilidade natural de produzir frutos.

Por isso, nós, cristãos, continuaremos a confessar tudo o que fica implícito em nossa crença em Deus Pai "Criador do céu e da terra". O único caminho para os cristãos é se opor a novas definições de casamento que destroem esse símbolo misterioso que aponta para Cristo e sua igreja. Podemos demonstrar compaixão e empatia por aqueles cujas crenças refletem a miopia sexual de nossos tempos ou pelos casais que buscam pelo menos alguns dos benefícios do casamento tradicional. O testemunho imutável da igreja, porém, exige que os cristãos fiéis promovam um conceito de casamento alinhado com a ordem criada e com o bem comum, um conceito que preserve o evangelho em vez de distorcê-lo.[2] Não devemos adotar "expansões" da fé que resultem em seu estreitamento.

## Uma verdade usada como arma contra outras

Por que, então, as heresias são cativantes? Por que erros nos atraem para longe da verdade? Muitas vezes, não são as mentiras da heresia que nos enganam, mas o cerne de verdade presente em uma falsa crença.

Heresias nunca são inteiramente desprovidas de verdade. Sempre encontramos *alguma* verdade em erros teológicos. Toda heresia tem um elemento autêntico. Aliás, poderíamos dizer que o distanciamento começa quando um cristão transforma uma verdade em arma usada contra outras verdades. A atração exercida pela heresia vem de seu firme apego a uma das muitas verdades declaradas pelo cristianismo.

Erros se infiltram quando as pessoas tentam simplificar o cristianismo ao escolher uma verdade, um fato essencial que constitui parte da fé cristã, e se apegam a ela com unhas e dentes ao mesmo tempo que abrem mão de outras verdades importantes. Com o tempo, essa verdade, agora separada do restante da ortodoxia, é aplicada e usada como arma contra outras verdades cristãs. Desligada de todas as outras verdades, torna-se o alicerce incontestável de um novo credo e, então, uma nova religião é construída sobre essa base.

*Jesus inclusivo e exclusivo.* Voltemos a nosso exemplo anterior, a verdade inclusiva do cristianismo, a ousada asserção de que Jesus é *para todos* e de que devemos ir pelo mundo afora e proclamar o evangelho a *todos*, não obstante raça, nacionalidade, credo ou etnia. Em uma cultura que sempre considera a inclusão algo bom e a exclusão algo ruim, essa crença pode se tornar a verdade fundamental transformada em arma contra outras.

Essa verdade que descreve o caráter espantosamente inclusivo de Jesus (uma inclusão que provocou a ira dos fariseus

110 • A EMOÇÃO DA ORTODOXIA

e os levou a condenar Jesus por fazer refeições com todos os tipos de pessoas erradas) é separada de outras verdades cristãs importantes, como a forte *exclusividade* do cristianismo ortodoxo. Os apóstolos afirmavam que havia somente um nome debaixo do céu e na terra por meio do qual as pessoas podiam ser salvas (At 4.12). O próprio Jesus declarou que ele é o caminho, a verdade e a vida, e que ninguém vem ao Pai senão por ele (Jo 14.6). A natureza espantosa do chamado inclusivo de Jesus tem como contraparte uma exclusividade radical em seu ensino: *Se não edificamos nossa casa sobre a rocha de seu ensino, somos construtores insensatos e estamos condenados à destruição. Se não produzimos bons frutos, temos o mesmo destino que a árvore cortada e lançada no fogo. Se não encontramos o caminho estreito, trilhamos o caminho largo para a destruição* (Mt 7.13-27; Lc 6.43-49). Não vemos Jesus oferecer vários caminhos constituídos de modos de vida inclusivos. Há o caminho para vida e o caminho para julgamento.

Os primeiros cristãos sofreram a ira de Roma porque mantiveram, simultaneamente, o chamado inclusivo e a reivindicação exclusiva de Jesus. Em geral, César tolerava religiões tribais e étnicas cujo deus ou deuses faziam reivindicações exclusivas ou, pelo menos, religiões que não representavam uma ameaça para o império. Para César, cristãos totalmente inclusivos também não teriam sido problema, caso acrescentassem Jesus como apenas mais uma divindade do panteão, ao lado de todas as outras. E, ademais, todas essas práticas religiosas, caso fossem sinceras, conduziam ao mesmo lugar. Era preciso apenas oferecer uma pitada de incenso para apaziguar os deuses.

O que colocou o cristianismo na mira das autoridades romanas foi sua recusa em curvar-se diante da autoridade suprema de César em razão de seu compromisso com uma mistura explosiva de inclusão e exclusão. Essa pequena seita não apenas insistia na reivindicação exclusiva de que Jesus (e não os ídolos de Roma) é o único caminho, mas também anunciava um chamado inclusivo para *todos* (qualquer que fosse sua etnia) para que se arrependessem, cressem e se tornassem parte de uma nova família mundial. A força dessa mensagem abalou o Império Romano como um terremoto que, com o tempo, destruiu as religiões de Roma. Não foi apenas a exclusão, nem foi apenas a inclusão, mas, sim, a combinação de ambas. *Essa* é a emoção da ortodoxia, mas ela só é vivenciada quando não temos uma visão parcial das Escrituras. O propósito de Deus forma um só conjunto de elementos interdependentes; não podemos dar maior destaque a apenas alguns pontos que mais nos agradam.

Erros sempre causam uma infeliz simplificação excessiva da fé e reduzem o impacto explosivo do cristianismo. Hoje, alguns são tentados a dizer que a inclusão ocupa o cerne do cristianismo e, sem dúvida, estão corretos em identificar essa verdade no Novo Testamento. No entanto, quando usam essa verdade contra todas as outras, quando defendem o chamado à inclusão sem declarar a exclusão contracultural correspondente, começam a construir uma plataforma inexpugnável para uma religião inteiramente distinta do cristianismo.

De modo semelhante, existe sempre a tentação de colocar a exclusão no cerne do cristianismo. Os cristãos que adotam esse posicionamento sem dúvida estão corretos em identificar o caráter singular de Jesus no Novo Testamento e as linhas claras que dividem a igreja do mundo. Se, contudo, usam o caráter exclusivo de Jesus contra seu caráter inclusivo, se deixam de apresentar a imagem correspondente de Jesus com braços

112 • A EMOÇÃO DA ORTODOXIA

abertos para o mundo em amor abnegado, transformam-se em uma seita que rompeu os liames com a tradição mais ampla das igrejas cristãs. Lançam os alicerces para outro tipo de fé, que volta o foco para eles próprios como "os poucos escolhidos", "a única igreja" ou "a elite fiel". Ao longo dos séculos, muitos grupos tomaram esse rumo e empunharam o caráter exclusivo de Cristo sem se apegar, ao mesmo tempo, à visão inclusiva que ocupa o centro do evangelho.

Por que, então, imaginamos que temos de escolher entre o Jesus totalmente inclusivo e o Jesus totalmente exclusivo? Entre o erro de um Jesus exclusivo, de facções e seitas, ou de um Jesus inclusivo, de progressistas e liberais? Não precisamos nem devemos escolher. É por isso que temos de evitar a ideia falsa de "uma coisa ou outra" apresentada pelas heresias.

## A heresia escolhe um ou outro

O herege pode começar com a melhor das intenções. Por vezes, ele é alguém preocupado com a ortodoxia que, sem perceber, se desvia para erro ou heresia. O impulso bom e correto de defender e promover um elemento essencial da verdade cristã pode se transformar em uma obsessão unilateral e excessivamente limitada. Alguns se tornam tão convictos e zelosos quanto a determinada verdade que deixam de enxergar outras verdades complementares dentro da tradição cristã. O enfoque míope sobre uma só verdade pode criar condições propícias para que nos afastemos da ortodoxia. Uma verdade desligada de outras nos leva a insistir com veemência no princípio ou doutrina que favorecemos e, com o tempo, essa doutrina (agora isolada de outras e exagerada pela atenção que lhe damos) se torna distorcida, separando-nos, por fim, do restante da igreja.

Por ironia, há ocasiões em que o caçador de heresias é que se mostra propenso a cair em heresia. Ao nos concentrar exclusivamente em determinada doutrina e transformar nossa perspectiva pessoal em padrão de "ortodoxia", ou ao colocar todas as doutrinas no mesmo nível de importância, deixamos de manter no centro aquilo que é *mais* fundamental e, portanto, ficamos mais suscetíveis a cair em erro.

Um apego tacanho a *uma* verdade pode nos afastar *da* verdade em toda sua beleza e complexidade. A ortodoxia nos chama à verdade paradoxal. Heresias afirmam que temos de escolher uma coisa *ou* outra, enquanto a ortodoxia diz que podemos acolher livremente uma coisa *e* outra. Na ortodoxia, vemos a união de extremos aparentemente opostos, não de forma sincrética ou por meio de transigência, mas simplesmente ao asseverar ambos em toda a sua ardente plenitude. Nossa visão precisa ser ampla o suficiente para enxergar a verdade de vários ângulos e perceber como verdades se inter-relacionam e se sustentam mutuamente. Os ortodoxos mantêm os olhos bem abertos a fim de contemplar a verdade cristã de uma forma que honre sua profundidade. A ortodoxia apresenta a verdade cristã em várias dimensões. Os hereges estreitam os olhos.

*A pessoa de Cristo.* Encontramos o exemplo preeminente de ortodoxia e heresia nas controvérsias trinitárias e cristológicas da igreja, nas discussões e divergências sobre o que significa confessar o nome de Jesus como nosso Salvador e Deus. Ao mergulharmos em textos do quarto e quinto séculos, talvez eles nos pareçam uma desanimadora apresentação de argumentos abstratos e enigmáticos sobre a natureza de Cristo, quase irrelevantes para nossos dias. Mas é justamente nesse ponto que nossa propensão a evitar a teologia causa problemas.

114 • A EMOÇÃO DA ORTODOXIA

Nada poderia ser mais importante para a confissão de nossa fé em Cristo do que entender devidamente Aquele de cujo nome somos portadores. Essas discussões foram (e ainda são) importantes porque todo o drama da redenção — a salvação oferecida por Deus a pecadores e a restauração do mundo — depende do fato de que o Filho é plenamente Deus e plenamente homem. Como escreve o teólogo Kevin Vanhoozer: "A Trindade é o fundamento, a gramática e o penhor do evangelho".[3]

O Credo dos Apóstolos é estruturado como apresentação resumida da Trindade, com foco na morte e ressurreição de Jesus. As confissões trinitárias mais explícitas que encontramos no Credo Niceno e no Credo Calcedônio são uma apresentação detalhada do evangelho. Formam um retrato mais completo do Deus que desceu até nós para nossa salvação, distinguem os seres humanos claramente de Deus e, ao mesmo tempo, asseveram a verdade espantosa de que, em Jesus, Deus esteve *conosco*.

Quando observamos as controvérsias trinitárias pela devida perspectiva, como uma discussão sobre a natureza do Deus do evangelho, entendemos por que os líderes da igreja estavam tão determinados a articular corretamente essa doutrina. As heresias que surgiram durante esse período eram simplificações da verdade; cada herege se apegava a um fragmento de ortodoxia com o propósito de guardar uma verdade à custa de outras. A resposta ortodoxa consistia em asseverar *toda* a verdade e descartar paródias simplistas, por mais que fossem defendidas com sinceridade, ou por mais que as heresias parecessem lógicas ou bíblicas.

Considere o resumo de crenças apresentado pela Definição Calcedônia (que incluí no final deste livro). Observe a clareza e a nitidez das palavras. Sinta a firme determinação dos teólogos de não fazer concessões quanto ao evangelho ao reduzir a verdade sobre Jesus. O Filho de Deus, nosso Senhor Jesus Cristo, é "perfeito em sua divindade e perfeito em sua humanidade, verdadeiro Deus e verdadeiro homem". Ele é "semelhante em tudo a nós, exceto no pecado" e "consubstancial a nós no tocante a sua humanidade"; ao mesmo tempo, é "consubstancial ao Pai no tocante a sua divindade" e "gerado pelo Pai antes dos séculos".[4] É o mesmo Cristo. O Filho. O Senhor.

O que mais podemos dizer acerca de Cristo? Muita coisa. Como as batidas de um tambor que dão ritmo à melodia, a declaração assevera as duas naturezas de Cristo e não uma mistura que tornaria Jesus um híbrido (diferente de Deus e dos seres humanos), mas duas naturezas mantidas "sem confusão, sem mudança, sem divisão, sem separação". E quando começamos a nos perguntar se essa insistência nas duas naturezas poderá resultar na divisão de Jesus Cristo em partes, como se ele realmente fosse duas pessoas que se fazem passar por uma só, os pais esclarecem que Jesus permanece um só, com duas naturezas, "não tendo diminuído a diferença das naturezas por causa da união, mas, sim, tendo sido asseguradas as propriedades de cada uma das naturezas" a fim de constituir uma só pessoa. Ele não está "dividido ou separado em duas pessoas", mas, sim, é "um só e mesmo Filho Unigênito, Deus".

Por que entrar nesse cipoal? Porque, por meio de estudo e discussão minuciosos, os líderes cristãos disseram o que precisava ser dito. Por um lado, rejeitaram heresias que confundiam as naturezas de Cristo e, com isso, permitiam que sua humanidade fosse tragada por sua divindade, ou vice-versa. Por outro lado, rejeitaram heresias que dividiam Jesus em partes e lhe atribuíam um corpo "humano", mas uma alma

116 • A EMOÇÃO DA ORTODOXIA

"divina", ou o apresentavam como duas pessoas que se faziam passar por uma só.

A Definição Calcedônia defende diversas verdades a respeito de Jesus e, ao mesmo tempo, exclui qualquer desvio que implique transigência quanto a sua divindade ou sua humanidade. A ortodoxia torna necessário que confessemos nossa fé em Jesus como Deus e como homem. As heresias antigas procuravam limitar a fé a um ou outro a fim de "resolver" o paradoxo.

**Inácio contra os docetistas.** Considere, por exemplo, as discussões associadas ao docetismo, a ideia de que Jesus apenas *parecia* humano. Essa heresia favorecia a divindade de Jesus a ponto de perder de vista sua humanidade. No contexto daquela época, é compreensível que essa perspectiva tenha se tornado popular. Afinal, parecia piedosa, sem falar que supostamente honrava Jesus ao enfatizar sua divindade acima de sua humanidade. Acaso não queremos exaltar Jesus em sua condição divina? Essa ideia harmonizava bem com as filosofias dualistas daquela época e levou muitos a supor que a carne, nosso corpo físico, era intrinsicamente ruim, algo que devia ser rejeitado em favor do espírito.

A ideia de que Deus *verdadeiramente* se tornou homem, e não apenas assumiu aparência humana, era um tanto constrangedora. Podemos adorar um Deus que se tornou um bebê impotente e experimentou a humilhante necessidade de cuidado que caracteriza a infância? Deus realmente desceu a nosso nível de carência, precisou de alimento e bebida para sobreviver, passou pelas dores e pelos sofrimentos desta existência encarnada? Isso sem falar na terrível ideia de morte na cruz! Não seria melhor dizer que, em Jesus, Deus assumiu a *aparência* de homem, mas sem as fraquezas humanas normais?

Um escritor da época colocou as seguintes palavras na boca de Jesus: "Em nada fui afligido". Outros afirmavam que os soldados se enganaram e pregaram à cruz Simão, o Cireneu, enquanto o verdadeiro Jesus, o Deus forte que fingiu ser homem, os desprezou por sua ignorância.[5]

Inácio, um dos pais da igreja primitiva, se opôs a esse tipo de revisionismo e combateu essa heresia com todas as suas forças. Advertiu: "Ensurdeçam-se sempre que alguém lhes disser algo que não seja de Jesus Cristo, aquele que veio da família de Davi, aquele que veio de Maria, que verdadeiramente nasceu, comeu e bebeu".[6] Em outras palavras, ele é homem de carne e osso, que tem até uma genealogia!

No fim da vida, pouco antes de sofrer o martírio, Inácio suplicou aos cristãos que não interviessem; seu posicionamento em defesa da encarnação de Jesus parece tê-lo preparado para experimentar em sua própria carne a verdade do sofrimento de Jesus. "Se [as obras de Jesus] foram realizadas apenas em aparência, também sou prisioneiro apenas em aparência". E concluiu: "Por que me permiti ser entregue à morte, ao fogo, à espada, às feras? Suporto todas as coisas somente em nome de Jesus Cristo, para que possa sofrer com ele".[7] Em oposição a todos que desejavam abrir mão da humanidade de Deus em favor de sua divindade, Inácio sofreu uma morte dolorosa proclamando a verdade maior e recusando a estreiteza da heresia.

*Atanásio.* Ao avançarmos dois séculos, vemos alguns cristãos fazerem o oposto dos docetistas. No afã de preservar o caráter único e singular de Deus Pai, um líder cristão da igreja da Líbia chamado Ário reduziu o Filho à condição de criatura. Sim, Jesus ainda era "divino" em certo sentido e, sem dúvida, era *semelhante* a Deus, mas não "eterno", nem consubstancial com o Pai. Os seguidores de Ário entoavam uma canção que

118 • A EMOÇÃO DA ORTODOXIA

dizia: "Houve um tempo em que o Filho não existia" e, durante décadas, pareceu que essa canção poderia prevalecer.

Em oposição a esses redemoinhos heréticos que afastavam tantos cristãos da verdade, levantou-se o "Anão Negro", o apelido que um egípcio chamado Atanásio recebeu de seus inimigos. Atanásio foi um bispo exilado cinco vezes por quatro imperadores romanos, um homem de estatura baixa que se elevou sobre sua era como um gigante. Para Atanásio, era importante fazer frente contra o ensino ariano, pois o que estava em jogo era a salvação. Confessamos nossa fé no Senhor Jesus Cristo, aquele que é plenamente humano e cuja morte fez expiação por nossos pecados, e aquele que é plenamente divino e tem poder sem igual para nos salvar. No parecer de Atanásio, Ário e seus seguidores eram como saqueadores que estavam roubando de Deus a sua Palavra.[8]

Atanásio não aceitou reduzir Deus a fim de torná-lo aceitável. Rejeitou o coro de arianos tacanhos que se recusavam a declarar a absoluta igualdade entre Deus Pai e Deus Filho. Atanásio ouviu os cânticos engenhosos que anunciavam heresias e, por isso, ergueu a voz para entoar ainda mais alto a melodia da ortodoxia.

Temos aqui um homem apegado à doutrina. Dogmático. Detalhista. E foi por meio desse homem e de outros como ele, com todos os seus insucessos e defeitos, equívocos e deslizes, que o Espírito de Deus manteve aceso o fogo da ortodoxia. Mesmo quando pareceu que a heresia apagaria as chamas e deixaria a igreja em trevas, Atanásio e seus sucessores se apegaram ao conhecimento do Redentor em quem confiavam. Mergulharam na fonte da ortodoxia e permaneceram fiéis. A ortodoxia não é verdadeira porque eles venceram; eles venceram porque ela é verdadeira.

*O estreitamento da verdade.* Poderíamos apresentar inúmeros outros exemplos de mestres ao longo dos séculos que estreitaram os olhos diante da luz resplandecente da ortodoxia e procuraram estreitar também a verdade para que se tornasse mais aceitável. A glória pura de Cristo é celebrada em toda parte pelos ortodoxos e questionada em toda parte pelos hereges.

Houve diversas formas de *modalismo* que reduziram o conhecimento ortodoxo de "um Deus em três pessoas" a uma só pessoa que se revela de diferentes formas conforme cada era. Em uma era ele se revela como Pai. Depois, se revela como Filho. E, agora, se manifesta como Espírito. Uma pessoa, três máscaras. A ortodoxia, porém, afirma a verdade maior, mais ampla, segundo a qual Deus é Pai, Filho e Espírito Santo *sempre*.

Também houve *triteístas*, para os quais as três pessoas eram três deuses que tinham em comum a "mesma substância". Três deuses, três pessoas. A ortodoxia, porém, reafirmou a realidade mais vasta e maravilhosa da unidade de Deus em três pessoas.

Os *ebionitas* ensinavam que Jesus se destacou do restante da humanidade em razão dos dons concedidos por Deus a ele, mas que ainda era, primeiramente, *humano* e não divino.

Os *macedônios* procuraram restringir o conceito de Deus o Espírito e o rebaixaram ao âmbito da criação.

Os *adocionistas* acreditavam que Jesus era humano, mas que, depois de seu batismo, foi "adotado" por Deus para ser seu Filho.

Os *parcialistas* colocavam Pai, Filho e Espírito Santo em pé de igualdade como "elementos constituintes" de um só Deus, como se as três pessoas fossem plenamente Deus apenas quando estavam juntas.

Estreito, estreito, sempre estreito.

## A ortodoxia acolhe um e outro

Em meio a todas essas propostas, contudo, permaneceu a ortodoxia, sempre afirmando a extensão e a profundidade da verdade cristã revelada por Deus em sua Palavra e por meio da obra de seu Filho. Os ortodoxos se apegavam tenazmente a diversas verdades e rechaçavam erros teológicos vindos de várias direções. Como Blaise Pascal ressaltou mais de mil anos depois: "A igreja sempre foi atacada por erros opostos. [...] A fé acolhe muitas verdades aparentemente contraditórias. [...] A fonte de todas as heresias é a exclusão de algumas dessas verdades".[9]

Durante longos séculos de controvérsias e divergências, hereges se levantaram com devoção sincera e apresentaram uma verdade à custa de outras, e ortodoxos os combateram ao recusar qualquer redução, por menor que fosse, da verdade gloriosa da revelação de Deus. E, estranhamente, pelo poder do Espírito, essas controvérsias *serviram* à igreja ao incentivar os cristãos a buscar maior clareza, ao forçá-los a se aventurar por vastos territórios da ortodoxia que ainda não haviam sido explorados. A fim de tratar das heresias de modo eficaz, os cristãos sondaram ainda mais as profundezas da graça, exploraram novas cavernas e encontraram novos tesouros ao formular uma resposta ortodoxa.

No segundo século, Marcião entrou em cena e rejeitou o Deus vingativo do Antigo Testamento, preferindo o terno Jesus que ele via no Novo Testamento. Extirpou dos Evangelhos e das cartas dos apóstolos tudo o que tinha vestígios de judaísmo e criou uma divisão tão forte entre lei e evangelho que precisou elaborar sua própria lista de livros autorizados do Novo Testamento. Tertuliano, porém, se levantou em defesa da bondade e da justiça de Deus. Juntamente com outros, Tertuliano asseverou que Deus era amoroso *e* reto, justificador *e* juiz. A heresia de Marcião levou a igreja a reafirmar um Deus santo de amor e justiça, enquanto a heresia tentou persuadir os cristãos a escolher entre os atributos de Deus. Além disso, a heresia de Marcião obrigou a igreja a esclarecer quais livros tinham a marca inequívoca da inspiração divina.

Então vieram os gnósticos, segundo os quais o elemento mais importante em nós é uma fagulha divina, um espírito interior que, um dia, será liberto do corpo humano. Para eles, o "verdadeiro eu" se encontrava preso neste mundo de matéria, e o "espírito" era mais importante que o corpo. Escritores como Valêncio descreveram encontros com Deus no interior do coração e ocasiões em que receberam "conhecimento secreto do divino" como fonte de verdade e sabedoria. Ireneu, juntamente com outros líderes, se opôs a eles e defendeu a ideia de que o corpo é bom. Recusou-se a reduzir a verdade, a escolher "espírito" em lugar de "matéria", ou "alma" em lugar de "corpo". O cristianismo manteve unido aquilo que o gnosticismo quis separar.

A ortodoxia diz que devemos ter reverência por tudo o que Deus criou, pois tudo o que ele criou é bom. Também somos instruídos a renunciar qualquer coisa criada por Deus caso se torne empecilho para nosso relacionamento com ele. Os hereges transformam em ídolos aquilo que Deus criou, ou nos chamam a renunciar de forma desequilibrada o caráter bom da criação.

Hoje, alguns cientistas e pensadores querem estreitar a verdade de forma oposta. O materialismo finge que somos apenas seres físicos e que tudo o mais a nosso respeito pode ser reduzido a funções físicas ou à realidade material. Alguns dizem que não existe alma, que não existe espírito. E, como sempre, os cristãos se levantam para rejeitar o estreitamento da verdade e afirmar que, na ortodoxia, é possível aceitar uma coisa *e* outra.

Não precisamos escolher entre ciência e milagres. Rejeitamos o materialismo de acordo com o qual a matéria é a única coisa que existe, que tudo mais a nosso respeito é simplesmente resultado de sinapses aleatórias em nosso cérebro, que até mesmo nossos sentimentos mais profundos de amor, afeição e medo são apenas reações condicionadas pela evolução. Também não cremos cegamente em todos os testemunhos de milagres, como se toda vez que alguém passa por uma experiência incomum houvesse ocorrido um milagre ou algo sobrenatural. A ortodoxia tem a mente mais aberta do que os "livres-pensadores" que, em razão de seu materialismo, não têm liberdade de reconhecer *nenhuma* ocorrência sobrenatural. A ortodoxia também tem a mente mais aberta do que os místicos ou espiritualistas obrigados a crer em espíritos, fantasmas ou quaisquer milagres que se diga que ocorreram. Nós cremos na ciência *e* em milagres.

Vemos repetidamente como a ortodoxia faz questão de manter unido aquilo que a heresia deseja separar, de manter um olhar amplo quando os hereges desejam estreitar o foco. A exemplo de nossos antecessores, não precisamos escolher entre revelação geral (a manifestação por Deus de seus atributos na criação e sua concessão de graça comum) e revelação especial (a manifestação mais clara por Deus de si mesmo na pessoa e obra de seu Filho e por meio das Escrituras inspiradas que ele nos deu). Podemos aceitar ambas.

Não precisamos escolher entre a imanência e a transcendência de Deus. Ele está perto de nós *e* distante de nós em sua alteridade, em uma categoria própria. Não seguimos o caminho daqueles que enfatizam a proximidade divina a ponto de nos enveredar pelo panenteísmo que confunde Deus com o mundo criado por ele. Também não seguimos o caminho daqueles que enfatizam a transcendência de Deus a ponto de torná-lo, em última análise, incognoscível, como se jamais pudéssemos reconhecê-lo ou interagir com ele. Temos um Deus imanente *e* transcendente.

Não precisamos escolher entre um conceito de redenção que vê os cristãos *apenas* como santos ou *apenas* como pecadores. A ortodoxia ensina que somos novas criaturas em Cristo, embora continuemos a lutar contra a presença do pecado que ainda resta, na jornada rumo à glorificação no futuro. Não somos apenas pecadores, desprovidos de poder do Espírito para fazer progresso na santificação. E não somos santos perfeitos, dentro dos quais não existe mais nenhum traço de egoísmo. Somos santos que ainda pecam.

Não precisamos escolher entre considerar a igreja gloriosamente santa ou irremediavelmente deteriorada. Para alguns, a igreja parece tão repleta de pecado que merece apenas condenação; enquanto isso, outros a enxergam por lentes rosadas e não veem o longo rasto de injustiças cometidas em nome de Jesus. Os cristãos podem ver a igreja como noiva imaculada e como cônjuge inconstante e reconhecer os inúmeros problemas que desdouram a glória de Deus, ao mesmo tempo que continuam a crer que a igreja ainda é o Corpo de Cristo. Somos caídos, pois somos humanos. Somos escolhidos, pois pertencemos a Deus. A verdade abarca as duas coisas.

Não precisamos escolher entre "inclusão" ou "exclusão" na igreja. Escancaramos as portas e acolhemos todos com graça, mas reconhecemos que participamos da mesa do Senhor nos termos dele, e não nos nossos. Em contraste com aqueles que procuram tornar a mesa mais inclusiva (e, portanto, não percebem a ênfase que o Senhor dá ao arrependimento) ou mais exclusiva (e, portanto, impedem irmãs e irmãos fiéis de ter comunhão), recusamo-nos a limitar a aceitação a simples "afirmação" e também nos recusamos a limitar a comunhão à total concordância. Também nesse caso, temos espaço para ambas as coisas.

Repetidamente, a ortodoxia afirma que devemos acabar com a ideia de uma coisa *ou* outra e nos dedicar a uma coisa *e* outra. Cremos em verdades paradoxais em toda a sua plenitude. Evitamos a tentação de transigir ou de dividir essas verdades. Por mais que o erro se anuncie como algo maior que a ortodoxia, ele sempre será mais restrito. Essa é a aventura da teologia ortodoxa ao longo das eras, observar como a igreja se desviou de golpes heréticos de um lado e de outro, esquivando-se e driblando, sem ser nocauteada pelos erros da moda. G. K. Chesterton resumiu bem a montanha-russa da ortodoxia:

> Cair em qualquer uma das ciladas explícitas de erro e exagero que um modismo depois de outro e uma seita depois de outra espalharam ao longo da trilha histórica do cristianismo — isso teria sido de fato simples. É sempre simples cair; há um número infinito de ângulos para levar alguém à queda, e apenas um para mantê-lo de pé. Cair em qualquer um dos modismos, do agnosticismo à Ciência Cristã, teria de fato sido óbvio e maçante. Mas evitar todos eles é uma estonteante aventura, e em minha visão a carruagem celestial corta os céus, trovejante, atravessando as épocas. Enquanto as monótonas heresias estão esparramadas e prostradas, a furiosa verdade cambaleia, mas segue de pé.[10]

## As rachaduras proliferantes da heresia

Na forma arquitetônica da teologia cristã, a amplidão e a coerência da ortodoxia excedem em seu brilho a tacanhez da heresia. A ortodoxia, como os pináculos e os contrafortes de um edifício gótico, podem sustentar uma abóboda maior e mais forte. A heresia é, portanto, como uma porção de rachaduras que tendem a se multiplicar de maneiras que, com o tempo, tornam a estrutura incapaz de sustentar o peso dessa beleza. Ao se espalharem por todo o edifício, levam-no a desabar.

Algumas doutrinas são como as paredes estruturais de uma casa. É impossível remover uma delas sem destruir a casa. Por vezes, contudo, os erros se tornam como rachaduras nessas paredes; enfraquecem a estrutura ao longo do tempo e produzem o mesmo resultado destrutivo.

Os credos identificam para nós o projeto da casa, as regras de gramática, o esquema que mostra o enredo fundamental. No entanto, embora os credos sejam sucintos, elaborados com a finalidade de expressar as partes essenciais da fé cristã, não são limitados em sua abrangência e suas implicações. Uma linha só do Credo Apostólico (por exemplo, que cremos no "perdão de pecados") abre para nós um mundo de maravilhamento ao nos aprofundarmos nessa verdade essencial. De modo semelhante, a declaração inicial de que cremos em Deus, "o Pai Todo-Poderoso, Criador do céu e da terra", traz consigo uma impressionante gama de verdades correspondentes que dizem respeito a nossa humanidade, ao caráter do mundo, a nossa responsabilidade diante do Criador, à natureza como algo bom que nos foi concedido, a nossa masculinidade e feminilidade, e mais.

Por isso continuo a confiar no testemunho imutável da igreja em relação à sexualidade e ao casamento, como as

Escrituras mostram e como fica implícito no projeto de construção oferecido pelos credos, e reconheço que desconsiderar a natureza fundamental de nosso corpo é danificar uma "doutrina arquitetônica", uma parede estrutural.[11] Por isso, praticamente todos os líderes cristãos ou todas as igrejas que procuram mudar apenas uma "pequena" verdade são, cedo ou tarde, arrastados para o redemoinho de outros erros incontáveis. Pequenas rachaduras crescem e se multiplicam.

Quase todos que dizem que a igreja deve "ajustar" ligeiramente sua perspectiva a respeito de sexo e casamento acabam por defender ideias que se encontram inteiramente fora dos limites da ortodoxia (negam o julgamento eterno, deixam de ver a cruz como lugar de expiação) ou repreendem aqueles que desejam compartilhar o evangelho por não enxergar as "novas maneiras" que o "Espírito" está atuando no mundo.

Anos atrás, ouvi um pensador cristão na vanguarda do movimento progressista que defende a revisão da ética sexual cristã expressar consternação diante do fato de que as pessoas do "seu lado" estavam abandonando praticamente todos os parâmetros e limites associados à sexualidade, salvo o consentimento. Perplexo com esses desdobramentos, ele declarou que as Escrituras ainda proibiam o poliamor, o que deixou confusos aqueles que estavam debaixo de sua liderança. Em pouco tempo, seus seguidores começaram a distorcer a Trindade a fim de justificar uniões poliafetivas como exemplo de que "o amor vence" e a defender sexo fora do casamento, pansexualidade e uma variedade cada vez mais ampla de fetiches, modismos e "identidades sexuais". Esse estudioso imaginou que estivesse dando um passo largo e ousado na história do cristianismo e, no fim das contas, descobriu que havia embarcado em uma escada rolante descendo a grande velocidade.

De nada adianta dizer que casamento e sexualidade não aparecem explicitamente nos credos. Infanticídio também não. Nem furto. Nem a ordem para amar nossos inimigos e orar por aqueles que nos perseguem. Nem uma infinidade de questões associadas à perspectiva moral do cristianismo. E, no entanto, poucos afirmariam que esses e outros elementos singulares e incisivos do testemunho cristão são "opcionais" e que ficam a critério das preferências sociais. Não devemos imaginar que podemos nos abrigar debaixo de uma interpretação minimalista dos credos e, com isso, deixar de nos sujeitar às Escrituras.

Há quem diga hoje em dia que precisamos deixar de nos referir a Deus no gênero masculino, pois Deus transcende os gêneros e é "maior" que qualquer analogia associada a eles. Algumas denominações dizem que devemos colocar de lado designações como "Pai, Filho e Espírito" e adotar novos conceitos como "Fonte Transbordante, Água Viva e Rio Caudaloso". Considere, porém, o que se perde nesse revisionismo: a *pessoalidade* de Deus. Não nos relacionamos com uma fonte da mesma forma que nos relacionamos com um Pai. "Expandir" Deus além de termos masculinos é encolher Deus, transformá-lo em uma força despersonalizada e torná-lo menos (e não mais) cognoscível.[12]

Vemos o mesmo resultado na periferia da tradição cristã entre aqueles que, em diferentes épocas e por diferentes motivos, defenderam o universalismo, a ideia de que, no final, todos serão salvos por meio de um fogo purificador no fim da vida que consumirá todos os pecados, ou por meio da garantia de perdão e reconciliação com Deus para todos, não obstante como tenham vivido. No entanto, os grupos mais dedicados ao impulso universalista se desviam, com o tempo, para outros erros de toda espécie, como a negação da expiação substitutiva, da necessidade de santificação ou, em muitos casos, da própria pessoalidade de Deus. Alguns universalistas se uniram oficialmente com os unitários, que negam a Trindade, talvez porque o impulso universalista leve a uma reconfiguração da identidade de Deus. Michael McClymond, autor de um estudo extenso sobre universalismo na história da igreja, compara a doutrina a uma jogada de xadrez que encerra a partida:

> No xadrez, cada movimento de uma peça no tabuleiro tem implicações para a situação das outras peças. A posição de um humilde peão pode determinar se peças mais importantes, como o rei ou a rainha, estão seguras ou em perigo e se ocorrerá um xeque ou xeque-mate. Ademais, cada movimento tem implicações que talvez não se tornem visíveis de imediato, mas apenas várias jogadas depois. Aliás, o que caracteriza os grandes enxadristas é sua capacidade de antever diversas jogadas, entender as implicações de cada movimento de uma peça e, com isso, escolher as jogadas vantajosas e rejeitar as jogadas que possam levar a xeque-mate. De forma comparável, a doutrina da salvação universal, embora seja inicialmente atraente, parece ser uma jogada que, no fim das contas, desintegra outras doutrinas, como a doutrina da expiação e até a doutrina da divindade de Jesus.[13]

Quer usemos a analogia de uma partida de xadrez quer a de uma parede estrutural, o resultado é o mesmo. Erros são como rachaduras que se multiplicam até que nossa confissão de que Jesus Cristo "voltará para julgar os vivos e os mortos" seja esvaziada de seu significado eterno.

Lembre-se de que heresias e erros se propagam. A paixão pelo revisionismo nunca gera um filho só. Sempre multiplica erros e afeta outros aspectos da tradição até que ocorre um claro desvio da ortodoxia.

Quando negamos a inspiração da Palavra de Deus, cedo ou tarde desconsideramos doutrinas ou mandamentos que não fazem sentido no mundo de hoje. Essa é uma forma de nos livrar da autoridade das Escrituras. Quando negamos a realidade da ressurreição física, não demoramos a nos tornar mais permissivos a respeito da moralidade cristã, pois o cristianismo diz respeito ao âmbito espiritual, e não ao âmbito físico. Quando negamos a realidade do juízo eterno, em pouco tempo dizemos que o evangelismo é uma forma equivocada, talvez colonialista, de impor nossa fé sobre outros.

Vistas de fora, as heresias sempre parecem maiores do que são, e a ortodoxia parece tacanha. Vistas de dentro, porém, as heresias são pequenas fendas que se multiplicam, e a ortodoxia é a ampla e abrangente verdade sustentada pelo Deus do evangelho. E, não importa o quanto a verdade seja encolhida por aqueles que desejam expandir o cristianismo, ou quão falíveis e frágeis se mostrem os defensores do cristianismo no trabalho de reforçar as paredes, podemos ter convicção de que a ortodoxia permanecerá. A tentativa de encolher a verdade a um tamanho mais administrável nunca é bem-sucedida no final, pois a igreja está em uma missão, descendo a encosta a toda velocidade em uma batalha contra as portas do inferno e, sob o comando do Espírito que nos dirige por meio das Escrituras, o povo de Deus se recusa a cair diante de modismos efêmeros.

# 6

## A verdade enfrenta o mundo

A maioria das pessoas não gosta de conflito. Já não existem desavença e discórdia suficientes no mundo? A religião não deveria exercer influência positiva sobre o mundo como forma de promover a união entre as pessoas? De que adianta discutir perspectivas religiosas, insistir em linhas claras e distintas em questões de doutrina? Além disso, para a maioria dos ocidentais a religião diz respeito à espiritualidade pessoal, algo isolado, verdadeiro para mim ou para você, e não uma mensagem aplicável a todos.

Essas tendências culturais criam um dilema para os cristãos professos. As doutrinas fundamentais de nossa fé não permitem que privatizemos o cristianismo. A narrativa bíblica não é verdadeira apenas em nosso coração ou em nossa comunidade de fé. No cerne do cristianismo se encontra a asserção de que Jesus foi ressuscitado dos mortos. Essa é uma verdade pública. Implica mudanças não apenas para nós, mas para o mundo. Se a ressurreição é verdadeira, ela muda *tudo*.

A fidelidade a Cristo torna impossível evitar conflitos em um mundo que adota ideias incompatíveis com a verdade cristã. E, evidentemente, conflitos muitas vezes são caóticos. Ao longo dos séculos, muitos cristãos não deram seu testemunho com graça e compaixão. Alguns líderes cristãos se apressam em julgar durante crises nacionais e atribuem as mais variadas calamidades a diferentes tipos de pecados. Outros cristãos, estarrecidos com o péssimo testemunho de líderes que falam sem filtros e que transmitem uma mensagem desprovida do perfume de Cristo, se calam e consideram melhor evitar conflito a todo custo. Não seria melhor encontrar uma forma de minimizar embates com o mundo? Sim e não. Devemos fazer todo o possível para reduzir atritos desnecessários e improdutivos. Não há motivo para ofender outros gratuitamente. No entanto, é fácil ir ainda mais longe e tentar nos esquivar de conflitos inevitáveis, o tipo de interação indispensável para dar testemunho fiel de Cristo.

## Duas formas de reduzir conflito

Quando vamos longe demais em nossas tentativas de reduzir conflitos com o mundo, geralmente tomamos um de dois caminhos: o caminho da transigência e o caminho da evasão.

*O caminho da transigência.* O primeiro grupo minimiza conflitos ao ajustar sua fé ao mundo em todas as áreas possíveis. Procura desviar a atenção das distinções inequívocas entre a igreja e o mundo. É melhor não se arriscar a argumentar publicamente a favor de doutrinas ou princípios morais que pareçam intoleráveis para as pessoas ao redor. Se a maior preocupação é manter a paz com amigos e vizinhos da direita política, talvez lhes pareça mais fácil minimizar a ênfase bíblica sobre nossa responsabilidade para com os pobres e oprimidos, a hospitalidade que devemos oferecer aos imigrantes e refugiados e a justiça de reconhecer o valor intrínseco de todo ser humano, qualquer que seja sua etnia ou classe social. Caso estejam mais preocupados em reduzir o conflito com pessoas da esquerda, talvez lhes pareça mais fácil deixar de fora a insistência do cristianismo no caráter bom de nosso corpo (masculino e feminino), na plena humanidade da criança antes do nascimento e na visão bíblica de sexo e casamento. É possível reduzir a ênfase sobre esses pontos controversos de doutrina e considerá-los assuntos reservados para discussões em voz baixa em ambientes onde predominam opiniões semelhantes.

O que está por trás da estratégia da transigência? Esperança. Ao aproximar-se do mundo, a igreja espera manter sua influência e crescer. Ao mostrar o que temos em comum com pessoas de fora da fé cristã, ao ouvir mais do que falar, ao servir mais do que dar sermões, esperamos conquistar o respeito de outros e, quem sabe, o direito de ser ouvidos.

*O caminho da evasão.* O segundo caminho para os cristãos que procuram minimizar o conflito entre a igreja e o mundo torna necessário que se retirem da sociedade em todas as áreas possíveis. Se conseguirem encontrar refúgio para si mesmos, sua família e sua igreja e se concentrar na edificação de sua fé, poderão reduzir o atrito ao se retirar dos âmbitos em que suas crenças se mostram incompatíveis com o consenso cultural predominante. Se o mundo é uma batalha em um campo minado, a opção mais segura é recuar para território ocupado por crentes da mesma opinião. A igreja deve se concentrar em ser igreja, em manter as doutrinas e práticas distintivas do cristianismo, e a melhor forma de garantir sucesso é criar espaço para liberdade máxima. Os cristãos constroem *bunkers* e vivem dentro deles, longe do mundo enfurecido. Dessa forma, reduzem o conflito com o mundo *e* aperfeiçoam a pureza da igreja.

Os membros desse grupo, que procuram acima de tudo preservar a fé, olham para o primeiro grupo (os transigentes) e veem concessões em excesso. Em seu parecer, os cristãos estão à vontade demais com ideias e práticas que se opõem diretamente ao ensino bíblico. Lembram as advertências de Jesus a respeito do sal da terra que perde o sabor e estão decididos a não se tornar insossos.[1] A única maneira de preservar a pureza é minimizar o contato com o mundo.

*O problema dos dois caminhos.* Esses dois caminhos, no entanto, nos impedem de embarcar na aventura do cristianismo.

Para aqueles que procuram se adaptar ao mundo, a incisividade missionária se perde. A singularidade do ensino bíblico, a verdade resplandecente da ortodoxia, é reduzida na tentativa de mostrar o quanto a igreja pode concordar com o mundo. Dialogamos em vez de discutir. Buscamos pontos em comum e colocamos de lado as controvérsias. Expressamos opiniões e não persuadimos. Temos conversas e evitamos conclusões.

A propensão a transigir traz consigo o risco de abrir mão de tudo o que há de distintivo no cristianismo, colocando em seu lugar aspirações religiosas difusas. A tentativa de agradar o mundo, porém, muitas vezes nos faz abandonar aquilo que nos propusemos inicialmente tentar defender. Ao focalizar apenas o diálogo e o que temos em comum, desfrutamos os pontos de concordância com outros, mas não lhes oferecemos nada singular. A emoção da *diferença* — a incisividade da interação missionária com o mundo — se perde.[2]

Para aqueles que procuram se retirar do mundo, a "pureza da igreja" é mantida à custa de sua vitalidade missionária. Ao tentar manter a igreja pura e livre de toda influência mundana, os pontos de contato são reduzidos e praticamente não há interações missionárias. A igreja se recolhe em qualquer âmbito seguro que encontre e, apenas ocasionalmente, os cristãos olham por cima dos muros de sua fortaleza religiosa. Proteção se torna mais importante que proclamação. A emoção de interagir com o mundo, de aplicar o evangelho a uma realidade que aceita algumas verdades e rejeita outras, se perde.

134 • A EMOÇÃO DA ORTODOXIA

Ademais, de acordo com a perspectiva bíblica da igreja, o entusiasmo missionário — o amor abnegado de Deus expresso em serviço e evangelismo — é tão fundamental para a identidade da igreja que retirar-se do mundo sacrifica, por ironia, exatamente a pureza que procuramos manter. Uma igreja que declara doutrinas corretas, mas não cumpre a Grande Comissão, não é, de maneira nenhuma, pura. Esconder nossa lâmpada debaixo de um cesto não é preservar a pureza da igreja. Não há cristianismo puro sem trabalho missionário.

Dá para perceber como as duas abordagens removem a aventura do cristianismo? Os transigentes se contentam com um ecumenismo insípido e enfadonho que remove as distinções e diferenças na tentativa de formar uma unidade artificial. Os evasivos se contentam com a segurança de permanecer atrás dos muros da fortaleza eclesiástica. A empolgação das interações missionárias se perde — para os transigentes porque falta o caráter distintivamente missionário e, para os evasivos, porque as interações não acontecem.

## Ortodoxia e a interação missionária

A emoção da ortodoxia reside no fato de que a verdade enfrenta o mundo. Saímos de nossa zona de conforto e experimentamos a empolgação de propagar as boas-novas. Assumimos o compromisso de ir além dos muros de nossas igrejas e de ser igreja de forma contracultural para o bem do mundo. A aventura da Grande Comissão exige que anunciemos a mensagem sem alterações, diluições e atenuações, seja ela bem recebida ou não. Ao anunciar o Cordeiro de Deus, não devemos tentar arrancar as garras do Leão de Judá. A fidelidade ao evangelho não é para os tímidos; exige coragem e intrepidez.

A VERDADE ENFRENTA O MUNDO • 135

*A singularidade do evangelho.* A principal maneira pela qual o cristianismo enfrenta o mundo é ao declarar algo diferente de qualquer outra religião. Sim, encontramos semelhanças com outras fés e, de uma perspectiva sociológica, vemos que diversas religiões, espiritualidades alternativas e rituais holísticos podem promover o bem-estar do indivíduo. O evangelho, contudo, não é apenas bom conselho, uma nova ética ou mais uma opção de aprimoramento espiritual. É a notícia de um acontecimento. A ressurreição ocupa o centro de nossa fé.

Por causa da ressurreição, o evangelho não pode ser espremido dentro da mesma categoria que outras espiritualidades. Mas esse fato não nos impede de tentar. Cristãos bem-intencionados podem facilmente atenuar o evangelho ao transformar as boas-novas explosivas de um Salvador crucificado e ressurreto em uma questão de aperfeiçoamento moral e ético, de coesão social ou de benefícios práticos para a vida diária. Ao ouvir o diálogo inter-religioso, talvez tenhamos a impressão de que o cristianismo é um plano moral para tratar o próximo com bondade, combinado com o tipo de aperfeiçoamento próprio ou promoção de comunidade que esperaríamos de um comercial de televisão.

De modo contrastante, a ressurreição de Jesus Cristo deve ser o ponto de partida de toda reflexão cristã. É uma reviravolta espantosa, uma notícia sem igual que transforma o mundo. Encolher as boas-novas e transformá-las em bons conselhos arrefece a emoção da ortodoxia.

Estranhamente, muitas vezes os cristãos mais preocupados em mudar o mundo são os que deixam de enfrentar o mundo quando necessário. Lembre-se da conversa com Sarah, a jovem que estava trabalhando em uma nova igreja, transbordando de entusiasmo com todas as coisas boas que ela e os outros membros estavam realizando em sua comunidade. O desenvolvimento da comunidade ocupava o primeiro lugar, e o milagre da conversão havia sido relegado ao segundo plano. Por certo, o evangelho de Jesus Cristo é boa-nova para a comunidade e não apenas para o indivíduo. Justificados pela fé, devemos realizar boas obras que tragam benefícios tangíveis para as pessoas ao nosso redor, como Jesus nos ensinou. No entanto, é fácil a igreja, encantada com o poder do evangelho demonstrado em uma comunidade, se apaixonar pelos efeitos das boas-novas a ponto de perder de vista o evangelismo pessoal.

Entre todas as coisas boas que nós, cristãos, somos chamados a fazer em nossas comunidades, escolas e vizinhanças, qual é a mensagem que somos comissionados a transmitir? Qual é a mensagem que explica as boas obras? Qual é a mensagem que nos faz sobressair?

Ao longo da semana, recebemos conteúdo de uma cacofonia de vozes. Líderes mundiais, supostas autoridades políticas, romancistas, comentaristas esportivos e jornalistas, sites que misturam informação e entretenimento, shows, celebridades e estrelas das redes sociais, todos têm algo a dizer. No primeiro dia da semana, contudo, no dia em que celebramos a ressurreição, alguém se levanta com um livro antigo na mão para transmitir uma mensagem a ser ouvida acima da tagarelice incessante de um mundo ruidoso. *Vocês ouviram o que todos os outros têm a dizer; agora ouçam o que Deus diz.* É anunciada, então, uma mensagem sobrenatural que tem Deus como centro.

Pelo menos, é o que deve acontecer a cada semana. Com frequência, a pessoa que se levanta com esse Livro transmite uma mensagem que se mescla bem com os conselhos e as opiniões que podemos encontrar em qualquer outro lugar e repete os jornais, comenta sobre acontecimentos recentes ou desafia

A VERDADE ENFRENTA O MUNDO • 137

os ouvintes a "tomar jeito" e "ser melhores", como se o propósito central de nossa fé consistisse em aprimoramento pessoal.

Se nossa mensagem se tornou pouco mais que "transforme o mundo em um lugar melhor", a proclamação cristã perdeu completamente o rumo, não importa em quantas doutrinas afirmemos crer. A menos que nosso foco seja Deus, quem ele é e o que fez, a menos que nossa proclamação gire em torno de Jesus como pioneiro e aperfeiçoador de nossa fé, a menos que dependamos do Espírito que passa pelo santuário como vento impetuoso e realiza sua obra no coração das pessoas, perdemos a emoção da ortodoxia e nos tornamos pouco mais que uma agência de serviços. Se promovemos e proclamamos apenas nossas próprias boas obras nos âmbitos da justiça social, ação política, ambientalismo, liberdade religiosa ou serviço aos pobres, o que nos resta de distintivamente cristão?

*Contra o mundo e em favor do mundo.* A ortodoxia tempera nossas boas obras com o sal de Cristo. As doutrinas que confessamos fornecem o alicerce para fazer o bem no mundo. A história de Jesus resumida pelos credos garante que a fragrância de Jesus se propague por meio de nossas obras. E, como não podemos esquecer, a história de Jesus gira em torno da cruz, o que significa que nossa fidelidade deve ser cruciforme. Quando afirmamos que queremos ser as mãos e os pés de Jesus, temos de lembrar o que aconteceu com as mãos e os pés de Jesus. A proclamação da cruz sempre é acompanhada de certa medida de sofrimento. Haverá fagulhas, atritos e dissonâncias, e Jesus avisou que são esperados. Disse: "Se o mundo os odeia, lembre-se de que primeiro odiou a mim" (Jo 15.18).[3]

E, no entanto, por algum motivo, surpreendemo-nos quando exatamente isso acontece. Ficamos estarrecidos de ver nossas crenças serem desprezadas, nossos padrões morais serem condenados e nossa mensagem sofrer resistência. E, naturalmente, desejamos reduzir o atrito quando, na verdade, seria melhor aguçarmos nosso entendimento dos pontos em que restam verdadeiras áreas de conflito a fim de que possamos apresentar um testemunho forte e coerente da verdade de Cristo.

Agostinho era conhecido por afirmar que os cristãos devem se posicionar "contra" o mundo e "em favor" do mundo. Nossa oposição ao pecado nunca é o objetivo final, mas sempre um meio para um bem maior. Divergimos de algumas das perspectivas predominantes de nossa época, não porque nossa identidade depende de sermos do contra, mas porque nosso não está a serviço de um sim maior. Contra o mundo para o bem do mundo. Há quem procure reduzir o *contra* por meio de adaptação, enquanto outros procuram reduzir o *em favor de* por meio de isolamento. A emoção da ortodoxia exige ambos.

## Cristianismo dinâmico

A combinação de "contra" e "em favor de" exige de muitos cristãos uma mudança de posicionamento. Atletas entendem a diferença entre um time que "joga para ganhar" e um time que "joga para não perder". Ao jogar para ganhar, o time mantém um nível saudável de agressividade; permanece na ofensiva, sempre buscando avançar. É um posicionamento sem medo, uma atitude de impulso e confiança. Muitas derrotas acontecem quando os jogadores, ao perceber que têm a vantagem, perdem essa mentalidade de ataque. Os cristãos jogam com o objetivo de vencer o mundo para o bem do mundo, a fim de anunciar e demonstrar a beleza de Jesus Cristo para que outros possam trilhar conosco seu Caminho. Não permanecemos na defensiva, apenas fazendo oposição e esperando, contra todas as probabilidades, refrear o ataque violento que se aproxima. Somos dinâmicos.

É importante deixar claro que o cristianismo "na ofensiva" não significa que devemos tentar ser ofensivos. A fidelidade cristã não pode ser reduzida a guerras culturais sobre medidas políticas que se alinham com nossos interesses. Falar de cristianismo "na ofensiva" é simplesmente outra forma de descrever a imagem que Jesus apresentou quando disse que "as portas do inferno não prevalecerão" contra sua igreja (Mt 16.17-19, NAA).

Portas são estruturas defensivas. Muitas vezes, invertemos a metáfora e imaginamos a igreja como uma fortaleza de retidão sitiada por males. A declaração de Jesus, porém, imagina a igreja em movimento, saqueando o inferno e rechaçando as forças das trevas. É a igreja que avança na batalha, não contra carne e sangue, como lembra Paulo, mas contra principados e potestades que mantêm pessoas cativas, contra as forças do mal que causam destruição em nosso mundo, contra realidades sobrenaturais que, de acordo com a Bíblia, são presentes e persistentes (Ef 6.10-20). Por isso precisamos da armadura de Deus. Um exército que fica atrás de suas muralhas não tem grande necessidade desse tipo de proteção. A metáfora de Paulo parte do pressuposto de que os cristãos se posicionarão de forma pública e firme *no* mundo, a fim de lutar de maneiras *diferentes* do mundo, como guerreiros resplandecentes que rompem a escuridão e cuja vitória é sempre cruciforme, pois os soldados de Cristo devem ser conhecidos por seu amor abnegado.

***Ovelhas no meio de lobos.*** Jesus disse a seus discípulos que ele tinha vencido o mundo e, portanto, que os enviava como ovelhas no meio de lobos (Mt 10.16). Considere por um momento como essa imagem é estranha. Em circunstâncias normais, quem envia uma ovelha para o meio de uma alcateia de lobos espera que a ovelha seja despedaçada. É enviar a ovelha para a morte, e, ao longo da história, foi exatamente o que aconteceu. Cristãos que procuraram permanecer fiéis e deram testemunho destemido do evangelho foram fisicamente destruídos. "Todos vocês, permaneçam firmes na fé e amem uns aos outros", disse a jovem mãe Perpétua, em 203 d.C., quando ela e sua amiga Felicidade estavam diante da morte em uma arena em Cartago. "Não se ofendam com meu sofrimento", acrescentou.[4] Ela foi uma ovelha enviada no meio de lobos.

A descrição de Jesus, porém, tinha o objetivo de servir de ânimo. No final, as ovelhas serão vitoriosas e não os lobos. A vitória é garantida pelo Cordeiro de Deus que a conquistou por meio de sua aparente derrota. Devemos seguir seu exemplo, cientes de que, nos propósitos misteriosos de Deus, em sofrimento, morte, perseguição e até martírio, as ovelhas triunfam.

A emoção da ortodoxia leva as ovelhas a enfrentar lobos nos pontos de mais aguda contradição. Sempre que entramos em choque com o consenso cultural de nossa época, é ali que encontramos a oportunidade de dar testemunho impactante do evangelho. Esse lugar de fraqueza, onde mais provavelmente seremos crucificados pelo mundo, é a maior fonte de poder, em que os elementos em comum dão lugar às distinções divinas que focalizam mais nitidamente o estranho poder de uma comunidade disposta a enfrentar o mundo.

***Contra a autoajuda, em favor da salvação.*** O cristianismo se posiciona contra o mundo para o bem do mundo. Por isso, cristãos não seguem todas as tendências dos livros mais populares de hoje, que transformam a autoajuda e o autoaprimoramento em uma espécie de pseudossalvação. Escritores, apresentadores de podcasts e de programas de televisão acreditam que podemos resolver nossos problemas ao nos convencer de que merecemos tudo o que há de bom. Dizem que devemos rejeitar a voz de qualquer um que diga que somos deficientes em algum aspecto. Os mantras do momento — *você é suficiente, você é digno* e *você é perfeito do jeito que é* — por vezes aliviam temporariamente algumas dúvidas a respeito de nossa autoimagem e autonomia.

É verdade que cristãos talvez encontrem pontos em comum com os mestres da autoajuda que têm alguma consciência espiritual. É contrário ao propósito divino para as pessoas (criadas à imagem de Deus) que elas se sintam inúteis, sem importância. Sentimentos injustificados de culpa, vergonha e baixa autoestima podem ser prejudiciais para a psique humana.

No entanto, quanto mais nos aprofundamos nessas questões, mais rapidamente deparamos com uma clara distinção, pois, como cristãos, afirmamos que nosso maior problema não é o *sentimento* de culpa, mas o *fato* da culpa. Somos pecadores que precisam de salvação, e não apenas sofredores que precisam de autoajuda. Temos valor porque fomos criados à imagem de Deus, mas, em razão de nosso pecado, ninguém merece as bênçãos divinas associadas à criação e à redenção. A graça fornece a resposta que os livros de autoajuda são incapazes de imaginar. É ao receber o amor de Deus em um estado de desmerecimento que somos transformados. É ao reconhecer nossa insuficiência e a suficiência de Jesus que somos revigorados por uma imagem mais precisa de nós mesmos diante da majestade de Deus. E, portanto, os cristãos se posicionam *contra* o mundo da autoajuda e *para o bem* daqueles que anseiam por uma mudança de vida.

**Contra o ateísmo, em favor da humanidade.** O cristianismo também se opõe ao ateísmo e ao naturalismo, não por ódio ou desprezo por nosso próximo em cuja perspectiva não há nada além deste mundo, mas por amor a nosso próximo que tem valor infinito como ser humano criado à imagem de Deus.

De acordo com o autor de sucesso Yuval Noah Harari, em seu livro aclamado *Sapiens: Uma breve história da humanidade*, a ideia de direitos humanos é uma ficção útil. "Não há deuses no universo, não há nações, dinheiro, direitos humanos, lei e justiça fora da imaginação em comum dos seres humanos", ele escreve. No parecer dele, "criados iguais" significa apenas "evoluídos de forma diferente". Na verdade, ninguém tem direitos, e não existem princípios universais ou eternos de justiça. "O único lugar em que esses princípios universais existem é no solo fértil da imaginação dos Sapiens, e nos mitos que eles inventam e contam uns para os outros."[5] Harari e outros autores naturalistas reconhecem os benefícios de uma sociedade em que a maioria das pessoas imagina que existam direitos humanos. Não querem que todos abandonem a estrutura de igualdade e respeito humanos. Embora úteis, porém, os "direitos humanos" são fictícios.

Os cristãos talvez encontrem elementos em comum com pessoas cuja perspectiva é semelhante à de Harari e talvez até trabalhem em prol das mesmas causas em certas áreas que possam trazer melhorias para nosso mundo. No entanto, não há diálogo ou transigência que possa superar o ponto fundamental de oposição, a saber, que cremos em um Criador que colocou sua imagem nos seres humanos, e é imaginação fértil dos Sapiens de *hoje* acreditar (ao contrário da maioria das pessoas ao longo da história humana) que este mundo material é só o que existe e que a vida humana não tem nada de sagrado. Posicionamo-nos contra o ateísmo para o bem de nosso próximo, até mesmo de nosso próximo ateísta, pois vemos nele a preciosa dignidade e o valor dos quais ele foi imbuído pelo Criador que ele se recusa a enxergar em si mesmo. *Contra* o ateísmo *para o bem* dos ateístas.

***Contra o naturalismo, em favor de um mundo de maravilhas.*** Se você voltar no tempo um século, encontrará teólogos e estudiosos da Bíblia que desejavam acolher a era de avanço científico e tecnológico por meio da ênfase na moralidade do cristianismo, limitada à paternidade de Deus e à irmandade dos seres humanos. Também queriam "desmitologizar" as Escrituras e reinterpretar elementos sobrenaturais descritos nos textos bíblicos. Projetavam no texto pressuposições naturalistas e procuravam uma nova maneira de interpretar narrativas das Escrituras sobre milagres, uma forma que reduzia os relatos sobrenaturais a lições éticas.

Talvez o exemplo mais conhecido seja a narrativa em que Jesus alimenta cinco mil pessoas no deserto com apenas cinco pães e dois peixes. A fim de evitar o constrangimento da insistência em milagres em uma era de descobertas científicas, alguns pastores e comentaristas bíblicos transformaram esse relato em uma lição sobre compartilhamento. De acordo com eles, o *verdadeiro* milagre não foi Jesus ter multiplicado, de algum modo, pães e peixes, mas foi as pessoas, ao verem o menino levar seu lanche a Jesus, serem tomadas de espírito de generosidade e começarem a compartilhar o alimento que tinham trazido consigo. A alimentação dos cinco mil é um milagre de compaixão, é a maravilha de compartilhar.

Diante de uma interpretação como essa, não consigo evitar de pensar: "Que história terrivelmente tediosa!". Esses intérpretes concluíram, por algum motivo, que seria progressista enxergar um dos milagres mais famosos de Jesus por uma "nova" perspectiva. Na realidade, removeram a emoção daquilo que o texto *verdadeiramente* comunica, a saber, que Jesus, a exemplo de Moisés, distribuiu maná do céu ao multiplicar o lanche de um menino para que todos comessem e ficassem satisfeitos (e se admirassem com os cestos repletos de sobras). Qual das narrativas é realmente emocionante? A versão diluída em conformidade com os melindres naturalistas? Ou o relato transmitido pelos primeiros cristãos que, ao contá-lo, parecem tão admirados quanto nós diante da maravilha da obra de Jesus? O cristianismo se posiciona *contra* abordagens naturalistas e antissobrenaturalistas *para o bem* exatamente dos teólogos e estudiosos bíblicos que desejam tomar esse rumo.

**Contra o pecado, em favor da santificação.** Alguns líderes cristãos de hoje seguem a direção oposta de um século atrás. Em vez de defender valores morais cristãos sem milagres, desejam milagres sem valores morais. Será que não podemos minimizar ou negar alguns dos ensinamentos cristãos acerca de sexualidade e casamento, especialmente tendo em conta que vivemos em uma era em que as distinções entre o cristianismo e o mundo formam um contraste tão gritante?

Assim como cristãos fiéis cem anos atrás se posicionaram contra novas interpretações que harmonizavam com o naturalismo e destoavam da igreja em todo o mundo, agora os cristãos precisam se opor a interpretações revisionistas que harmonizam com princípios da revolução sexual e nos separam do testemunho imutável da igreja ao longo das eras. Foi o cristianismo que deu início à primeira revolução sexual nos séculos iniciais da igreja, alterando radicalmente os conceitos de romanos e gregos em geral. Os cristãos se destacavam da sociedade em razão de sua conduta e daquilo que proclamavam a respeito do significado inerentemente conjugal da união sexual. Seu conceito de castidade era um fogo ardente que oferecia uma abordagem inquestionavelmente distinta à dinâmica de poder em relacionamentos.

"Em nenhum outro ponto as expectativas morais do movimento encabeçado por Jesus contrastam de modo tão nítido com o mundo em que seus membros viviam", escreve o historiador Kyle Harper.[6] De modo semelhante, Steven Smith diz: "A moralidade sexual cristã, em sua lógica subjacente, não se firmava nos princípios que norteavam as atitudes e práticas romanas; antes, era fundamentada em um conjunto de premissas inteiramente distinto".[7] A igreja primitiva se destacava do restante da sociedade não apenas em razão de quem ela afirmava que era o Deus verdadeiro, mas também em razão do conjunto distintivo de comportamentos que seus membros adotavam acerca da sexualidade. Não eram meras "restrições", mas uma visão magnífica e gloriosa do sexo que norteava suas ações.

Embora muitas vezes nós, cristãos, sejamos tão coniventes e corrompidos quanto o mundo ao nosso redor quando se trata de pecado sexual e de suposições não bíblicas a respeito de sexualidade, não podemos perder de vista o ideal. Somos chamados a nos posicionar contra a revolução sexual em nossos dias não por puritanismo ou farisaísmo, mas para o bem daqueles que são prisioneiros de uma visão reduzida de casamento e sexo. Posicionamo-nos *contra* a revolução sexual *para o bem* daqueles que se encontram esgotados pelos excessos das obsessões de nosso mundo.

***Contra a prosperidade, em favor de verdadeiras riquezas.*** O cristianismo luta com frequência contra as pressuposições do mundo acerca de bens e riqueza. Jesus pronunciou palavras incisivas e surpreendentes para os ricos.[8] Seria fácil minimizar sua severidade a respeito de riqueza e pobreza e encontrar maneiras de nos esquivar das exigências de Jesus quanto à generosidade. No entanto, experimentamos a emoção da ortodoxia ao verdadeiramente ouvir as palavras de Jesus, atentando para suas advertências a respeito do perigo mortal que acompanha o acúmulo de bens.

Muitas vezes, a igreja encobre os aspectos controversos do cristianismo e se apega a um verniz agradável e respeitável de generosidade que deixa intocados os ídolos de nosso coração. Houve muitas ocasiões em que a igreja se mostrou conivente com o mundo em questões de riqueza, ao ostentar bens materiais ou explorar os desvalidos, ao manipular as pessoas a contribuir com causas que enriquecem líderes "cristãos". Contudo, Jesus não divide seu reinado com Mamom. O cristianismo não apenas questiona a perspectiva do mundo de riqueza, pobreza e generosidade, mas também a dependência *da igreja* em recursos financeiros e seu empenho em obtê-los. Uma coisa é certa: a verdade tem de confrontar o erro onde quer que ele apareça, seja no mundo ou na igreja. Posicionamo-nos *contra* o desejo insaciável de acumular bens *para o bem* daqueles que sempre querem mais.

## Ortodoxia contra a igreja

Seríamos negligentes de imaginar que a verdade de Jesus Cristo desafia somente o mundo, como se os cristãos fossem exclusiva e perpetuamente repletos de luz, enquanto o restante do mundo caminha aos trancos e barrancos nas trevas. A verdade apresenta um desafio contínuo não apenas para o mundo, mas também para a igreja, pois, como vimos ao longo da história, muitas vezes a igreja se desvia e precisa ser conduzida de volta, por meio de arrependimento e fé, à sua confissão central do evangelho. A emoção da ortodoxia se encontra no fato de que a verdade confronta não apenas o mundo, mas, quando necessário, também a igreja.

Poderíamos encher diversos volumes com exemplos de hipocrisia, ganância, desonestidade, corrupção e acobertamento entre cristãos. Vemos casos notórios em nossos dias, histórias horrorizantes de líderes cristãos que abusaram sexualmente de crianças e figuras de alto escalão em denominações que, por vezes, reagiram de maneiras que mostraram mais preocupação com a reputação do ministério do que com aqueles que foram vitimados.

Por certo, houve diversas ocasiões em que a igreja desafinou ao entoar a melodia do evangelho. Erramos feio. Recombinamos e revisamos a canção até que os acordes da graça se tornaram irreconhecíveis. Felizmente, porém, a canção está viva. A verdade permanece imponente, não importa o quanto fiquemos aquém dela. E, uma vez que desejamos ver a igreja *na ofensiva*, fazendo frente ao mundo para o bem do mundo, também devemos acolher as ocasiões em que a verdade confronta a igreja para seu bem *e* para o bem do mundo que somos chamados a alcançar.

Essa dinâmica também faz parte da emoção da ortodoxia, em que a verdade nos mantém na linha nos pontos em que há maior probabilidade de nos desviarmos. O caminho da transigência se encontra, com frequência, cheio de pessoas cuja intenção era salvar o cristianismo, mas que se afastaram dele. Os estudiosos da Bíblia do século passado que depreciaram os milagres e negaram doutrinas fundamentais de sua fé não imaginaram que estivessem se livrando do cristianismo; imaginaram que estivessem salvando a essência da fé ao remover acessórios que a atrapalhavam. O caminho do recuo se encontra, com frequência, cheio de pessoas que buscam proteger e preservar as instituições do cristianismo a todo custo. Padres e pastores que encobriram injustiças ou minimizaram abusos não imaginaram que estivessem prejudicando o cristianismo; pensaram que estivessem ajudando a poupar a igreja de vergonha em tempos difíceis.

No entanto, a verdade nunca muda. A ortodoxia transcende os aspectos constrangedores de qualquer cultura ou era. E o cristianismo julga a igreja quando ela deixa de agir como Cristo. O Espírito que inspirou os textos sagrados e que preservou o cerne do cristianismo entre o povo de Deus por dois mil anos, opera por meio da verdade a fim de preservá-la nos pontos em que temos maior probabilidade de cair.

*As vitórias improváveis da ortodoxia.* O Concílio de Niceia, uma reunião de centenas de bispos cristãos em 325 d.C. na atual Turquia, é excelente exemplo da vitória da ortodoxia sobre alguns na igreja que buscaram um caminho diferente. Se todo o seu conhecimento acerca do Concílio vem do *Código Da Vinci*, de Dan Brown, talvez você imagine que foi o momento em que o imperador Constantino promoveu Jesus à condição de "divino" e, portanto, o tornou "Deus" pela primeira vez. A imagem de Niceia como vitória dos poderosos sobre os impotentes é ótima para ficção, mas a realidade é quase o oposto.

Desde o período do Novo Testamento, havia consenso amplamente difundido a respeito da identidade de Jesus como Deus e homem. A controvérsia que surgiu entre bispos girava em torno da natureza da divindade de Jesus. O Filho de Deus era um ser criado ou era da mesma substância que Deus, o Pai? Ário argumentou com base em alguns textos das Escrituras que Jesus era divino e exaltado, porém um tanto inferior ao Pai. A maioria dos bispos e líderes da igreja da época rejeitou essa ideia, mas diversos elementos dessa discussão persistiram por várias décadas.

O imperador Constantino se colocou acima da polêmica, mas tinha afinidade com o posicionamento de Ário, que tornava o Filho um tanto inferior ao Pai. Seu filho, Constâncio, ao se tornar imperador, também tomou partido de Ário. Portanto, em vez de o Concílio ser exemplo de imperadores que usaram seu poder a favor da ortodoxia, aconteceu o oposto. E Atanásio, fervoroso defensor da ortodoxia que vimos no capítulo anterior, foi exilado cinco vezes em virtude de seus posicionamentos, passando dezessete anos em lugares como o deserto do Saara! Outros bispos ortodoxos, como Cirilo de Jerusalém, também foram exilados. Atanásio morreu antes de seu trabalho frutificar plenamente, mas sua perspectiva foi vitoriosa, pois expressava de modo mais próximo os ensinamentos bíblicos e articulava mais precisamente o consenso da igreja.[9]

Um século depois, surgiu uma discussão sobre a adequação de chamar Maria "mãe de Deus". Alguns se perguntavam se não deveria ser apenas "mãe de Cristo". Ou se deveríamos dizer que Maria deu à luz o Jesus humano, mas não o Filho divino. Essa era a perspectiva de Nestório, poderoso bispo da igreja na época. A reação da igreja, porém, dos mais altos escalões à base, foi a *defesa* forte e categórica de que Maria fosse chamada mãe de Deus, não porque esse título *a* exaltava, mas porque dizer o contrário destruiria a unidade de Jesus como pessoa (Deus e homem), nascido de uma virgem para nossa salvação.[10]

A controvérsia nestoriana mostrou que até mesmo um bispo podia se equivocar e que uma multidão de incultos e analfabetos seguidores de Jesus podia estar correta quanto a esse ponto fundamental da identidade de Cristo. Nas palavras de um teólogo:

Em questões de fé, não há diferença entre erudito e inculto, clérigo e leigo, homem e mulher, rei e súdito. [...] A heresia de um bispo instruído é refutada por um pastor de ovelhas analfabeto para que todos possam ser reunidos na livre unidade da fé viva.[11]

*Elevemos nosso olhar.* Repetidamente, testemunhamos vitórias improváveis da ortodoxia, momentos em que o verdadeiro cristianismo parecia estar à beira da morte, sem possibilidade de recuperação, mas em que surpreendeu o mundo com o poder da ressurreição que se assemelha à verdade do evangelho. Familiarizar-nos com essas ocasiões nos ajuda a reconhecer quando a ortodoxia confronta a igreja, a avaliar de modo crítico nossa obsessão com o presente momento cultural e enxergar o quadro mais amplo. A ortodoxia nos fundamenta em algo mais profundo que as controvérsias de nossos dias, lembrando-nos de que pertencemos a um povo que transcende lugares e períodos. Devemos desconfiar de qualquer um que defenda novos ensinamentos ou novas práticas que cristãos de outras partes do mundo não seriam capazes de reconhecer ou que causariam surpresa a cristãos ao longo da história da igreja.

As correntes culturais são fortes. Somos constantemente tentados a questionar os limites impostos pela ortodoxia nos pontos de pressão em que mais precisamos desses limites. Experimentar a emoção da ortodoxia significa abraçar uma religião que se recusa a aceitar nosso erro, não importa quão sinceros sejamos em defendê-lo, nem quão grande seja nosso fervor, nem o quanto imaginemos que certa transigência seria o melhor para o mundo de hoje. Vivenciar a emoção da ortodoxia significa apegar-nos a uma fé que rejeita nosso pedido para recuar a um lugar protegido, por mais que desejemos a segurança de preservar nossa pureza doutrinária dessa forma, por mais que imaginemos que o isolamento seria o melhor para a fidelidade da igreja.

Em vez disso, a ortodoxia nos lança no mundo como pessoas que não apenas creem em determinadas doutrinas, mas que *praticam* as doutrinas e vivem à luz do evangelho imutável, não obstante as mudanças da época. A ortodoxia insiste em nos preservar do erro ao crer no triunfo absoluto da verdade, ao nos lembrar de que nosso momento presente é apenas isso: um momento. Os modismos de hoje são passageiros. As tendências de amanhã não permanecerão. Precisamos de uma fé que permaneça firme nos pontos em que somos propensos a vacilar. E é isso que a ortodoxia oferece. É a verdade que sempre confronta o mundo e, por vezes, também confronta a igreja, pois, no final, a ortodoxia trabalha para o bem de ambos.

# 7

## Prêmio eterno, batalha épica

Nada acaba com a emoção da ortodoxia mais rapidamente que a indiferença, o dar de ombros para discussões doutrinárias e declarações credais. A corrente cultural de nossos dias nos arrasta para o mar da indiferença em que a religião trata apenas de valores pessoais, o que torna as controvérsias doutrinárias pouco mais que um jogo teológico. É divertido de jogar, mas, não importa quem ganhe ou perca, o tabuleiro e as peças voltam para a caixa sem que o resultado tenha consequências permanentes.

Essa atitude se encontra em total descompasso com aqueles que nos entregaram a fé. Para os cristãos que nos antecederam, formular doutrina corretamente era uma questão de vida ou morte. Escritores e estudiosos, pastores e monges, missionários e servos que transmitiram o evangelho acreditavam que a ortodoxia era a diferença entre céu e inferno, eternidade e nada, luz e trevas.[1] O que estava em jogo era supremamente importante, não apenas no tocante à fé que eles confessavam, mas também a como se portavam no mundo.

### As advertências das Escrituras
É estranho quando aqueles que gostam do rótulo "cristãos do Novo Testamento" reduzem a urgência ou a importância daquilo que está em jogo na formulação correta de doutrinas.

É especialmente estranho quando encontramos nos Evangelhos e nas cartas apostólicas advertências semelhantes em seriedade à forma como gerações posteriores de cristãos trataram ensinamentos falsos. O apóstolo Paulo disse a Timóteo: "Pedi a você que ficasse em Éfeso e advertisse certas pessoas de que não ensinassem coisas contrárias à verdade" (1Tm 1.3). O apóstolo João advertiu: "Muitos enganadores têm ido pelo mundo afora" (2Jo 1.7). E Judas ordenou: "Defendam a fé [...]. Pois alguns indivíduos perversos se infiltraram em seu meio sem serem notados, dizendo que a graça de Deus permite levar uma vida imoral" (Jd 1.3-4). Essas cartas são repletas de advertências sobre heresia, palavras incisivas a respeito de erro teológico e respostas cáusticas a falsos mestres.[2]

Algumas dessas passagens nos incomodam hoje, assim como alguns salmos do Antigo Testamento nos surpreendem com seus clamores por julgamento contra os inimigos de Deus e suas súplicas para que Deus faça justiça ao destruir aqueles que persistem em praticar o mal.[3]

Os autores bíblicos parecem curiosamente despreocupados com ideias que, a nosso ver, não têm cabimento hoje em dia. Por que focalizar de modo tão intenso a justiça para com os inimigos de Deus? Por que dar tantas advertências sobre ensinamentos falsos? Alguns teólogos e líderes de igreja contemporâneos recorrem à ambiguidade dizendo que é melhor não nos apegarmos demais a nossas crenças doutrinárias, que devemos aceitar a indefinição das áreas cinzas, em vez de fazer pronunciamentos dogmáticos sobre verdade e mentira. Contudo, essa atitude não existe no Novo Testamento. Ali, encontramos uma imagem diferente, uma ênfase sobre crenças corretas e ações corretas com enormes consequências. A eternidade está em jogo.

154 • A EMOÇÃO DA ORTODOXIA

É fácil ler essas advertências e pronunciamentos apenas por alto hoje em dia. Talvez os cristãos primitivos e os teólogos que vieram depois deles se preocupassem demais com doutrinas que não mereciam tamanha atenção. Afinal, temos casos na igreja primitiva em que a solução era os cristãos buscarem conciliação acerca de questões não essenciais, ficarem "numa boa", por assim dizer. O apóstolo Paulo não instruiu duas senhoras na igreja em Filipos a entrar em acordo (Fp 4.2-3)? E a conhecida Carta aos Romanos não orienta os cristãos a suportar uns aos outros, a não permitir que diferentes perspectivas sobre comer carne sacrificada a ídolos cause divisão (Rm 14)?

Mesmo nesses casos, porém, não vemos os apóstolos darem a entender que essas discussões doutrinárias eram irrelevantes. Sem dúvida, a unidade da igreja era *mais* importante que algumas dessas divisões, mas é impossível ler essas cartas e concluir que os apóstolos davam pouco ou nenhum valor à doutrina. Os cristãos primitivos aprenderam o caminho da unidade sem uniformidade. Afirmavam certas convicções e, ao mesmo tempo, se preocupavam com o amor e a comunhão com outros. Vieram a entender quais diferenças doutrinárias eram aceitáveis dentro dos limites da ortodoxia. Quando se tratava, porém, de crenças e práticas cristãs fundamentais, os apóstolos rejeitavam toda ambiguidade. Se a doutrina era uma "parede estrutural" na casa da fé, os apóstolos davam advertências claras e mostravam como o risco era alto.

O cristão pragmático olha para essas advertências e se pergunta por que devemos gastar tanto tempo tentando formular corretamente certos detalhes, especialmente se, à primeira vista, eles não parecem ter nenhuma ligação com nossa obediência diária. Não é uma distração da vida cristã? Qual é a importância de afirmar ou negar a verdade a respeito da

Trindade, por exemplo, se todos nós amamos Jesus e amamos nosso próximo?

O cristão irresoluto olha para essas discussões e imagina que devemos colocar quase tudo na categoria de "concordar em discordar". Uma vez que cristãos discordam de tantas coisas, será que podemos, verdadeiramente, entender o que é ortodoxia? Por que sentimos a necessidade de declarar que certas pessoas estão "fora do reino" ou de situar algumas crenças do outro lado de uma linha artificial? Uma ortodoxia mais generosa e ampla criaria espaço para diversas perspectivas, até mesmo antagônicas, sobre a natureza de Deus e a salvação. Se alguém quer dizer que a ressurreição de Jesus foi um fenômeno apenas espiritual, e não físico, por que não aceitar essa interpretação alternativa, desde que vivamos e amemos como cristãos? Concordemos em discordar e prossigamos com nossa missão.

O cristão equivocado acredita que muitas dessas linhas claras de discussão e o enfoque em quem está dentro e quem está fora nos distraem de nosso chamado para tornar o mundo um lugar melhor aqui e agora. Será que essas discussões não são excessivamente analíticas? Não seria melhor focalizar os aspectos positivos? Destacar a diferença para melhor que fazemos no mundo em vez das diferenças que temos entre nós quanto a teologia e doutrina? Concentremo-nos naquilo que *defendemos*, e não naquilo que combatemos.

É compreensível que, para cristãos de hoje, talvez seja difícil ouvir as advertências do Novo Testamento e obedecer a elas. Nossos ouvidos não estão sintonizados na mesma frequência que a dos apóstolos que forneceram instruções claras e criteriosas. Suas advertências parecem pouco mais que gritos agudos vindos de tempos remotos. Por isso precisamos

## 156 • A EMOÇÃO DA ORTODOXIA

nos distanciar do momento atual e dos melindres culturais que tornam difícil ouvir os cristãos antes de nós. Precisamos observar mais atentamente as advertências e ver o que as torna importantes.

### Por que advertir?

Por que a Bíblia traz tantas advertências? E por que tantos de nossos antepassados na fé as repetiram? Por que os heróis da história da igreja afirmavam que havia coisas eternas em jogo no tocante a pontos aparentemente pequenos de doutrina? A melhor e mais simples resposta é: as advertências existem porque *os perigos são reais*.

Hoje, muitos minimizam a realidade do perigo espiritual. Até mesmo entre nós, cristãos, que declaramos certas doutrinas, pode acontecer de não enxergarmos a realidade da batalha espiritual em andamento ao nosso redor. Cegos para a guerra, tornamo-nos surdos para as advertências.

De modo contrastante, os escritores do Novo Testamento dão advertências por um bom motivo: há perigo adiante. Se você fizer uma trilha que leva a um local de grande elevação, encontrará placas que advertem para não se aproximar do precipício. Em vales ou leitos secos de rios, placas advertem sobre enchentes repentinas em caso de chuvas torrenciais. Desconsiderar advertências ou dar de ombros para a previsão do tempo é colocar-se em perigo. Talvez você pense: "Por que tanta negatividade? Essas placas são uma chatice". Digamos que você cubra a placa ou a arranque e jogue fora. A verdade não muda. Rejeitar a advertência não remove o perigo.

Aliás, poderíamos até ir mais longe e dizer que rejeitar a advertência *aumenta* o perigo. Se você está dirigindo por uma estrada sinuosa, é provável que veja uma placa amarela. Se alguém remover essa placa, a realidade objetiva da curva adiante não apenas continuará presente, mas se tornará mais perigosa que antes, pois você não terá consciência de que está se aproximando em alta velocidade dessa curva.

Querer apenas o que é "positivo" ou "animador" é como exigir que o médico fale apenas de boa saúde, sem se referir a enfermidades presentes ou futuras. Se nossos hábitos de alimentação e atividade física nos colocam em risco, é responsabilidade do médico nos advertir. Bons médicos falam sobre aspectos positivos e negativos e promovem a saúde ao tratar de enfermidades. Eles *prescrevem* e *proscrevem*. Prescrevem medicamentos, vitaminas e atividades para manter seu corpo saudável e proscrevem ações que agravariam uma enfermidade e matariam o paciente.[4] Por essa perspectiva, cristãos ao longo das eras combinaram acertadamente afirmações da verdade cristã com anátemas contra heresia e mentiras.

## Afirmações e anátemas

Qualquer um que seja pai ou mãe entende essa combinação. Quando nossos filhos são pequenos, geralmente os incentivamos a brincar de bola no quintal. Ao mesmo tempo, advertimos que não devem correr atrás da bola caso ela vá para a rua. Fazemos isso *porque* os amamos. Nós os incentivamos a brincar no quintal e os advertimos a não correr atrás da bola na rua, e as duas coisas evidenciam nosso amor.

Afirmações e anátemas andam juntos. "Afirmamos" é acompanhado de "negamos". Na carta de Paulo aos gálatas, encontramos um tratado sobre a liberdade do cristão e as implicações gloriosas do fato de que somos justificados pela graça e não por obras da lei. No entanto, Paulo desenvolve sua argumentação não apenas ao afirmar a justificação pela

158 • A EMOÇÃO DA ORTODOXIA

fé, mas também ao se opor de modo veemente àqueles que ensinavam que podemos trabalhar para merecer a condição justificada diante de Deus. Na mesma carta em que o apóstolo apresenta a graça divina de forma extremamente vívida, ele repreende a igreja da Galácia com severidade por seu fingimento em um aspecto central do evangelho da graça, chegando a pronunciar maldições até sobre algum *anjo* que alterasse a mensagem da forma que ele a havia transmitido (Gl 1.6-9). A mesma combinação de afirmação e anátema também ocorre em outras cartas (1Co 16.22), em que declara que qualquer um que pregue outro evangelho deve ser amaldiçoado. Não ignorado, não desconsiderado, negligenciado ou "convidado a um diálogo", mas *amaldiçoado*.

O apóstolo João é conhecido por escrever cartas que transbordam de amor por Deus e por irmãos e irmãs em Cristo. Repetidamente, ele apresenta a realidade gloriosa do amor de Deus por nós em Cristo e, em seguida, ordena que os cristãos amem uns aos outros em resposta ao amor divino. Ele recebeu o apelido de "apóstolo do amor". E, no entanto, esse amor não remove anátemas; antes, fornece a base para suas advertências. João insiste na diferença entre aqueles que reconhecem que Jesus veio em carne como Messias de Israel e aqueles que negam essa doutrina central (1Jo 4.1-3). Em uma das cartas, ele chega a dizer aos cristãos primitivos que devem se recusar a ter comunhão com qualquer um que negue a verdade acerca de Cristo (2Jo 1.10-11). João não minimiza nem nega o que está em jogo na doutrina em nome do "amor", como se o amor pudesse ser reduzido a uma cosmovisão piegas e sentimentalizada que não leva a sério a doutrina. É seu amor por Cristo e pela igreja que fundamenta suas advertências.

Podemos dizer o mesmo sobre Judas, irmão de Jesus, conhecido por defender a fé "que, de uma vez por todas, foi confiada ao povo santo". Logo no início de sua carta, ele reconhece que gostaria de se concentrar em aspectos positivos, em simplesmente repetir e arrolar para seus leitores as gloriosas afirmações da verdade do cristianismo. Gostaria de discorrer sobre as excelências da fé cristã e as maravilhas do amor de Cristo para conosco. No entanto, diante dos desafios enfrentados por sua comunidade, ele é obrigado a fazer advertências acerca de falsos mestres que distorcem a graça de Deus e a transformam em permissão para imoralidade sexual (Jd 1.3-4). Por mais que Judas quisesse focalizar as coisas das quais é *a favor*, ele reconhece a importância de declarar inequivocamente aquilo que a fé cristã é *contra*.

Nesses exemplos e em outros, vemos os escritores do Novo Testamento rejeitarem de imediato qualquer doutrina ou prática que coloque em risco o evangelho de Jesus Cristo. Há muita coisa importante em jogo. Crer em algo falso ou agir de uma forma que lance dúvida sobre a realidade da salvação em Cristo é abandonar o caminho do cristianismo e cair em tentações de toda espécie. Os apóstolos exultam na excelência do caminho e, ao mesmo tempo, advertem sobre os perigos do despenhadeiro.

A igreja primitiva percorreu uma trajetória semelhante nos séculos seguintes. Ouvimos cristãos vociferarem advertências sobre o gnosticismo, movimento que poderia privar o cristianismo de sua crença de que a natureza é essencialmente boa. Para os primeiros cristãos, não bastava simplesmente focalizar a visão positiva da criação e do corpo humano. Consideraram necessário definir claramente posicionamentos e crenças que extrapolavam os limites da ortodoxia. A fim de não se desviar do caminho, advertiram sobre o despenhadeiro.

160 • A EMOÇÃO DA ORTODOXIA

Vemos o mesmo acontecer repetidamente ao longo de dois milênios, até na história mais recente. Quando as igrejas protestantes da Alemanha foram irremediavelmente comprometidas pela ideologia nazista nos anos que antecederam a Segunda Guerra Mundial, um grupo de pastores e teólogos publicou a Declaração de Barmen em 1934, uma série de afirmações de verdades bíblicas acompanhada de anátemas aos "cristãos alemães" cujo evangelho falso estava "destruindo a igreja". O primeiro artigo da declaração, uma reafirmação da asserção de Jesus de que ele é o Caminho, a Verdade e a Vida (Jo 14.6), é seguido de uma rejeição da "falsa doutrina de que a igreja pode e deve reconhecer como fonte de sua proclamação, além da única Palavra de Deus, outros acontecimentos, poderes, figuras históricos e verdades como revelação de Deus". Essa foi uma rejeição clara daqueles que afirmavam que as doutrinas nacionalistas do partido e a liderança de Hitler faziam parte da revelação de Deus para a igreja. Outros artigos esclarecem a natureza singular e exclusiva da fé em Jesus Cristo e advertem acerca das "vicissitudes de convicções políticas e ideológicas predominantes na presente época", que ameaçam o testemunho da supremacia de Cristo apresentado pela igreja.[5]

Por meio dessa combinação de afirmação e anátema, as "igrejas confessantes" da Alemanha se opuseram à tirania de Hitler. A Declaração de Barmen começa com a verdade do evangelho e reafirma o alicerce Trinitário do cristianismo, mas também condena o veneno da ideologia nazista que estava contaminando a igreja. Não faz sentido se irritar com a seriedade dessas palavras e imaginar: "Que documento mais negativo! Por que não focalizar apenas os aspectos positivos?". Uma vez que entendemos o que está em jogo e quais são as consequências de transigir, as advertências e anátemas fazem todo o sentido.

Talvez não enfrentemos a mesma ameaça existencial que as igrejas confessantes da Alemanha no período que antecedeu a Segunda Guerra, mas ainda estamos em um campo de batalha espiritual em que diversas ideologias e práticas se infiltram nas igrejas e nos afastam da ortodoxia. Por isso, teólogos e pastores encarregados de apresentar uma visão positiva da fé cristã (aquilo em que cremos e as razões de nossas crenças) sentirão necessidade de explicar, também, aquilo que *rejeitamos* e os motivos dessa rejeição. Tratarão das crenças comuns em nosso mundo às quais devemos nos opor não para gerar controvérsia, mas para preservar a integridade da igreja.

## A desvalorização das coisas eternas

Defender uma doutrina é como guardar um tesouro. Reconhecemos um objeto de valor e levamos a sério o trabalho de protegê-lo; instalamos alarmes para que sirenes disparem quando houver o risco de perder esse objeto. Em nossa cultura atual, temos aversão ao som de alarmes. Uma vez que vemos a teologia cristã principalmente como um conjunto de valores pessoais e não como uma verdade pública, temos a tendência de imaginar que qualquer um que se preocupe com desvios doutrinários seja excessivamente alarmista.

Por certo, há ocasiões em que os cristãos reagem de modo exagerado a supostos desvios doutrinários. Configurar o alarme para que dispare ao mais ligeiro equívoco possível pode levar a um tipo diferente de desvio e nos transformar em cristãos excessivamente críticos e alarmistas, prontos a atacar qualquer erro em potencial. Quem imagina o pior de um irmão ou de uma irmã em Cristo, ou sempre desconfia que qualquer um com quem se tem uma divergência doutrinária é um lobo em pele de ovelha, torna-se vítima de um espírito de

162 • A EMOÇÃO DA ORTODOXIA

justiça própria e de visão limitada que impede de ver os reais perigos ao redor. Pior ainda, esforços desse tipo para extirpar qualquer possível erro que vejamos em outros (além de ser desobediência à ordem fundamental de Jesus para remover a tábua de nosso olho antes de apontar para o cisco no olho de outros) pode nos levar à conclusão de que o lugar de confronto é nos alojamentos que dividimos com nossos irmãos e irmãs, e não no campo de batalha, em que nossa proclamação do evangelho representa uma ameaça para os principados e potestades deste mundo. Nem todos que afirmam ter o dom de "discernimento" são verdadeiramente discernentes, especialmente aqueles que assumem o papel de polícia doutrinária, prontos a censurar até os mínimos erros perceptíveis.

A reação exagerada de cristãos alarmistas é um problema real. No entanto, seus excessos não devem nos levar a pressupor que nunca há perigo de desvio doutrinário. Só porque alguns estão errados de enxergar perigo em todo lugar não significa que devemos concluir que não há perigo em lugar nenhum. E uma forma de tratar de nossa aversão cultural a alarmes é nos familiarizar novamente com as advertências feitas por Jesus.

*Ouça Jesus.* Nada desafia a apatia doutrinária como uma simples leitura do Novo Testamento, atentando para as advertências vindas de nosso Salvador. Quando levamos o ensino de Jesus a sério, não ignoramos suas advertências. Jesus faz soar o alarme. Jesus mostra que há coisas extremamente importantes em jogo. Ele chama todos ao arrependimento e não pede desculpas por isso. Ele afirma que seu caminho conduz à vida, enquanto todos os outros caminhos levam à destruição. Jesus nos adverte repetidamente para que não sigamos pelo caminho errado.

Ao levar as palavras de Jesus a sério, é impossível negar sua ênfase sobre o juízo eterno, uma realidade que ele descreve com palavras e expressões que provocam arrepios em um leitor sensível de nossos dias. Por isso, talvez sejamos tentados a reformular as advertências de Jesus sobre julgamento, a encontrar explicações para nos livrar das imagens que ele usou, como se tivessem o propósito apenas de comunicar uma questão séria para uma era passada. O mundo de hoje requer novas imagens, não é mesmo? Sem dúvida, podemos questionar as imagens de fogo eterno, trevas e verme que não morre (Mt 10.28; 13.42; 25.30; Mc 9.43,48). Em lugar delas, por que não ajudar as pessoas a entender o juízo eterno como isolamento, alienação ou solidão infinita? Ou quem sabe possamos nos concentrar menos nessas advertências e voltar a atenção para o sofrimento que vemos em nosso mundo hoje em dia, os "infernos" ao nosso redor em que o nome de Jesus pode fazer diferença para melhor aqui e agora. Talvez imaginemos que nos concentrar na vida depois da morte seja uma distração. É mais produtivo enfatizar a busca por justiça *neste* mundo, para que nosso cristianismo o transforme em um lugar melhor.

Por certo, temos de reconhecer que, ao longo dos séculos, várias distorções teológicas se desenvolveram em decorrência de imaginação excessivamente ativa e propensa a se interessar demais pelos detalhes da vida depois da morte. O dualismo de "céu *versus* inferno" muitas vezes suplantou a imagem bíblica da obra de Deus para restaurar o mundo, ressuscitar seu povo e concretizar os novos céus e nova terra prometidos. Alguns líderes de igreja se aproveitam dos pobres ao alimentar medo do fogo do inferno, lucrando com o terror que ele inspira. Outros líderes de igreja dão tanta importância ao destino

164 • A EMOÇÃO DA ORTODOXIA

eterno que se esquecem da visão do reino de Deus na terra como no céu.

Ainda assim, pergunto-me se temos reagido de modo exagerado às ênfases equivocadas de gerações anteriores. É verdade que Jesus focaliza o presente, mas ele e os apóstolos que o sucederam apontam repetidamente para a realidade do julgamento futuro. E é verdade que Jesus usou imagens horrendas para comunicar a seriedade de suas advertências. Por isso, devemos resistir à tendência de minimizar a seriedade daquilo que está em jogo e dizer que "são apenas metáforas". É melhor reconhecer que Jesus lançou mão da linguagem visual mais terrível que se pode conceber para transmitir uma realidade ainda pior que as imagens usadas para descrevê-la. Ainda hoje, suas palavras mostram quão severo é o julgamento. Sem dúvida, a imagem de chamas ardentes comunica melhor a ideia de sofrimento e terror do que a imagem de inferno como "estar sentado sozinho em um quarto escuro". Jesus recorreu a essas imagens de propósito, para que recuemos diante da realidade e creiamos nele para receber salvação. Não ajudamos a nós mesmos quando procurarmos calar, diluir ou minimizar as coisas eternas que estão em jogo na escolha de seguir Jesus ou rejeitá-lo.

Minimizar as coisas eternas em jogo também nos priva de uma motivação importante para falar de Jesus a outros. A realidade do inferno não é a principal motivação do evangelismo; a alegria que encontramos em Cristo e o transbordamento de adoração devem ser os principais motivos que nos levam a anunciar as boas-novas. No entanto, a verdade sobre o juízo eterno acrescenta solenidade a nossas conversas sobre Jesus. Quando chamamos alguém a seguir Cristo, não estamos apenas recomendando uma vida melhor, uma nova experiência religiosa ou uma espiritualidade mais intensa; estamos afastando a pessoa de um caminho que leva à destruição e mostrando-lhe um caminho que conduz à alegria eterna. Talvez um dos elementos que reduzem nossa capacidade de compartilhar o evangelho seja o fato de que, lá no fundo, pensamos: "É provável que todos fiquem bem". Será que, na prática, somos universalistas?

Se reduzimos a urgência e aquilo que está em jogo, se negamos ou minimizamos a realidade do inferno, o resultado é tédio. O evangelismo se torna algo importuno. A fé passa a ser uma preferência pessoal. Não há nada verdadeiramente em jogo em nossa decisão de compartilhar ou não o evangelho. Estranhamente, quando desconsideramos as coisas eternas que estão em jogo, as coisas terrenas se tornam muito mais importantes.

## A valorização das coisas terrenas

O problema de minimizar as coisas eternas que estão em jogo no cristianismo e remover a importância eterna de nossas ações, decisões e evangelismo é que nossa busca por aventura nos leva a valorizar coisas secundárias. Certamente encontraremos aventura. Certamente empreenderemos uma busca. E, se não aceitarmos a urgência de vida ou morte que Jesus e os apóstolos comunicam em seus ensinamentos, atribuiremos urgência de vida ou morte a outros desafios, o que fará os problemas terrenos parecem maiores do que são.

A menos que nós, cristãos, estejamos imersos no magnífico drama — a narrativa do mundo relatada pelas Escrituras e resumida nos credos e confissões ortodoxos — seremos arrebatados pela tensão dramática de partidos políticos e pelos altos e baixos das mais variadas causas sociais. Quando nos perdemos na história da redenção, deixamos de ter aquilo que o professor de literatura Alan Jacobs chama "abrangência temporal", a capacidade de escapar do caráter imediato do momento e olhar para o presente de modo imaginativo a partir de uma perspectiva norteada pelo passado.[6] É mais emocionante nos lançar nas controvérsias de hoje e imaginar que estamos envolvidos em um combate épico sobre o qual historiadores discorrerão algum dia. No entanto, quando perdemos a perspectiva mais ampla, e quando enfatizamos apenas os aspectos da vida "neste mundo" e minimizamos a realidade do julgamento futuro, perdemos a esperança de justiça eterna e, portanto, só nos resta justiça *terrena*. A menos que obtenhamos justiça plena aqui e agora, jamais a veremos, o que torna *toda* busca por justiça neste mundo uma luta de vida ou morte. Essa perda de perspectiva pode muito bem ser um dos motivos pelos quais temos a impressão de que o mundo está atolado em discussões contínuas. Ao correr atrás de algo que consideramos extremamente importante, vemo-nos envolvidos em incontáveis batalhas secundárias em vez de lutar na guerra principal em andamento.

Quando perdemos de vista o drama grandioso, os pequenos dramas terrenos se tornam mais importantes. De repente, todas as nossas discussões políticas e partidárias adquirem maior relevância. Cada dia é mais uma batalha entre heróis e vilões. Perdemos consciência dos principados e potestades no campo de batalha espiritual que nos fazem enxergar a real proporção das desavenças terrenas. Agora, nosso *próximo* é o inimigo e lutamos contra carne e sangue. Nossa busca por justiça, desarraigada da fé em um Deus que julgará o mundo com equidade, não deixa espaço para perdão ou reconciliação.[7]

Com o tempo, descobrimos que somos motivados não pela

gloriosa verdade bíblica da justificação pela fé e pela visão de um mundo futuro em que Deus promete corrigir todas as injustiças, mas por teorias sociológicas e ideologias materialistas que reduzem todo conflito humano a questões de classe, raça, gênero ou poder. E essas teorias reducionistas se transformam quase em religiões em que os limites do que é aceitável e do que deve ser considerado anátema estão sempre mudando. A "cultura do cancelamento" passa a ser a nova excomunhão, declarada com fervor religioso. Uma vez que nos falta a perspectiva eterna, todas as eleições se tornam "a mais importante de nosso tempo", uma questão de vida ou morte.

De acordo com Tara Isabella Burton, observadora da cultura, as novas ideologias de justiça social estão se transformando rapidamente em uma identidade quase religiosa para os jovens de hoje.

O movimento de justiça social tem tamanho sucesso porque reproduz os alicerces da religião tradicional (significado, propósito, comunidade e ritual) de forma interiormente coesa. Toma os princípios do intuicionismo — sua priorização do eu, das emoções e da identidade, suas suspeitas de autoridade moduladas pelo movimento do Novo Pensamento, sua visão utópica de um mundo melhor que surge como uma fênix das cinzas do mundo antigo — e os entretece em uma narrativa visionária de resistência política e renovação moral. Fornece uma explicação para o mal (uma sociedade injusta que transcende qualquer indivíduo como agente e, de modo mais específico, homens brancos heterossexuais) e uma linguagem, um conjunto de símbolos e de rituais (desde a limitação dos próprios privilégios até a condenação de alguém que não se envolve com ativismo esclarecido) com os quais se pode combater essa força maligna. Em seu aspecto mais eficaz, a cultura da justiça social cria uma narrativa mítica a respeito do mundo em que vivemos e infunde no aparente caos da história e em suas inúmeras injustiças uma promessa escatológica: os seres humanos podem e devem se sair melhor, e o farão. O novo mundo que surgirá inevitavelmente das cinzas da sociedade cristã patriarcal, racista, homofóbica e repressora será infinitamente melhor, mais justo e mais repleto de amor do que tudo o que o antecedeu.[8]

O desafio para os cristãos consiste em lembrar que a Bíblia em si é a favor da justiça social ou, poderíamos dizer, da "retidão pública".[9] As Escrituras apresentam uma visão de retidão pública e privada, de justificação somente pela fé por meio da cruz de Cristo e de justiça na sociedade à medida que o evangelho se desdobra em suas implicações práticas; aliás, a visão de justiça divina das Escrituras é muito mais rigorosa e exigente do que a visão do mundo jamais será.[10] O problema é que diferentes movimentos, bem como outras pseudorreligiões, se aproveitam desses anseios e oferecem respostas impelidas por filosofias contrárias ao evangelho. Isso significa que não podemos simplesmente desenvolver um reflexo *contrário à justiça social*, pois nossa fé nos chama a defender uma sociedade mais justa e a trabalhar para construí-la. Contudo, também não podemos ser ingenuamente *a favor da justiça social*, caso se entenda "justiça social" como entrar na onda de uma variedade de ideologias que, em última análise, são contrárias à teologia bíblica.

Meu propósito aqui não é me aprofundar nos pormenores das discussões atuais sobre justiça na sociedade, mas apresentar uma questão mais ampla: *certamente* nos dedicaremos a algo que pareça empolgante e audaz. Fomos programados para fazê-lo. E, se desconsiderarmos as coisas épicas que estão em jogo na ortodoxia, atribuiremos importância desmedida a batalhas secundárias. Faremos pouco caso da armadura espiritual de Deus com a qual o apóstolo Paulo nos instruiu a nos revestir e usaremos a armadura do mundo para lutar em batalhas terrenas das quais perdemos toda a devida consciência de proporção.

## A batalha por nossa alma

A ortodoxia não aceita reduzir a importância das coisas eternas em jogo e, com isso, minimizar a urgência de vida ou morte de seguir Jesus. As antigas fórmulas batismais da igreja primitiva traziam uma renúncia do Maligno. João Crisóstomo, um dos maiores pregadores da igreja primitiva, descreveu esse momento como "desprezar as ciladas do diabo",[11] e, durante séculos, o rito antigo incluía uma pergunta do pastor ao candidato: "Você renuncia a Satanás e todas as suas obras?". Um momento dramático, uma clara delineação entre bem e mal, uma ocasião para apegar-se a Jesus como Rei e rejeitar as artimanhas do diabo. Jesus nos instruiu a orar: "Livra-nos do mal" (ou "do maligno"; Mateus 6.9-13).

Perdemos a consciência do drama sobrenatural que está se desdobrando ao nosso redor. Pensamos em Jesus como profeta e mestre, como alguém que cura e realiza milagres. Raramente enfatizamos seu papel de *exorcista*. E, no entanto, repetidamente nos Evangelhos vemos Jesus expulsar demônios não por meio de rituais, encantamentos especiais ou objetos mágicos comuns entre os exorcistas do mundo antigo, mas pelo poder e pela autoridade de sua palavra falada.

Ainda assim, muitos cristãos se esquivam do drama intenso do campo de batalha espiritual em que as forças sobrenaturais estão reunidas contra o Deus vivo e o avanço do evangelho e em que o Espírito de Deus convence corações do pecado e conduz pessoas ao arrependimento.[12]

O cristianismo revela a batalha cósmica em andamento ao nosso redor, bem como a batalha em andamento dentro de nossa alma. Por isso, quando lemos as exortações dos pregadores cristãos ao longo das eras, encontramos advertências e admoestações cujo propósito é nos despertar para os perigos espirituais que nos cercam. João Crisóstomo disse aos cristãos de sua igreja:

> A vida presente é uma peleja; nesse caso, cabe a nós lutar. É guerra e batalha. Em uma guerra, não se procura descansar, em uma guerra, não se procura ter uma vida de luxo. [...] Busca-se apenas uma coisa, a saber, como vencer o inimigo. [...] Que esse seja, unicamente, nosso objeto de esforço: como vencer o diabo. No final, porém, embora nos esforcemos, é a graça de Deus que efetua toda a obra.[13]

Quando Crisóstomo pregava sobre riqueza, não apelava para a generosidade dos membros de sua igreja a fim de que pudessem se tornar cidadãos respeitáveis do Império Romano. Deixava claro que a generosidade era importante para sua alma. A generosidade era consequência inevitável de sua salvação. Ao enfatizar os perigos da riqueza, ele advertia acerca de tudo o que reduzia a confiança deles em Deus ou distorcia sua visão e os levava a buscar segurança de formas egocêntricas.

Cipriano, líder do terceiro século, falou das riquezas como possível empecilho para o desenvolvimento da piedade e considerou que os bens mantêm as pessoas "em cadeias que prendem sua coragem, sufocam sua fé, dificultam seu discernimento e estrangulam sua alma". Ao exortar os membros de sua igreja, ele perguntou: "Como é possível para aqueles que estão amarrados a sua herança seguir a Cristo? Consideram-se proprietários quando, na verdade, são propriedade; são escravos de seus bens e não são senhores de seu dinheiro, mas servos dele". Em seguida, porém, ele passa da advertência à recompensa: "Em contrapartida, que recompensas nosso Senhor oferece ao nos convidar a desprezar nossos bens! Pelas pequenas e insignificantes perdas neste mundo ele oferece rica compensação!".[14]

Percebeu a urgência? Contraste esses sermões com o ensino comum em igrejas de hoje, que raramente fazem advertências sobre os perigos da riqueza e, em vez disso, focalizam como maximizar os ganhos financeiros. Os pregadores de outrora não recomendavam pequenas mudanças em nossa perspectiva financeira nem ofereciam dicas de investimento para que pudéssemos administrar bem nossos recursos. Pediam uma transformação radical da forma como pensamos em dinheiro e em bens. Por quê? Porque o próprio Jesus advertiu a respeito da armadilha das riquezas, e porque o que está em jogo é a condição de nossa alma.[15]

Essa batalha que ocorre dentro da alma humana é um dos motivos pelos quais pregadores ao longo dos séculos enfatizaram a urgência de voltar-se para Cristo. Evangelistas e líderes de reavivamentos lançaram mão de vários métodos e manifestações com o objetivo de atrair as pessoas para que viessem a andar com Jesus no caminho estreito. Alguns desses métodos eram caracterizados por artificialidade e manipulação, repletos de exageros teatrais que prejudicavam a seriedade da mensagem. No entanto, não devemos ir ao outro extremo e ignorar a pregação do evangelho pelos apóstolos, que não hesitavam em falar do grande juízo final. Eles confrontavam os ouvintes com o fato de que, um dia, todos os seres humanos comparecerão diante de Deus. É fácil desconsiderar pregadores que falam de céu e inferno. Devemos cuidar, porém, para que, ao zombar de pregadores de fogo e enxofre, não desprezemos o próprio Jesus.

Contraste todos esses exemplos de questões de vida ou morte com algo como o universalismo, um posicionamento teológico que aparece com frequência à margem do pensamento e do ensino cristãos. Ao longo dos séculos, sempre houve um punhado de teólogos que adotaram a ideia de que, no fim, todos serão salvos de algum modo. Como vimos, esse posicionamento muitas vezes leva a outros desvios mais sérios da ortodoxia. Observe, contudo, o contraste: uma perspectiva universalista se apresenta como uma ideia mais ampla e mais abrangente do que a ortodoxia quando, na verdade, é menor e mais restritiva. Acaba com a aventura em favor de uma segurança insípida em que nossas escolhas deixam de importar. A eternidade não é mais um ponto de interrogação. Perdemos nossa agência moral. Também perdemos a aventura do trabalho missionário.

A emoção das questões de vida ou morte na ortodoxia nos levam ao topo do monte e atordoam nossos sentidos, mas só o fazem porque, verdadeiramente, nos colocam diante do precipício. A ortodoxia assevera consequências reais e permanentes para as escolhas que fazemos. Quem desejaria arriscar sua vida por algo menos audacioso? Quem é capaz de pregar com paixão e convicção quando adota uma atitude ambígua e esquiva a respeito do que acontece com os perdidos? O teólogo Michael McClymond escreve: "Onde estão os evangelistas universalistas que vão até os confins da terra, aprendendo e transcrevendo línguas até então desconhecidas, sofrendo oposição e até perspectiva de martírio para que possam transmitir sua mensagem de salvação final para todos?".[16] Não estão lá, pois perderam a emoção da ortodoxia.

## A ousadia da graça

Até aqui no presente capítulo, focalizei as doutrinas difíceis de aceitar, relacionadas a julgamento, e mostrei por que a ortodoxia preserva as coisas eternas em jogo, em contraste com aqueles que desejam aparar as arestas do ensino cristão. Não devemos, contudo, perder de vista outra possível maneira mais profunda de sermos tentados a reduzir a importância do que está em jogo ou de nos afastar da emoção da ortodoxia, a saber, nossa tendência de diluir a força da graça. A ortodoxia, em oposição a todas as tentativas humanas de evitar o incômodo provocado por favor imerecido, assevera a prioridade e o poder da graça de Deus.

*Paulo e seus opositores.* Em nenhum momento vemos o apóstolo Paulo demonstrar mais fervor do que em sua oposição a pessoas na igreja primitiva que afirmavam que era necessário haver certas linhas divisórias no tocante à salvação e à inclusão no povo amado de Deus. Paulo confrontou abertamente aqueles que diziam que nossa condição justificada diante de Deus e nosso devido lugar na comunidade de fé podiam ser atribuídos a obras, e não à fé. O caráter magnífico da graça de Deus não pode ser diluído.

De lá para cá, a igreja procurou, em muitas ocasiões, controlar a graça de Deus, em vez de deixá-la correr livremente. Vemos Cristo ser apresentado em sermões mais como ajudador do que Salvador. Atribuímos a ele o papel de *coach* de vida, aquele que nos permite viver da forma como desejamos, em vez de reconhecer que ele é o Senhor que deseja assumir o controle e nos transformar inteiramente.

Até mesmo em comunidades religiosas fortemente comprometidas com o evangelho, um espírito legalista pode se infiltrar silenciosamente. Imaginamos que estamos "bem com Deus" em virtude daquilo que fizemos por ele, e não daquilo que Cristo fez por nós. Começamos a pensar que a vida cristã pode ser medida conforme nosso desempenho ao lutar contra certos pecados e guardar determinado número de mandamentos. Tornamos o amor e a graça de Deus condicionais, dependentes do fervor com que obedecemos à lei, como se pudéssemos tornar Deus nosso devedor. Esvaziamos o evangelho da graça e, com isso, perdemos o poder do amor surpreendente, generoso e imerecido de Deus.

Tudo isso é tentativa sutil de empurrar Deus para o banco do passageiro. Imaginamos que temos certa medida de controle e poder sobre nós mesmos, em vez de reconhecer nossa total impotência decorrente do pecado. Fortalecemos nosso ego frágil em vez de nos colocar ao pé da cruz de mãos vazias, sem ter o que oferecer.

Entrementes, a graça de Deus continua a ser escandalosa. É pessoalmente escandalosa, pois reduz toda a retidão que dizemos ter; e é universalmente escandalosa, pois coloca todos em pé de igualdade. Ninguém é melhor que ninguém. Todos nós somos absolutamente necessitados. Essa é a graça radical da Bíblia e essa é a aventura: saber que qualquer pessoa, não importa qual seja sua história, pode estar a apenas um passo de ser acolhida na família de Deus.

*Agostinho* **versus** *Pelágio.* Encontramos no quinto século um bom exemplo na história da igreja de duas figuras que discutiram a natureza radical da graça de Deus: Agostinho e Pelágio. Ao observar a leniência moral de muitos cristãos de sua época, o monge inglês Pelágio concluiu que devíamos enfatizar a capacidade humana de cumprir os mandamentos de Deus. Como tantos outros pais da igreja, Pelágio desejava que os cristãos mudassem seu comportamento, tomassem jeito e vivessem conforme sua salvação de formas que honrariam a Deus e serviriam de exemplo de moralidade para os cidadãos romanos. Ele procurou exortar a igreja a ter um padrão de santidade mais elevado.

A reforma moral defendida por Pelágio foi desenvolvida com base em uma distinção fundamental que o separava de Agostinho, bispo do Norte da África, e de outros líderes da igreja. Pelágio acreditava que, a cada momento, em todos os aspectos, temos total liberdade de obedecer a Deus. Não nascemos com uma natureza pecaminosa. Deus, em sua graça, já nos concedeu o poder de escolher o caminho da vida ou o caminho da desobediência. Com disciplina espiritual rigorosa e coração disposto, podemos seguir todos os mandamentos de Cristo. Pelágio acreditava que sua mensagem de autoaprimoramento ("Você consegue!") daria energia e motivação aos cristãos para que tivessem uma vida de obediência.

Agostinho se opôs a Pelágio apresentando uma avaliação menos otimista da natureza humana; afirmou que nascemos em pecado e que somente a graça de Deus pode nos restaurar e nos renovar. Em suas *Confissões*, Agostinho escreveu: "A soma de toda a minha esperança repousa somente em tua misericórdia poderosamente imensa. Concede o que ordenas, e ordena o que desejas".[17] Pelágio rejeitou essa ideia e afirmou que ela produziria indolência espiritual ou seria usada como desculpa para uma vida de impiedade. Deus jamais ordenaria que fizéssemos algo além de nosso próprio poder de lhe obedecer.

176 • A EMOÇÃO DA ORTODOXIA

Ao ponderar essas discussões, a igreja reconheceu que o posicionamento de Agostinho captava de modo mais preciso a ênfase do Novo Testamento na graça radical de Deus, e pastores e bispos rejeitaram a avaliação mais otimista de Pelágio da natureza humana. Alan Jacobs observa:

> O pelagianismo é uma crença para heróis, mas a ênfase de Agostinho sobre o pecado original e a consequente dependência absoluta de todos da graça de Deus dá esperança ao vacilante, ao desviado, ao preguiçoso, ao desprezível e ao infeliz. Estamos todos no mesmo barco.[18]

Como vimos no caso de tantos erros teológicos e heresias, Pelágio percorreu um caminho que o afastou de outras verdades cristãs fundamentais. Ele rejeitou a natureza substitutiva da expiação realizada por Cristo. Desconsiderou a doutrina da justificação pela fé. Redefiniu a salvação de tal forma que ela deixou de ser a plena dependência da misericórdia de Deus e se tornou uma subida pela escada da salvação por meio de aptidões naturais até alcançar reforma moral. Próspero de Aquitânia expressou a questão com severidade:

> Acaso não seria um aviltamento da redenção pelo sangue de Cristo, e não tornaria a misericórdia de Deus secundária em relação às obras humanas, se a justificação, realizada por meio da graça, se devesse a méritos anteriores, de modo que não fosse a dádiva de um Doador, mas o salário de um trabalhador?[19]

A princípio, a mensagem de Pelágio talvez tenha parecido emocionante ("Você consegue! É só tentar!"), mas, a igreja reconheceu que ela diluía e distorcia a graça de Deus ao nos chamar, salvar e, então, nos transformar à imagem de Cristo.

*Abelardo e a expiação.* Ao longo de várias gerações depois de Pelágio, e até hoje, a igreja foi assolada pela heresia pelagiana, com frequência em formas diferentes e por meio de erros semipelagianos.[20] Uma vez que a doutrina da justificação pela fé é uma grande afronta ao orgulho humano, a nosso desejo de ser considerados fiéis em razão de nosso esforço em contraste com a total dependência da graça de Deus, estamos sempre criando maneiras de reduzir a importância da extraordinária graça divina e tornar Deus nosso devedor ou impor nosso senso de valor e controle.

Séculos atrás, um teólogo chamado Abelardo propôs uma perspectiva da cruz que tornava a morte de Cristo mero exemplo a seguirmos, e não um sacrifício que verdadeiramente fez expiação por nossos pecados. A morte de Cristo tinha como efeito despertar em nosso coração o amor por outros.[21]

O resultado dessa perspectiva é, mais uma vez, um erro semelhante ao de Pelágio. A cruz se torna um *chamado* para um novo modo de vida, em vez de ser uma *dádiva* de justificação imerecida. É verdade que a cruz nos chama a ter uma vida cruciforme e, como o apóstolo Pedro observou, encontramos na morte de Cristo exemplo de amor abnegado que devemos imitar (1Pe 2.21-25). Por certo, a cruz de Cristo transforma nossa disposição interior. No entanto, o poder subjetivo da cruz em nosso coração, seu chamado a um novo modo de vida, é impossível sem seu poder objetivo no mundo, o sacrifício expiatório que nos reconcilia com Deus e remove a maldição do pecado. Temos de receber Cristo como dádiva antes de poder seguir seu exemplo. Teorias da expiação que reduzem o poder da cruz a mera influência podem ser verdadeiras quanto àquilo que afirmam, mas reduzem a importância da graça por meio daquilo que negam.

## O campo de batalha espiritual

Para onde quer que nos voltemos, somos tentados a reduzir a importância daquilo que está em jogo. Alguns têm a tendência de tornar menos incisivas as advertências bíblicas sobre morte e inferno, colocar de lado a ideia de juízo eterno e focalizar o aqui e agora. Outros se mostram propensos a diluir a maravilhosa graça do evangelho e a colocar nossos próprios esforços no lugar da morte substitutiva de Cristo, a cair em um semipelagianismo legalista que preserva para a humanidade um mínimo de respeito próprio a fim de que não sejamos degradados por nossa necessidade absoluta da misericórdia de Deus.

A imagem bíblica e aquilo que encontramos quando observamos a fidelidade dos cristãos ao longo das eras mostram um drama de redenção em que estão em jogo coisas eternas. Por isso a ortodoxia nos leva à oração. A visão cristã emocionante de uma batalha eterna em que estão em jogo coisas épicas deve se manifestar não em peito estufado, mas em joelhos feridos. O resultado não é autoconfiança, mas confissão. A essência da vida cristã consiste em arrependimento confiante, dependência contínua do espírito de Deus e confissão contínua de pecado. Como o cobrador de impostos na parábola de Jesus, dizemos: "Deus, tem misericórdia de mim, pois sou pecador" (Lc 18.9-14). Essa é a atitude de humildade diante de um entendimento radical da santidade e da graça de Deus.

Um catecismo do século 16 começa com a seguinte pergunta: "Qual é seu único consolo, na vida e na morte?", e a resposta: "Que não pertenço a mim mesmo, mas, em corpo e alma, na vida e na morte, pertenço a meu fiel Salvador, Jesus Cristo".[22] Essa é a emoção da ortodoxia: reconhecer as coisas eternas que estão em jogo em uma batalha épica e colocar-nos de joelhos em humilde dependência, empunhando as armas espirituais que nos foram dadas.

Quando erguemos a voz em oração ao Pai lá no alto, o Filho está ao nosso lado, intercedendo por nós, e o Espírito ora por meio de nós. Uma simples oração matinal em nosso quarto ou junto à mesa de trabalho nos coloca em contato com a tênue membrana que nos separa de outra dimensão, o véu entre este mundo e o céu. Estamos cercados de maravilhas das quais não temos consciência. Estamos envolvidos em uma batalha em que estão em jogo coisas épicas. Embora a oração pareça nada mais que um ritual diário trivial, nesse momento estamos engajados no trabalho mais importante que o cristão pode realizar. E, depois de nos ajoelhar, levantamo-nos e avançamos em busca de santidade, caminhando pelo Espírito na empolgante jornada rumo à semelhança de Cristo.

# 8

## Visão emocionante

Toda boa história inclui conflito. A fim de que a jornada seja uma aventura, e não apenas um passeio irrefletido, temos de deparar com obstáculos e desafios. A fim de perseverar em nossa busca, temos de ser inspirados pela promessa de que chegaremos a nosso destino. Por isso, quando subimos pela encosta de um monte, mantemos o foco no topo, para onde estamos rumando, pois essa visão nos motiva quando ficamos cansados. Imaginar como será o topo, as vistas que teremos de lá, o ar que respiraremos, a satisfação que experimentaremos, nos inspira a prosseguir em nossa empreitada quando estamos exaustos.

Os seres humanos são, por natureza, motivados por objetivos. Temos um destino em mente. Nossos telefones têm milhares de aplicativos criados para nos ajudar a desenvolver determinados conhecimentos e aptidões. Jogos prendem nossa atenção ao nos conduzir por níveis crescentes de dificuldade. Comunidades se formam em torno de objetivos ligados a boa forma física e a rotinas de exercícios, com a ajuda de treinadores que nos inspiram, nas palavras de Paulo, a disciplinar nosso corpo, treinando-o para fazer o que deve (1Co 9.27). Na virada do ano, fazemos resoluções na esperança de aperfeiçoar a nós mesmos e nossa qualidade de vida. Professores, instrutores e treinadores ajudam seus alunos e clientes a dominar uma área de conhecimento, aprender uma nova língua, tocar um instrumento musical ou desenvolver destreza atlética. Estamos sempre em busca de algo.

Olhamos com pena para aqueles que se acomodam em um estado de apatia no aprimoramento de sua vida, para aqueles que não têm mais o desejo de desenvolver seu caráter, experimentar um novo hobby ou mesmo trabalhar para tornar a casa e o jardim mais bonitos. Por quê? Porque reconhecemos que, em sua mais excelente manifestação, a humanidade está sempre avançando, esforçando-se para alcançar um alvo. Há algo de errado quando uma pessoa não se preocupa mais com o destino que deseja alcançar.

Em contrapartida, há algo de errado quando, na busca por sucesso, começamos a basear nossa identidade em nossas realizações. Se imaginarmos que nosso valor e dignidade se encontram nos pequenos passos que damos encosta acima, cedo ou tarde nos esgotaremos. Nosso coração estará sempre inquieto, sempre em busca da perfeição, e experimentaremos contínuo desassossego em uma vida que não tem como referencial o Deus que nos criou para si.

## A busca

Por vezes, pessoas religiosas imaginam a vida como um caminho em direção ao topo de um monte, uma recompensa por alcançar crescimento e excelência espirituais. No entanto, o cristianismo é diferente. A história cristã não é de uma humanidade que se eleva, mas de um Deus que desce até nós. O Filho de Deus desceu o monte para nos salvar, pois não somos capazes de salvar a nós mesmos.

Ainda assim, o propósito da bondosa descida de Deus é nos trazer para junto dele. Elevamo-nos pelo poder do Espírito. E, portanto, também é verdade que, do outro lado da cruz, a vida cristã se parece com um caminho pela encosta do monte até o topo, e para que essa jornada seja uma aventura, devemos esperar dificuldades. O Novo Testamento descreve a corrida da fé como uma prova com obstáculos.[1] O caminho até o topo é emocionante exatamente porque é perigoso. Sem a possibilidade de reveses, sem perigos reais e contínuos de todos os lados, ciladas para nos fazer tropeçar ou para nos distrair da busca, acabaríamos nos acomodando em uma perambulação irrefletida, que não leva a lugar nenhum.

Todo objetivo que vale a pena exige esforço e dedicação. Caso desejemos aprender uma língua, obter um doutorado, treinar para uma maratona, por exemplo, as exigências são intensas. Se desejamos ter sucesso e transformar nossa mente e nosso corpo, precisamos estar comprometidos com uma visão de nosso eu futuro.

Alguns anos atrás, tirei meu violão do armário, onde ele havia ficado esquecido durante quase vinte anos, quando eu era adolescente e tocava cânticos de louvor. Ao longo de um período de vários meses, troquei as cordas do violão, imprimi cifras, aprendi sozinho novos dedilhados, assisti a tutoriais on-line e toquei junto com meu irmão mais novo. Dediquei meia hora por dia a aprimorar minhas aptidões, na esperança de que, depois de vários meses de treino, conseguisse tocar a canção "Blackbird", dos Beatles. Levou tempo, mas o dia chegou. Esse foi meu "topo", um dos objetivos que defini e alcancei. Foi a visão de meu eu futuro, tocando uma bela canção de modo tranquilo e sem dificuldade, que manteve meus dedos junto às cordas e me levou a superar desconfortos, trabalhar músculos que não eram usados havia muito tempo, desenvolver calos e, lentamente, fazer progresso.

A visão do futuro é importante para o progresso no presente. É estranho, porém, que, em um mundo em que ouvimos com frequência que podemos fazer qualquer coisa se tivermos determinação e em que é esperado que incentivemos outros com frases como: "É isso aí! Vá em frente!", "Você é capaz!" e "Não desista!", assim que deparamos com a visão moral do cristianismo, o caminho que tem como propósito nos elevar a novas alturas de virtude repleta do Espírito, recuamos. Em todas as outras áreas da vida, valorizamos o esforço necessário para prosseguir e manter o foco no objetivo. Quando se trata do cristianismo, porém, é o oposto. Os ensinamentos de Jesus são inalcançáveis. As expectativas dos apóstolos são obsoletas. As exigências morais são impossíveis. A igreja faria bem em se livrar delas. São pesadas demais. Em vez de nos apegar ao alvo colocado diante de nós, queremos flexibilizar os padrões e alterar o ideal.

*Ética sexual.* O exemplo mais evidente desse fenômeno hoje em dia é a ética sexual do cristianismo, uma visão moral fundamentada no verdadeiro significado do sexo, de acordo com o plano de Deus, compreensível apenas dentro da aliança de casamento e entre um homem e uma mulher.

No ambiente de hoje, o ensino do cristianismo parece implausível. Para muitos, a ideia de abster-se de sexo antes do casamento é impossível. Trata-se de algo estranhamente irônico. Pais incentivam os filhos a desenvolver aptidões musicais, a alçar voo intelectualmente, a trabalhar para potencializar suas habilidades atléticas e a limitar o consumo de certos alimentos. Pais dizem aos filhos que não há limites para o que podem ser ou fazer se forem dedicados e trabalharem com afinco para alcançar seus alvos.

Quando se trata de sexo, porém, toda a conversa de autocontrole e domínio próprio desaparece, e o ideal resplandecente de castidade se consome como uma supernova. É *absurdo* esperar que jovens só tenham sexo depois de se casar. É melhor nos certificar de que o sexo seja "seguro". Não podemos esperar que estudantes universitários deixem de ir a festas. Certifiquemo-nos, portanto, de que entendam quais são seus limites de consumo de bebida alcoólica e saibam o que é ou não consentimento. Não podemos esperar que jovens resistam a pornografia. Dialoguemos, portanto, para garantir que consumam pornografia de "origem ética". Jovens podem ser e fazer o que decidirem, exceto quando se trata de pureza.

O resultado dessa distorção infeliz é a regulamentação até mesmo das menores interações de homens e mulheres, tudo sob o disfarce de liberdade sexual. Uma vez que nos livramos das duas ou três regras maiores, o resultado não é liberdade, mas um "zilhão" de regras minúsculas. Desatrelada de uma visão que confira à sexualidade propósito e significado, nossa sociedade afunda em caos sexual cada vez maior; as partes mais profundas de nossa identidade agora são definidas por nossas inclinações sexuais, enquanto o significado e o propósito de nossa diferenciação sexual é desestabilizado por teorias que negam a relevância do corpo. Em nome da liberdade, tornamos a próxima geração escrava de seus impulsos sexuais. E, em nome do progresso, esperamos que a igreja abra mão de sua promoção rígida e imutável da castidade e se junte ao restante do mundo nesse pântano imoral.

*Generosidade radical.* Sejamos justos: o sexo é apenas o âmbito mais divulgado em que esse fenômeno se manifesta. Há outras áreas em que recuamos diante do esplendor da visão moral do cristianismo; elas só não são igualmente alardeadas.

VISÃO EMOCIONANTE • 185

Considere a ênfase do Novo Testamento na generosidade radical. Os ventos de nossa cultura nos conduzem a uma mentalidade consumista, em que nos definimos com base na fartura de nossos bens, exatamente a mentira que Jesus desmascarou na conversa com um homem que estava brigando com seu irmão por causa de sua herança (Lc 12.13-21). As palavras de Jesus e dos apóstolos, ao apresentar uma concepção alternativa da riqueza terrena, são chocantes.

Assim como alguns cristãos acreditam que a igreja deve abençoar quaisquer escolhas sexuais que eles façam, desde que não prejudiquem ninguém, outros cristãos acreditam que a igreja deve abençoar todas as suas tentativas de obter e acumular riquezas para si. Aliás, alguns dizem que têm um acordo tácito com o Senhor: se forem à igreja e procurarem levar uma vida moralmente boa, Deus cumprirá a parte dele do acordo e os abençoará com prosperidade financeira. Dentro dessa mentalidade, o chamado radical da ortodoxia à abnegação, à generosidade e ao cuidado dos pobres não faz muito sentido, limitando-se a cumprir o mínimo exigido para manter esse acordo tácito em que obedecemos a Deus a fim de receber bênçãos financeiras. Naturalmente, alguns cristãos esperam que a igreja flexibilize as advertências mais rigorosas da Bíblia acerca das riquezas e ignore, convenientemente, os primeiros pais da igreja, cujas palavras sobre justiça e misericórdia constituem alguns dos sermões mais incisivos pregados ao longo da história.[2]

*O Sermão do Monte.* O mais famoso sermão de Jesus (Mt 5—7) trata dessas duas áreas: sexualidade e finanças. No Sermão do Monte, porém, Jesus apresenta uma gama ainda mais ampla de atitudes e ações ligadas ao reino de Deus. Desde as Bem-Aventuranças até a ordem para amar os inimigos,

186 • A EMOÇÃO DA ORTODOXIA

não nos preocupar com nossa vida e ser "perfeitos, como perfeito é [nosso] Pai celestial" (Mt 5.48), a visão moral apresentada no sermão é brilhante, quase resplandecente demais para a assimilarmos. Até mesmo cristãos sérios ao longo dos séculos procuraram baixar o padrão de algum modo ao dizer que, na verdade, o sermão se aplica apenas a supercristãos chamados para a vida monástica, ou que suas ordens se restringem a um momento específico e não se aplicam da mesma forma a nossos dias, ou que o sermão é apenas uma forma de mostrar o quanto somos pecadores e não temos como alcançar o padrão e, portanto, dependemos da misericórdia de Deus. É impressionante o esforço que fazemos para evitar a explicação mais simples do texto: Jesus quis dizer aquilo que falou.

Nenhum desses malabarismos interpretativos é bem-sucedido. Durante dois mil anos, procuramos maneiras de calar, controlar e atenuar a pregação de Jesus, mas suas palavras deixam claro que esse é o caminho da verdade e da vida para seus seguidores. Desejamos voltar ao sono da mediocridade moral, mas o toque da trombeta do sermão é desconfortavelmente ruidoso. Não obstante, continuamos a encontrar novas maneiras de apertar o botão de cochilo para que não sejamos despertados pelo chamado para exercitar nossos músculos morais.

## Surpreendidos por Jesus

Não somos a primeira geração a ser surpreendida por Jesus. Foi assim desde o início; nos relatos dos Evangelhos é comum ver pessoas se espantarem com a autoridade do ensino de Jesus.

E não apenas com sua autoridade, mas também com sua ousadia de fazer tamanhas exigências morais. Quando um homem pergunta o que é necessário fazer para herdar a vida eterna, Jesus lhe devolve a pergunta, e a resposta do homem se concentra nos dois grandes mandamentos: amar a Deus e amar o próximo. Jesus elogia essa resposta. No entanto, o homem deseja se justificar e, portanto, faz uma nova pergunta: "Quem é meu próximo?". Essa indagação não nasce de um coração cheio de amor, nem de um desejo consciencioso de obedecer ao mandamento de forma plena. Antes, é uma débil tentativa de limitar seu âmbito de aplicação, de reduzir a um tamanho administrável o círculo de pessoas a serem amadas. Em vez de dar uma resposta direta, Jesus conta a parábola do Bom Samaritano, uma narrativa que inverte a pergunta e faz com que a chave consista em *ser* o próximo de alguém necessitado, não obstante sua origem, condição social, etnia ou identidade religiosa. A visão moral resplandece com ainda mais força do que percebe o homem que fez a pergunta (Lc 10.25-37).

Os próprios apóstolos ouvem desafios semelhantes de Jesus. Pedro pergunta quantas vezes devemos perdoar aqueles que pecam contra nós, e começa com um número arrazoado (*sete?*). Jesus o surpreende ao dizer que devemos perdoar setenta *vezes* sete (Mt 18.21-35), um número expressivo na Bíblia que se refere à nova era que se inicia com a vinda do reino de Deus. Foi outra forma de dizer que os longos anos de exílio espiritual de Israel chegaram ao fim e, agora, não há limites para o perdão que os cristãos devem oferecer. Não se trata de manter um registro que vai até 490 vezes em que alguém peca contra nós e, então, nos isenta de perdoar na 491ª vez. Jesus apresenta uma visão moral cujo resplendor deixa aturdido seu discípulo impetuoso.

Em outras ocasiões, os discípulos recuam diante da pureza resplandecente dos padrões de Jesus. Quando ouvem seu Mestre recorrer ao plano inicial de Deus na criação e assumir contra o divórcio um posicionamento rigoroso que ia muito além do ensino até dos rabinos mais rígidos sobre esse assunto, os discípulos perguntam se alguém deve se casar (Mt 19.10)! Quando Jesus olha com tristeza para o jovem líder que não consegue abrir mão de suas riquezas, enfatiza o quanto é difícil o rico entrar no céu; os discípulos ficam tão espantados com essa declaração que perguntam se *alguém* pode ser salvo (Mc 10.23-27).

Não somos a primeira geração a estremecer diante das coisas difíceis que Jesus diz. Também não somos a primeira geração a tentar atenuar suas palavras ou flexibilizar seus mandamentos. Quando somos confrontados com uma forma sobrenatural de pensar, com um reino ético de excelência inimaginável, nossa tendência (uma vez superado o choque inicial) é desviar o olhar do elevado cume moral e tentar tornar mais fácil a subida do monte.

## A solução contemporânea: mediocridade moral

A abordagem atual mais comum à visão moral do cristianismo é minimizar as exigências de Jesus ao enfatizar sua misericórdia.

Sim, Jesus intensificou a lei ao ir além de simples regras e voltar o foco para o coração do Legislador: "Vocês ouviram o que foi dito [...]. Eu, porém, lhes digo" (Mt 5.17-48). Sim, os padrões dele são elevados. Mas, em vez de aceitar a seriedade do ensino de Jesus, nós o diluímos. Por certo, Jesus sabe que suas ordens refletem um padrão tão elevado que é inalcançável para quase todos, exceto um grupo seleto de cristãos. A visão moral de Cristo sobre compartilhar riquezas, dizer a verdade, dar a outra face, amar os inimigos, manter o casamento e buscar o reino é um tanto exagerada. Seria cruel exortar as pessoas a obedecer a todos esses mandamentos e, especialmente, a seguir regras que geram atrito com os melindres contemporâneos, ou adotar posicionamentos que exigem sacrificar condição social ou poder, ou que causam constrangimento para a igreja diante das elites culturais. No final das contas, podemos ser inspirados pela visão moral de Jesus, mas somente como ideal sublime, facilmente desconsiderado porque, na verdade, é inatingível.

Há quem nos diga que o melhor caminho a seguir é enfatizar a misericórdia de Deus por aqueles que ficam aquém desse padrão. Podemos admirar os supercristãos (monges, freiras, pastores, missionários) que levam as palavras de Jesus a sério, mas nós, os restantes, vivemos aqui em baixo, no âmbito da mediocridade moral. Deus sabe que somos criaturas fracas e decaídas, que pisam na bola. Ele estabelece padrões elevados, mas não espera que os alcancemos. Cabe a ele perdoar e relevar nossos erros. E a igreja deve ser o lugar em que o amor de Deus simplesmente nos aceita como somos.

## A visão da ortodoxia: majestade moral

Contraste essa aceitação tácita e enfadonha da mediocridade moral com a visão emocionante da ortodoxia, uma jornada que nos enxerga no futuro vestidos de majestade moral. De acordo com o Novo Testamento, a misericórdia e a graça de Deus são transformadoras. Cremos no Espírito Santo que nos capacita para fazer a vontade de Deus e que nos desenvolve para que sejamos pessoas de virtudes e caráter santos. As cartas apostólicas mostram que a aceitação que recebemos de Deus em Cristo não ratifica o pecado, mas, sim, transforma nossa vida.

É verdade que a igreja é um hospital para pecadores. O hospital existe, contudo, para que a saúde dos enfermos seja

190 • A EMOÇÃO DA ORTODOXIA

*restaurada*. É o lugar em que feridas recebem curativos, cirurgias são realizadas e médicos prescrevem tratamentos para promover futura saúde. O propósito da igreja é apresentar os enfermos pelo pecado ao Médico dos médicos, cujo sangue cura nosso coração.

Sem dúvida, a igreja é um hospital para pecadores, mas também é uma escola para santos, um lugar em que experimentamos progresso na jornada em direção ao cume da semelhança a Cristo. A escola está aberta para todos que entram por suas portas com arrependimento e fé, mas não é para aqueles que se acomodam na ignorância ou resistem a aperfeiçoamento. Paulo escreveu para Tito: "A graça de Deus foi revelada e a todos traz salvação. Somos instruídos a abandonar o estilo de vida ímpio e os prazeres pecaminosos". Jesus veio "para nos purificar e fazer de nós seu povo, inteiramente dedicado às boas obras" (Tt 2.11-14). Ele nos salva *e* nos ensina. Ele nos redime do passado *e* nos instrui para o futuro.

As exigências são rigorosas porque o alvo é magnífico. Estamos treinando para uma batalha espiritual, subindo uma encosta íngreme até o topo do monte; o Espírito enche nossos pulmões e dá energia a nossas pernas. *Essa* é a visão que nos inspira, e *esse* é o Deus que nos chama para a vida boa.

A ortodoxia coloca diante de nós uma visão emocionante, mas rigorosa, aparentemente impraticável, inflexível e sobrenatural. Mas veja a recompensa! Jesus declara: "Os que têm coração puro" são bem-aventurados *porque verão a Deus* (Mt 5.8). Essa é a alegria, a aventura da caminhada.

O mundo considera atraente a ideia de que Deus não espera, realmente, que obedeçamos a seus mandamentos difíceis, ou a ideia de que o cristianismo pode rebaixar seus padrões de moralidade sexual, pois é impossível viver conforme a visão ortodoxa. Há quem diga que reservar o sexo para o casamento entre um homem e uma mulher é cruel. Além do mais, não esperamos *verdadeiramente* que pessoas solteiras não tenham sexo. Não esperamos *verdadeiramente* que um rapaz não consuma pornografia. Não esperamos *verdadeiramente* que um casal jovem more em casas separadas antes de ser unido em matrimônio. Portanto, em nome do amor, defendemos a leniência. Em nome da misericórdia, promovemos a mediocridade. Em nome da compaixão, contentamo-nos com transigência.

Não é estranho, porém, ver tamanha permissividade moral em uma sociedade que tem obsessão por desafiar o corpo a alcançar patamares cada vez mais elevados? *Free solo*, documentário vencedor do Oscar, mostra um homem escalando sem corda a formação rochosa El Capitan. Louco? Talvez, mas também inspirador! Por quê? Porque os seres humanos anseiam por perfeição. Queremos estabelecer alvos elevados. Almejamos excelência. A cada quatro anos, ficamos deslumbrados com os talentos exibidos nos Jogos Olímpicos. E, no entanto, em um tempo em que as pessoas vão à academia e adotam dietas e treinos de vários tipos, tudo como forma de se esforçar para ser a melhor versão de si mesmas e alcançar alvos mais elevados, líderes da igreja atual dizem que, quando se trata de sexo, ou generosidade, ou casamento, ou perdão, podemos nos contentar com a mediocridade moral.

E o que essa leniência diz sobre nosso entendimento de Deus? Podemos esperar que as pessoas se encham de temor reverente diante de um deus que encolheu e se tornou nada mais que um avô permissivo, que permanece distante, indiferente, que espera pouco de nós e faz vista grossa para nosso pecado? Um deus que apenas apoia você, que não se importa

192 • A EMOÇÃO DA ORTODOXIA

com seu aperfeiçoamento. Contraste-o com o Deus da Bíblia, cuja glória e santidade trovejam ao longo de toda a narrativa, um Deus que nos convida a alçar voo até novas alturas morais e, então, nos dá poder para voar. O objetivo é elevar a humanidade e não rebaixar o padrão.

A emoção da ortodoxia reside em seu desafio. Somos chamados a nos tornar não apenas pessoas agradáveis, gentis e bem-educadas, mas pessoas santas cada vez mais semelhantes a Jesus. Não *santarrões*, com um apego afetado às regras e uma aura de justiça própria, mas *santos como ele*, refletindo Jesus em nossa obediência diária. Não há vida cristã sem morte, sem acabar com tudo o que pertence a nossa natureza pecaminosa, sem mortificar os desejos pecaminosos que não passam de coisas "fracas, pobres, chorosas e sussurrantes", em comparação com "a riqueza e a energia do desejo que surgirá quando a lascívia tiver sido morta".[3] Não há vida cristã sem tomar a cruz e morrer diariamente ao ser ressuscitados pelo poder do Espírito que dá nova forma a nossos desejos.

O cristianismo tem uma visão de heroísmo moral, de virtudes que brilham em um mundo de trevas. Seremos corajosos? Resplandeceremos em nossa pureza? Seremos honestos a qualquer custo? A moralidade cristã não é uma questão de diretrizes, mas de crescimento: Quem estamos nos tornando? A dignidade é acompanhada de exigências, mas em virtude da graça de Deus, esse jugo de Jesus é "fácil de carregar" e seu fardo é "leve". O apóstolo João afirma que os mandamentos de Cristo "não são difíceis" (Mt 11.28-30; 1Jo 5.3).

Não olhamos para nosso interior e resolvemos ser "fiéis a nós mesmos"; olhamos para o Espírito dentro de nós que nos ajuda a ser "fiéis a Jesus". Revestimo-nos de toda a armadura de Deus, percorremos o caminho encosta acima, crescendo

VISÃO EMOCIONANTE • 193

na semelhança a Cristo em caráter e piedade. O evangelho *dá* tudo e *exige* tudo.

O caminho da ortodoxia diz: graças à cruz e à ressurreição de Cristo, pelo poder do Espírito que nos dá tudo de que precisamos para uma vida de devoção, podemos nos desenvolver e nos transformar em pessoas que vivem como nova criação, que verdadeiramente participam da natureza divina (2Pe 1.3-4). Esse é o caminho do cristianismo. Essa é a emoção da ortodoxia.

## O caminho penitencial

Se você é como eu, talvez se sinta energizado com essa visão, mas, ao mesmo tempo, um tanto frustrado. Você sabe de seus defeitos e de suas falhas. Tem consciência de suas lutas. Tropeça repetidamente. Se a igreja é uma escola, você não consegue imaginar que receberá algo mais que a nota mínima para passar de ano. Se a igreja é um hospital, é impossível enxergar além de suas feridas presentes e ver um futuro cheio de saúde.

Tenha bom ânimo! Sua autoavaliação está prestes a piorar. Quanto mais você se aproximar de Jesus, mais observará os pecados persistentes que impedem você de desenvolver maior semelhança a ele. Quanto mais crescer em santidade, mais entenderá o quanto está aquém dela. Quanto mais avançar no caminho em direção ao topo do monte, mais distante ele parecerá. Se você conversar com um cristão mais velho, alguém que trilhou fielmente a jornada com Jesus por bem mais tempo do que você, não o ouvirá contar vantagem de seu progresso. Antes, você o ouvirá declarar, repetidamente: "Ainda tenho um longo caminho a percorrer!". Talvez você diga para si mesmo: "Jamais vou chegar lá. Minha esperança é obedecer a alguns dos mandamentos de Cristo e tropeçar o mínimo possível". Por vezes, o caminho monte acima pode parecer impossível.

A boa notícia é que o cristianismo, embora defina um padrão que parece inalcançável, também provê um caminho para que os desviados retornem. "Ainda que o justo tropece sete vezes, voltará a se levantar" (Pv 24.16). O evangelho é boa-nova de perdão. A justiça de Cristo cobre nossa injustiça. As alturas estonteantes da visão moral cristã são colocadas lado a lado com a misericórdia e a graça ilimitadas de Deus. O ideal radical tem como correspondente a misericórdia radical. A misericórdia de Deus não rebaixa o padrão, mas o padrão de Deus também não reduz sua misericórdia.

*Agostinho e os donatistas.* Dezesseis séculos atrás, a igreja enfrentou essa tensão nas décadas que sucederam o período brutal da perseguição dos romanos aos cristãos. Durante essa era, muitos cristãos foram obrigados a abandonar seus lares. Alguns perderam suas fontes de sustento; outros perderam a vida. A forte repressão da crença e da prática cristãs incluiu o confisco, pelo governo, de textos religiosos sagrados. Sob a ameaça de tortura e morte, alguns cristãos renunciaram a fé. Alguns líderes de igrejas entregaram às autoridades suas coletâneas de documentos do Novo Testamento. Entrementes, muitos permaneceram firmes diante da perseguição e pagaram um alto preço por sua fidelidade.

Uma vez que essa tribulação passou, surgiram dúvidas sobre como lidar com aqueles que haviam renunciado a fé sob coerção ou que haviam entregado textos sagrados às autoridades. Esses cristãos podiam voltar, caso estivessem arrependidos? Sacerdotes e bispos que tinham vacilado sob pressão intensa podiam ser recebidos novamente na liderança? Um grupo grande e influente de cristãos (chamados "donatistas" por causa de Donato, um bispo do Norte da África) disse *não*. Além disso, afirmou que o poder do batismo e da Ceia do Senhor se tornava ineficaz quando esses sacramentos eram presididos por líderes que haviam sido restaurados a seus cargos depois de vacilar durante a perseguição.

Agostinho de Hipona escreveu milhares de palavras sobre a obra santificadora de Deus. Sua jornada pessoal o havia levado da dissolução moral à virtude moral. Quem não conhece sua instigante autoavaliação nas *Confissões* talvez espere que seu posicionamento seja semelhante aos dos donatistas; em vez disso, porém, sem rebaixar os ideais elevados do cristianismo e sem justificar pecado e conflito, ele afirmou que a igreja devia abranger os fracos, os céticos e os "fracassados".[4]

Por meio da liderança de Agostinho na controvérsia donatista, a igreja preservou a santidade e a misericórdia. O caminho para o alto do monte não seria alterado, mas seria um caminho de arrependimento. A santidade de Deus nos chama a prosseguir, enquanto a graça de Deus cobre nossos tropeços. O evangelho não é para os puros e saudáveis, mas para os perdedores, os fracassados e os desesperados, para os que estão caindo e caíram. O caminho para o alto do monte da virtude à semelhança de Cristo é um caminho de penitência. A vida cristã vitoriosa não é uma vida sem pecado; é uma vida de arrependimento.

*Pecadores transformados em santos.* Encontramos nas palavras de Jesus e dos apóstolos um firme compromisso com a ética sobrenatural do reino combinada com uma porta escancarada que recebe todos que ficam aquém do padrão. A escola da santificação está aberta. O hospital de campanha está recebendo os feridos.

Quando rebaixamos o ideal, reduzimos a aventura do esforço moral. Também banalizamos a glória da misericórdia e

196 • A EMOÇÃO DA ORTODOXIA

da graça de Deus. Rebaixar o ideal é transformar nossos vícios em virtudes. É tornar a salvação algo menos que uma dádiva de Deus e distorcer sua graça, transformando-a em dívida dele para conosco.

A ortodoxia coloca diante de nós um Deus que não apenas salva os pecadores, mas também os transforma em santos. Ele não apenas nos justifica, mas também nos santifica. Cristo não apenas morreu por nós; seu Espírito habita em nós.

É verdade que a caminhada pode nos exaurir. E é verdade que tropeçaremos no caminho monte acima. Cairemos. Mas, em virtude do chamado de Deus à santidade e de sua dádiva da graça, prosseguiremos. Determinados a nos apegar àquilo que já nos cativou, continuaremos. Estamos sempre avançando e, ao mesmo tempo, sempre nos arrependendo de nossos erros. O caminho estreito para a vitória futura é um caminho de arrependimento presente. Ninguém chega ao topo sem cometer pecado, mas apenas pelos méritos do Salvador sem pecado que nos dá poder por meio de seu Espírito.

## Dádiva e chamado

Uma vez que a ortodoxia é viva e ativa, ela pode nos exaurir com suas exigências e deveres, suas bênçãos e dádivas. No entanto, esse é o tipo de cansaço que acontece quando damos tudo que temos, quando nos esforçamos ao máximo, como em um incrível jogo de futebol ou de basquete.

De modo contrastante, a heresia é exaustiva no pior sentido. Leva ao tédio, à impotência, à ausência de realizações duradouras. Com frequência, a heresia é acompanhada de imoralidade, pois quando a graça de Deus é desligada do poder do Espírito e da proclamação do evangelho, ela se torna pouco mais que permissão para pecar.

A ortodoxia mantém unidos o chamado de Deus e as dádivas de Deus e se recusa a abrir mão de uma coisa ou de outra. O teólogo John Webster expressa essa realidade da seguinte forma:

> Dádiva e chamado, promessa e ordem, misericórdia e obrigação: sempre e em toda parte, o evangelho os mantém unidos. Mantém sua coesão como duas grandes realidades que cercam a vida individual do cristão e a vida comunitária da igreja de Jesus Cristo. De um lado, temos o milagre da misericórdia de Deus para com os profanos e os ímpios; do outro lado, temos a realidade igualmente verdadeira do chamado de Deus à santidade e à piedade.[5]

Imagine um bebê que esteja aprendendo a andar. O pai não diz: "Você vai tropeçar, portanto nem se dê o trabalho de caminhar". Não, o pai amoroso diz, com um brilho nos olhos: "Você consegue!". Elevamos o olhar para nosso Pai e, por meio do Espírito, juntamos coragem para avançar a passos vacilantes, impressionados com o fato de que estamos nos movendo. Imagine um garoto no campo de futebol cujo pai grita da lateral: "Chuta para o gol, filho!". De forma semelhante, cientes de que temos o amor de nosso pai, não importa o que aconteça, mesmo que chutemos a bola para fora, arriscamos tudo e procuramos fazer o gol. Essa emoção supera em muito a do pai desatento na lateral que não torce pelo filho nem o incentiva a buscar a excelência.

A emoção da ortodoxia é experimentada por meio da ordem moral: "Levante-se e ande". O erro nos deixa inalterados em nosso estado natural. A verdade reaviva nossa mente e dá vigor a nossas pernas. O Espírito de Deus muda nosso estado natural. A graça transforma. A graça confere poder. A graça nos renova. Esse é o desafio da ortodoxia.

# 9

## Coração pulsante

Um edifício dilapidado de uma igreja antiga. Um velho santuário, cheio de beleza e adornos, mas cada vez menos frequentado. Essas são cenas tristes, mas conhecidas. Em ambos os casos, encontramos paredes gravadas com credos primevos, hinários empoeirados repletos de doutrinas cristãs transformadas em cânticos, um armário com Bíblias empilhadas usadas por fiéis que, em outros tempos, iam à igreja buscar o Senhor em comunidade.

Ao visitar essas igrejas, talvez constatemos que nada mudou quanto a doutrina, pelo menos não oficialmente. Em uma igreja, os membros ainda creem nos fundamentos do cristianismo, mas perderam a capacidade de encontrar maneiras originais de comunicar e aplicar antigas verdades a novos tempos. Em outra igreja, os membros ainda recitam os credos históricos, mas ninguém realmente acredita neles, nem os considera relevantes em nossos dias. Em ambos os casos, o resultado é uma igreja morta ou agonizante.

Faltam vida, entusiasmo e dinamismo. Doutrina correta não é garantia de crescimento numérico. No entanto, quando a igreja se afasta da ortodoxia vibrante, não lhe resta nada para oferecer ao mundo angustiado. *Falta missão*. Podemos recitar as palavras certas ou preservar as crenças certas e, ainda assim, deixar de experimentar a fé viva. É possível ter o corpo da ortodoxia, mas não seu coração pulsante. O teólogo e pastor Sinclair Ferguson escreve:

> Há um tipo de ortodoxia em que [...] a teologia sistemática, ou os estágios da história da redenção, estão todos no devido lugar, mas à qual falta vida como um todo, assim como braços, pernas, tronco, cabeça, pés, olhos, ouvidos, nariz e boca talvez estejam presentes, enquanto falta ao corpo energia e, talvez, a vida em si. Aparência de piedade não é o mesmo que seu poder.[1]

Também há um tipo de pseudo-ortodoxia que se esconde por trás de precisão doutrinária e convicção teológica, mas à qual faltam entusiasmo e poder. Palavras certas podem ocultar um coração que hesita em realizar as ações certas. O problema, obviamente, não é o que *dizemos*, ou a busca por precisão doutrinária, ou o aprofundamento da convicção teológica. O problema não é o que *temos*, mas o que *não temos*: uma experiência com o Deus vivo, um coração que arde com o evangelho.

Um perigo para aqueles que enfatizam a importância do ensino ortodoxo é que a doutrina se torne um fim em si. A capacidade de recitar as palavras certas substitui a confiança pessoal Naquele que todas as nossas palavras descrevem. Quando ocorre essa mudança sutil, começamos a nos desviar do caminho de uma tradição viva em direção à vala do tradicionalismo. Jaroslav Pelikan deixou clara a distinção: "Tradição é a fé viva dos mortos. Tradicionalismo é a fé morta dos vivos".[2]

Infelizmente, é fácil confundir tradição com tradicionalismo. Para alguns cristãos, sempre atentos a qualquer coisa que tenha vaga semelhança com ritual ou tradição, "ortodoxia" assume conotações negativas, e "tradição" se transforma em uma ameaça a ser evitada. Talvez prefiramos um cristianismo

200 • A EMOÇÃO DA ORTODOXIA

do tipo "faça você mesmo" e rejeitemos a ideia de dogmas. Uma vez que essa mudança ocorre, quando imaginamos que toda tradição é apenas tradicionalismo, encontramo-nos em situação ideal para buscar emoção em curto prazo ao nos afastar da ortodoxia.

## Celebração ou condenação da dúvida

Hoje em dia, a narrativa mais importante é a jornada de autodescoberta do indivíduo. Temos de definir, por própria conta, em que acreditamos e desenvolver nosso credo pessoal. Concordar com outro credo, com uma declaração de crença e ação que nós mesmos não tenhamos criado, limitaria nosso eu mais autêntico; estaríamos nos conformando à visão de outros para nossa vida.[3] Por isso, muitas vezes é considerado sinal de coragem quando alguém resiste aos ensinamentos cristãos que recebeu na infância ou os rejeita.

Talvez você tenha ouvidos falar de pessoas que estão "explorando sua fé", uma expressão que, por vezes, se refere a alguém que está procurando entender melhor o ensino cristão e, em outras ocasiões, descreve a tentativa de alinhar o cristianismo com percepções pessoais. A ideia de explorar a fé é boa quando o foco continua a ser a *fé*; com grande frequência, porém, a tônica é "explorar *minha* fé" e, de repente, voltamos a "minha verdade" e "sua verdade". Explorar *minha* fé significa, muitas vezes, não me ater mais aos limites da ortodoxia. Como peixes que dizem: "O oceano é pequeno demais para nós!", criamos coragem e saltamos para a areia. A forma positiva de exploração da fé nos chama às partes mais profundas do mar; a forma negativa nos remove inteiramente da água.

É importante deixar claro que alguns cristãos "saem da água" porque ela se tornou tóxica. Esses irmãos e irmãs depararam com ensinamentos falsos ou sofreram abuso na igreja. Outros cristãos se perguntam se a igreja tem respostas para suas dúvidas. Não querem se afastar da ortodoxia, mas querem saber em que creem e por quê. Infelizmente, as pressões de nossa era removem as distinções e, hoje em dia, questionamentos de todo tipo são considerados louváveis, qualquer que seja sua intenção ou sua trajetória. De acordo com essa mentalidade, todas as perguntas são boas. Dúvidas são exaltadas e certezas são depreciadas.

No entanto, perguntas nunca são apenas perguntas. Nosso coração não é neutro. A celebração da dúvida pela presente geração não trata adequadamente das tendências de justificação própria do coração humano. O problema de exaltar a dúvida é a pressuposição de que, na verdade, não existem tipos diferentes de perguntas. É a pressuposição de que todas as perguntas são iguais, como se as motivações sempre fossem puras e inocentes. O espírito por trás de uma pergunta, contudo, pode ser de fé que busca entendimento, ou de incredulidade que busca justificação.

Por ironia, enquanto alguns consideram as dúvidas um sinal de coragem e as certezas algo suspeito, a igreja muitas vezes inverte esse quadro. Ao reconhecer a atitude arrogante de muitos que levantam questionamentos, é fácil cristãos tradicionais imaginarem que *todas* as perguntas nascem de um coração rebelde prestes a sucumbir às pressões culturais. Assim como as pressões de nossa sociedade podem nos levar a pensar que todas as perguntas são boas, as pressões da cultura da igreja podem nos levar a pensar que todas as perguntas são más.

Pior ainda, a reação da igreja ao tipo errado de questionamento pode reprimir o tipo correto de questionamento. Essa atitude transmite uma mensagem infeliz para as pessoas em

202 • A EMOÇÃO DA ORTODOXIA

nossas igrejas: o professor de física recém-convertido que senta na fileira atrás de nós, o adolescente na escola dominical cujo melhor amigo acabou de declarar que é gay, ou a mulher no pequeno grupo cujo marido faleceu recentemente depois de uma batalha contra o câncer. Rejeitar aqueles que articulam seus questionamentos é o mesmo que dizer: "Aqui não é seguro fazer preguntas. É perigoso ser honesto a respeito de suas dúvidas".

A reação a um mundo em que a dúvida é celebrada não deve ser uma igreja em que a dúvida é condenada. Muitos cristãos já se sentem culpados por questionar interiormente a autoridade dos ensinamentos de sua igreja, ou a confiabilidade da Palavra de Deus, ou a coesão da teologia cristã. Precisamos de igrejas com líderes que tenham a expectativa de certos questionamentos, que se aprofundem nos ensinamentos fundamentais do cristianismo e que assumam o compromisso de trilhar junto com os cristãos bem-intencionados o caminho da fé que busca entendimento.

Sempre que a ortodoxia é usada para acabar com o diálogo e excluir perguntas legítimas e sinceras, traímos nossa confiança na própria ortodoxia. Falta-nos confiança na fé cristã para responder às perguntas de nosso tempo e esclarecer as dúvidas dos fiéis. A verdade não tem medo de perguntas difíceis; nós é que temos medo de verdades difíceis.

Ademais, questionamentos não devem nos surpreender. Respiramos o ar do racionalismo iluminista; consumimos entretenimento criado para nos catequizar acerca da revolução sexual; compramos e vendemos em uma cultura de consumo que forma nossas expectativas de maneiras sutis. Tendo em conta nosso contexto, acaso não devemos esperar que pessoas que frequentam a igreja façam perguntas sobre a historicidade dos relatos bíblicos? Não devemos esperar que jovens queiram saber por que a igreja assevera que o entendimento bíblico da sexualidade é bom e benéfico para a sociedade? Não devemos esperar que as pessoas fiquem curiosas a respeito do que as leva a pertencer a *esta denominação*, e não a outra, especialmente quando há tantas opções disponíveis?

Nossa reação à exaltação da dúvida não deve ser a condenação de questionamentos. A igreja não será um lugar seguro, em que pessoas possam ser honestas a respeito de suas lutas, se seus líderes somente condenarem dúvidas. Esse ambiente diz aos cristãos sinceros que é melhor se retrair e nunca formular perguntas substantivas. E, quando se cansam de esconder seus questionamentos, não devemos nos surpreender ao ver alguns se afastarem inteiramente da igreja.

Há mais de uma forma de duvidar. Para alguns, a dúvida é uma forma de justificar um distanciamento da obediência, como a pergunta da serpente no jardim: "Deus realmente disse...?" (Gn 3.1). Para muitos, porém, a dúvida assume a forma do homem cujo filho era atormentado por um demônio. Esse pai disse a Jesus: "Eu creio, mas ajude-me a superar minha incredulidade" (Mc 9.24). Devemos nos esforçar ao máximo para distinguir entre perguntas que vêm de um coração que está lutando para crer e de um coração que está se esquivando da verdade. Muitos hoje em dia têm dificuldade de crer em razão de seu sofrimento nas mãos da igreja. Líderes sábios reconhecem esse fato e pastoreiam essas almas feridas de modo apropriado, tendo em mente as palavras de Isaías 42.3: "Não esmagará a cana quebrada, nem apagará a chama que já está fraca; fará justiça a todos os injustiçados".

A boa notícia é que Jesus ama aqueles que duvidam. Ele nunca deixou de amar seus discípulos. Tomé foi repreendido, mas também teve a oportunidade de ver de perto as cicatrizes de amor de Jesus. Deus pode usar a dúvida de forma semelhante à que um membro fraturado se torna mais forte e resistente no ponto em que ocorre a fratura. Embora não consideremos braços e pernas quebrados uma coisa boa, é plausível dizer que coisas boas podem resultar do processo de cura. Muitas vezes, no final, nossa experiência com a dúvida nos fortalece e nos torna ainda mais dependentes da graça e da misericórdia de Deus.

## Duas abordagens a uma igreja em declínio

Em um mundo em que a dúvida costuma ser exaltada, e em igrejas em que a dúvida costuma ser condenada, os desafios inerentes a formar igrejas e mantê-las saudáveis e em crescimento não devem nos causar surpresa. O vento está contra nós. Pesquisas e estatísticas mostram um declínio na porcentagem de indivíduos que se dizem membros de uma igreja local. Até mesmo entre aqueles que permanecem ligados a uma igreja, a frequência aos cultos caiu em décadas recentes e, como resultado, as igrejas têm menos membros ativos com os quais ela pode contar.

Denominações estão em declínio. Cristãos têm se afastado de suas comunidades de fé. Igrejas encolhem e fecham. Essa é a situação em muitas comunidades de hoje. O que devemos fazer? Duas abordagens comuns chamam a atenção.

*A elite fiel.* Diante do panorama atual de fé em declínio, alguns líderes de igrejas concluem que o problema sempre foi e sempre será o mundo.

*São tempos difíceis.*

*As pessoas não são mais capazes de tolerar a verdade cristã.*

*Se uma igreja está crescendo rapidamente dentro dessa realidade deve ser porque abriu mão de seus valores.*

Se você pensa dessa forma, uma igreja em declínio ou à beira da morte é uma insígnia de honra, pois mostra que ela é fiel. Menor número de pessoas nos cultos e menor número de membros são sinais de que o remanescente é constituído dos fortes e valentes. Esses números em queda são prova de rigorosa adesão à ortodoxia expressa por gerações anteriores.

A elite fiel transforma a aventura da ortodoxia em uma empreitada de sobrevivência. Temos um tesouro precioso, o evangelho, e vamos guardá-lo com nossa vida. Crescimento não é importante. Ir além de nossas quatro paredes não é importante. O mais essencial é nos manter fortemente unidos e nos apegar ao que temos.

Para a elite fiel, a missão é de *manutenção*. Ao contrário de uma igreja que talvez se encontre em declínio por uma série de motivos (mesmo ao procurar compartilhar o evangelho fielmente), a elite fiel abandona o trabalho de evangelismo e missões. O que importa é a manutenção. Esse enfoque em manter o que temos gera uma atitude defensiva em relação ao mundo. A igreja é uma fortaleza. A queda nos números se deve às circunstâncias contemporâneas, ao contexto e às condições que cercam o povo de Deus, e nunca à apatia da igreja que se recusa a buscar novas maneiras de alcançar a comunidade. O problema está *lá fora*, e devemos nos manter e manter nossas crenças em segurança *aqui dentro*.

***Os indiscriminadamente adaptáveis.*** Outros líderes de igrejas olham para o quadro atual de fé em declínio e concluem que o problema sempre foi e sempre será a igreja.

*Os cristãos se tornaram rígidos demais.*

*A igreja está presa demais a crenças arcaicas e de pouca relevância em nossos dias.*

*Perderemos a próxima geração se permanecermos inflexíveis e se não estivermos dispostos a nos adaptar à era moderna.*

Se a igreja está em declínio, se não tem dialogado bem com a cultura ou se tem enfrentado oposição, é porque não atualizou seu sistema de crenças. É rigorosa demais em suas exigências e hipócrita em suas ações. A fim de avançar, precisamos adaptar nosso ensino para que tenha maior alcance e permaneça relevante na próxima geração.

Os indiscriminadamente adaptáveis transformam a aventura da ortodoxia em uma empreitada de progresso. O caminho para avançarmos é mostrar afinidade com as pessoas ao nosso redor, deixar claro para o mundo que a igreja é ativa e interativa e exercer impacto que produza uma opinião favorável.

Para os indiscriminadamente adaptáveis, a missão é de *mudança*. A fim de acolher o futuro temos de deixar o passado para trás, ajustar-nos às crenças dos jovens e permanecer viáveis para a geração seguinte. A queda nos números se deve ao fato de que a igreja inchou, se corrompeu e permanece atrelada a crenças e práticas obsoletas. O problema está *aqui dentro*, e devemos tornar nossa mensagem mais aceitável a fim de granjear novos membros que se encontram *lá fora*.

## Uma nova expressão de ortodoxia

Nem a elite fiel, nem os indiscriminadamente adaptáveis servirão bem à igreja da próxima geração, pois, em ambos os casos, falta algo vivificador.

No primeiro caso, a fidelidade é reduzida à anuência a credos, à simples repetição da verdade cristã conforme nos foi transmitida, sem a emoção correspondente de descobrir as melhores maneiras de expressar verdades antigas em uma nova era. Ao longo da história, a igreja em seus melhores momentos procurou se manter fiel à verdade bíblica expressa nos credos e, ao mesmo tempo, elaborou confissões adicionais de fé ao aplicar antigas crenças a novos desafios. A confissão dos princípios da ortodoxia não é uma simples questão de repetição; é a aventura de deparar com novas situações culturais que exigem novas maneiras de expressar a verdade. Surgem novos erros e novos desafios culturais que nos levam de volta à ortodoxia em busca de formas oportunas e convincentes de extrair as implicações de nossa fé para que possamos transmitir o evangelho fielmente à próxima geração.

A elite fiel por vezes confunde a realidade da ortodoxia com expressões anteriores de ortodoxia e, então, redefine fidelidade como adesão ao credo ou à declaração doutrinária adotada pela igreja. Imaginamos que o trabalho de expressar a verdade cristã foi completado por gerações anteriores e que, agora, cabe a nós apenas preservar as palavras e os significados de modo puro. Essa abordagem, porém, não nos leva a um aprofundamento na ortodoxia para que possamos garimpar as riquezas que recebemos e buscar maneiras de abençoar a presente era com um testemunho oportuno e fiel. A elite fiel redefine a fidelidade somente como "apegar-nos ao que temos", em vez de também explorar os ricos depósitos da ortodoxia a fim de encontrar novas ferramentas e recursos para enfrentar os desafios da cultura contemporânea.

No segundo caso, a fidelidade é redefinida como "progresso", isto é, a alteração ou o aprimoramento da verdade como nos foi transmitida, sem a emoção correspondente de permanecer comprometidos com verdades antigas imutáveis. Perdemos a aventura de buscar maneiras criativas, dentro desses limites definidos por Deus, de colocar a essência do cristianismo em contato com um mundo que precisa da verdade. Ao longo da história, ao contrário de muitas outras religiões, o cristianismo se mostrou culturalmente adaptável e se desenvolveu em vários contextos e países por meio de expressões belas e singulares de uma só fé santa e apostólica.

Os indiscriminadamente adaptáveis, contudo, partem do pressuposto de que, para avançar, é necessário reexaminar e revisar doutrinas fundamentais a fim de permanecer relevantes no mundo. Se desejamos salvar a igreja, temos de mudar sua confissão. Por certo, há o perigo de que, ao nos afastarmos das crenças que caracterizam o cristianismo autêntico, transmitamos à próxima geração algo que não harmoniza mais com o evangelho recebido da geração anterior.

Ademais, de que adianta adotar uma fé tão maleável que se torna irreconhecível em relação à fé das gerações anteriores, ou à fé dos cristãos do mundo todo? Sem o cerne do cristianismo, sem as crenças e práticas em comum, uma visão compartilhada de ética e moralidade que flui da cruz e da ressurreição de Jesus, não temos direito de reivindicar a fé que nos foi confiada. Os indiscriminadamente adaptáveis perdem os limites teológicos que nos protegem de aceitar qualquer coisa que o mundo de hoje defina como progresso.

Deus nos deu em sua Palavra tudo de que precisamos para a salvação e a santificação. A igreja desenvolveu credos como breves resumos da verdade cristã essencial, e diversas igrejas em diferentes partes do mundo desenvolveram confissões que, em resposta a desafios locais, destacam aspectos importantes do ensino bíblico. A fidelidade não é apenas uma questão de narrar outra vez as vitórias de cristãos do passado que enfrentaram os desafios de sua época. A fidelidade também não é uma questão de nos afastar das verdades essenciais expressas por nossos antepassados na fé. A fidelidade é a aventura de

## CORAÇÃO PULSANTE • 209

nos colocar sobre os ombros daqueles que nos antecederam a fim de enfrentar os desafios de *nosso* tempo. *Essa* é a aventura que nos ajuda a perceber nossa dependência de Deus ao interagir com o mundo necessitado de graça.

## O coração pulsante

O que precisamos é redescobrir o cristianismo como uma fé viva. Nosso trabalho não é tornar o cristianismo relevante, mas mostrar a relevância eterna do cristianismo. Nosso trabalho não é manter vivo o cristianismo, pois é ele que *nos* mantém vivos. Não somos médicos que enviam uma corrente elétrica ao coração da ortodoxia para fazê-lo voltar a bater. Antes, a fé viva é mantida porque, quando nosso coração corre o risco de parar, o Espírito reintroduz em nós a ortodoxia, uma fé verdadeiramente viva, que envia sua corrente elétrica a *nosso* coração.

Redescobrir como o evangelho é bom revigora igrejas enfermas. Não somos chamados a ser apenas um remanescente, uns poucos fiéis que recitam expressões ortodoxas do passado; somos chamados a ser embaixadores, aqueles que receberam uma herança dos apóstolos e dos pais da igreja cuja ortodoxia foi articulada nos campos missionários.

As epístolas do Novo Testamento não tiveram origem como tratados sistemáticos de teologia, ou como meras declarações credais a serem repetidas para sempre. As cartas neotestamentárias inspiradas pelo Espírito foram escritas por apóstolos na vanguarda do trabalho missionário, seguidores de Jesus aos quais foi confiada a tarefa de transmitir o evangelho sem alterações e, ao mesmo tempo, aplicar a verdade a situações em constante mudança. Os textos do Novo Testamento vêm diretamente do campo de batalha espiritual. São documentos moldados pelo fogo na forja das missões. Sujeitamo-nos à autoridade apostólica não apenas ao ler e reler os textos antigos, mas ao procurar aplicar de novas maneiras a fé ortodoxa que encontramos nesses textos, desbravar novas trilhas no campo missionário e esclarecer e distinguir a verdade cristã para as circunstâncias de nosso tempo.

A aventura não consiste em adaptar a ortodoxia, mas em aplicá-la a uma nova era. A única forma de ter uma fé vivificante é adotar uma fé viva, e a vida se encontra na ortodoxia, e não em alguma doutrina progressista, inovadora ou da moda que talvez consideremos necessária para cativar o mundo. Aqueles que desejam sempre adaptar o cristianismo descobrem, por fim, que não lhes resta nas mãos nenhum cristianismo para ser adaptado.

O coração pulsante da ortodoxia, a emoção de uma fé viva, não consiste em adaptação, mas em aplicação.[4] Como pegar antigas verdades que recebemos e aplicá-las a novas circunstâncias? Como articular de uma nova maneira o ensino cristão quando outros hesitam diante de verdades que nossos antecessores tomavam por certas? Como permanecer comprometidos com a mensagem da Bíblia? Essas são as perguntas prementes que fazem a igreja agonizante recuperar o vigor.

## Sempre em reforma

Muitos protestantes adotaram a expressão em latim *semper reformanda* ("sempre em reforma") para expressar a necessidade contínua que a igreja tem de ser renovada pelo evangelho. Reforma é diferente de adaptação. O termo *reforma* implica a existência de uma forma. A *forma* é fundamental, e reformar significa nos realinhar continuamente com a realidade. Quando a reforma é aplicada à igreja, não diz respeito a reavaliar ou adaptar a fé, mas a voltar à fé, a nos alinhar novamente com as boas-novas que recebemos.

A elite fiel costuma imaginar que a melhor maneira de preservar algo é não tocá-lo, é deixá-lo quieto e se recusar a mudar qualquer aspecto. *Continue a fazer a mesma coisa, da mesma forma, com as mesmas palavras; isso é ser fiel.* Contudo, não é dessa maneira que funciona a preservação. Qualquer um que tenha uma casa sabe que para preservá-la é preciso reformá-la continuamente. A fim de manter a varanda, esforçamo-nos para preservar a madeira e cuidar dela. A fim de manter as cores do interior, temos de pintar as paredes novamente de tempos em tempos. A manutenção de uma casa requer limpeza e reparos, não porque desejamos mudá-la, mas porque desejamos mantê-la inalterada.

O mesmo se aplica à igreja e à necessidade de renovação. Deus construiu e mantém a casa. Por meio de sua Palavra e da obra do Espírito, cristãos de todas as gerações não procuram adaptar a estrutura para que a casa seja alterada, mas, sim, buscam encontrar sempre novas maneiras de destacar a beleza inerente de nosso lar espiritual. A Palavra viva e ativa de Deus restaura o que já existe, remove as partes deterioradas, condena o pecado e a hipocrisia e combate infecções. Voltamos ao alicerce em vez de substituí-lo.

## Amadurecer para nos tornar como crianças

Como recuperar o maravilhamento e a empolgação com o tesouro que nos foi dado? Como resistir à atração exercida pela elite fiel ou pelos indiscriminadamente adaptáveis? A resposta nos leva de volta à infância e à necessidade de nos maravilhar como crianças.

Para a criança, tudo é uma aventura. Nada faz uma igreja perder seu maravilhamento mais rapidamente do que a ausência de novos convertidos. Quando a igreja deixa de ver pessoas novas abraçando a fé, sua capacidade de receber o evangelho de novas maneiras, como quem o ouve pela primeira vez como se fosse uma criança, é reduzida. De acordo com Jesus, aqueles que desejam receber o reino devem se tornar como criancinhas (Mt 18.3; Lc 18.17). A pessoa que acabou de atravessar o limiar da fé vê tudo com novos olhos, como um bebê espiritual que observa pela primeira vez o estranho mundo novo ao seu redor. Não importa quantos anos tenha um recém-convertido, é como uma criancinha: dependente, humilde e cheia de admiração.

Uma forma de experimentarmos novamente esse maravilhamento pueril é convidar outros a entrar pela porta da fé e acompanhá-los em seus primeiros passos. Uma das alegrias de ser mãe ou pai é a emoção de vivenciar com o filho uma experiência nova para ele. Os pais mostram para o filho os filmes prediletos da infância deles, ou lhe dão um brinquedo do qual eles gostavam, ou visitam um parque temático no qual se divertiam e, nesses momentos, pelos olhos do filho, os pais experimentam algo que amam como se fosse pela primeira vez.

Na vida cristã, quando amadurecemos deixamos de ser infantis, mas nos tornamos como crianças. Quando se trata de maravilhamento, não há cristãos adultos. E, assim como mães e pais se emocionam ao reviver aspectos mágicos de sua infância pelos olhos dos filhos, os cristãos mais velhos são abençoados ao ter vislumbres novos da beleza da ortodoxia pelos olhos de um cristão que está iniciando sua jornada de fé. Uma igreja em sintonia com Cristo é repleta de cristãos espiritualmente mais jovens e mais velhos que conhecem o poder do evangelho. Cristãos que caminham com Jesus há vários anos experimentam de nova maneira a graça de Deus ao contemplar a beleza do evangelho pelos olhos dos recém-nascidos na fé. O evangelho nos parece mais emocionante não quando o saboreamos, mas quando o compartilhamos.

Alguns cristãos têm o dom de ensino, mas todos os cristãos são chamados a transmitir sua fé a outros. Quanto mais nos aprofundamos na Palavra de Deus com o desejo de compartilhar a verdade com outros, mais buscamos repostas para perguntas difíceis; quanto mais enfrentamos os desafios de nossos dias ao trazer tesouros velhos e novos do depósito (como Jesus descreveu em Mt 13.52), mais percebemos que nossa fé é reanimada. Experimentamos a beleza da verdade repetidamente ao vê-la pelos olhos de outra pessoa como se fosse a primeira vez.

O coração pulsante da ortodoxia começa com o maravilhamento pueril vivenciado na conversão, e o coração da ortodoxia continua a pulsar quando celebramos e vemos o mundo pelas lentes da conversão de outros. O coração pulsante da ortodoxia sempre inclui missões e evangelismo. O amor de uma igreja por Cristo cresce quando seus membros assumem o compromisso de falar dele a outros. Quanto mais falamos daquilo que amamos, mais nosso amor cresce. É um círculo virtuoso de renovação constante.

Jesus sabia disso e, portanto, lembrou todos os seguidores de que seu coração estará onde estiver seu tesouro (Mt 6.21). Embora costumemos entender essa declaração como uma advertência para não acumular tesouros na terra (uma interpretação correta), o sentido positivo também é importante: devemos acumular tesouros no céu. Nosso coração acompanhará nosso investimento. E, se descobrirmos que temos o desejo de amar Jesus ainda mais, o caminho para satisfazer esse desejo é investir mais em Jesus. Nossa paixão acompanhará nossa participação. Quanto mais falarmos de Jesus para outros, mais importante ele será para nós. Assim se perpetua esse círculo virtuoso.

Propagar a fé é uma aventura. Defender a fé quando ela está sob ataque é uma aventura. Aplicar a fé perene a uma situação atual é uma aventura. Considerar-nos depósitos divinos de verdade eterna certamente é uma aventura. Trazer do passado verdades para nos renovar no presente também é uma aventura. Como crianças, voltamos à fonte de água viva, onde somos revigorados para o caminho adiante.

## Uma igreja global

Outra forma de evitar nos tornarmos parte da elite fiel ou dos indiscriminadamente adaptáveis é entender como a ortodoxia nos liga à igreja global. Fazemos parte de uma família mundial de fé.

Muitas vezes, os membros da elite fiel imaginam que só eles são fiéis. Entristecidos com a rendição de outras igrejas a ensinamentos falsos ou com o declínio do cristianismo em suas comunidades, começam a supor que só eles restaram. Um tipo irônico de orgulho se desenvolve quando nos convencemos de que somos os últimos. Esse orgulho nos leva a isolamento ainda maior; escondemo-nos em *bunkers* cujas paredes são reforçadas com nossa própria determinação obstinada.

O profeta Elias, que teve de fugir da perversa rainha Jezabel, passou tempo considerável no deserto em estado de desalento, em parte porque se imaginou sozinho em sua fidelidade ao Senhor. Deus confrontou Elias e lhe disse que havia sete mil que nunca haviam se prostrado diante do falso deus Baal (1Rs 19).

CORAÇÃO PULSANTE • 215

Elias não estava sozinho, e nós também não estamos. Só precisamos olhar para a igreja ao longo das eras. Só precisamos olhar para a igreja ao redor do mundo. Não importa o que aconteça com a igreja em uma era ou em um país, há um vínculo indissolúvel entre os cristãos fiéis de todas as eras e lugares. A igreja global ajuda a nos guardar da ideia de que "restamos apenas nós".

Nossa ligação com a igreja global também nos guarda dos erros dos indiscriminadamente adaptáveis. Muitas vezes, há quem pressuponha que rejeitar uma doutrina fundamental ensinada pela igreja torne os cristãos "mais abrangentes" ou "maiores" que a igreja. Na verdade, acontece o oposto. Quando nos afastamos dos ensinamentos das Escrituras em determinado assunto, *nós* é que resistimos à grandeza e à abrangência do testemunho global da igreja. Ao rejeitar uma doutrina-chave do cristianismo em nome da "abrangência" nós nos confinamos à estreiteza do cisma. Aqueles que se afastam daquilo que igrejas do mundo todo confessaram sempre e em todo lugar não se tornam maiores; encolhem e se transformam em lascas e fragmentos.

Uma forma de ficar atentos para erros que levam a heresias é examinar a fé dos cristãos ao longo de toda a história e ao redor do mundo. Aqueles que nos antecederam reconheceriam o que estamos ensinando? Cristãos de outras partes do mundo se alinhariam com nossas crenças? Nossas inovações doutrinárias lhes pareceriam estranhas? Ou nossa fé comum promove entre nós unidade que atravessa inúmeras expressões culturais?

A heresia se apresenta como algo maior e mais abrangente do que a fé ortodoxa. Contudo, uma vez que deixamos o âmbito da fé universal abraçada por todos os cristãos de toda parte, acorrentamo-nos a algo menor, algo confinado a determinada região ou determinada época, uma crença que se separou da fé ortodoxa em razão de uma ênfase específica. Não importa o quanto imaginemos que estamos ampliando nossa religião, ou que estamos na vanguarda de maior inclusão ou de uma mente mais aberta do que a pequena igreja em que crescemos, se nossa igreja se apega aos elementos essenciais da ortodoxia, *nós* é que estamos nos desvinculando do reino que abrange o mundo todo. A pequena igreja que confessa a ortodoxia permanece ligada ao maior e mais diverso movimento de pessoas da história.

Heresias se retraem diante da vastidão da igreja. O verdadeiro desafio consiste em não se encolher diante da grandeza e da amplidão do testemunho global da igreja. O caminho do erro se apresenta como uma incursão em novo território, mas sempre leva a um beco sem saída.

O coração pulsante da ortodoxia não é uma aventura pessoal de autodescoberta, uma colcha de retalhos de nossas versões prediletas da fé cristã. É o vínculo com santos de diversas culturas e climas, de diferentes línguas e tradições, unidos pela confissão em comum de Jesus Cristo, o rei.

Por certo, os cristãos são divididos em várias tradições e denominações, mas apesar das diferenças externas, os que creem verdadeiramente em Cristo estão ligados pela "doce comunhão mística"[5] a todos os cristãos que nos antecederam e a todos os verdadeiros cristãos ao redor do mundo hoje. O coração pulsante da ortodoxia atravessa tempo e espaço e nos liga a outros que confessam a mesma fé. Dizemos "eu creio" e sabemos que estamos em comunhão com milhões de pessoas que encontraram o mesmo tesouro, que recitam as mesmas palavras, que creem nos mesmos conceitos e que confiam no mesmo

Salvador. Quando resolvemos divergir e dizer algo singular, começamos a nos parecer com todos os outros em um mundo que valoriza a autoexpressão. Alinhar nosso coração com algo antigo faz com que nos destaquemos e provê um alicerce no qual podemos nos firmar, algo maior que nossas invenções.

A melhor maneira de nos destacar é permanecer firmes e dar nosso bom testemunho, exatamente como Cristo Jesus fez diante de Pôncio Pilatos (1Tm 6.13-16). Não importam quais adversários surjam em nosso mundo de hoje, com zombaria, insulto e desprezo voltados contra nós, podemos receber e suportar o desdém, a marginalização, o ostracismo e a perda de prestígio. Temos a igreja antiga atrás de nós, uma grande nuvem de testemunhas acima de nós e Cristo, nosso desbravador, adiante de nós. Esperamos oposição e não recuamos diante de insultos.

Afinal, o corpo mutilado de um Messias crucificado ocupa o cerne de nossa fé. O pior que podia ser feito contra nós já foi feito contra ele, e há um túmulo vazio do outro lado desse sofrimento. Conhecemos o futuro. Não tememos.

# 10

## O futuro da ortodoxia

Em uma viagem à Inglaterra alguns anos atrás, minha esposa e eu paramos em um castelo antigo, construído no século 11, para tirar algumas fotos de família. Dentro dos muros da fortaleza havia uma bela igreja normanda, cercada por um cemitério com lápides desgastadas pelas intempéries. Embora o castelo fosse magnífico, a igreja me deixou mais curioso. Sobre o muro de pedra que cercava o cemitério havia uma faixa anunciando uma apresentação introdutória em nível popular das doutrinas básicas do cristianismo, uma forma de evangelismo usada por diferentes denominações em vários países. Foi uma imagem inspiradora. Aquela era uma igreja antiga — cercada por uma nuvem de testemunhas, com os corpos pré-ressurreição plantados ao seu redor — decidida a não ser apenas um museu. A faixa do lado de fora comunicava uma mensagem clara: "Cremos em Jesus e queremos que você também creia nele".

Alguns dias depois, visitei uma bela igreja em outra parte da Inglaterra. Por curiosidade, procurei-a on-line. Havia uma diferença impressionante entre as duas igrejas. A primeira era cheia de entusiasmo pelo evangelho e desejava que todos o ouvissem e cressem nele. A segunda era cheia de entusiasmo a respeito de sua mente aberta e de seu compromisso de acolher qualquer um que passasse por lá, sem fazer perguntas sobre doutrina ou crença. Diziam que o visitante não encontraria

O FUTURO DA ORTODOXIA • 219

ali "um conjunto fixo de dogmas" e, sim, "incentivo para se maravilhar, para fazer perguntas" e valorizar diversas perspectivas. O que mais chamou atenção na segunda igreja foi a dicotomia criada entre maravilhamento e dogma, como se "um conjunto fixo de dogmas" fosse algo ruim, algo que pudesse impedir as pessoas de experimentar admiração, maravilhamento e mistério.

C. S. Lewis, em um de seus ensaios, condena a "religião mínima" que procura se desvencilhar de dogmas.

> A religião mínima, enquanto permanece mínima, não tem condições de ser exercitada. Assim que fazemos algo, pressupomos um dos dogmas. Na prática, não será religião nenhuma; será apenas uma nova tonalidade dada a todas as diversas coisas que as pessoas já fazem [...]. Com a religião mínima [...] todos nós continuaremos a fazer o que já fazíamos antes.[1]

O problema de um cristianismo sem doutrinas e sem dogmas é que ele se torna um verniz religioso para abençoar a vida *em seu estado atual*. No cristianismo sem dogmas resta-nos apenas um Deus domesticado, com certeza não um Aslam perigoso, mas bom. Lewis prossegue:

> O deus sobre o qual não se crê em nenhum dogma é mera sombra. Não produz o temor do Senhor que é o princípio da sabedoria e, portanto, não produz o amor em que ela é consumada. [...] Nessa religião mínima não há nada que convença, converta ou (no sentido mais elevado) console; não há nada, portanto, que possa restaurar a vitalidade a nossa civilização. Ela não é custosa o suficiente.[2]

É bem provável que, no parecer das pessoas de bom coração da segunda igreja que visitei, um conjunto fixo de dogmas

## 220 • A EMOÇÃO DA ORTODOXIA

não seja atraente para uma sociedade pluralista; talvez pensem que insistir tediosamente em doutrinas cristãs cause divisões. Mas e se for o contrário? E se o dogma for aquilo que une as pessoas? Afinal, a busca pela verdade é o único vínculo em comum a respeito do qual vale a pena discutir.

O desprezo por um conjunto fixo de dogmas simplesmente o substitui por outro conjunto e nos cega para o quanto somos *dogmaticamente* contrários a dogmas. G. K. Chesterton escreveu: "A aversão a dogmas definidos significa, na verdade, uma preferência por dogmas não examinados".[3]

> O defeito da ideia moderna de progresso mental é que ela sempre é algo que diz respeito a romper vínculos, eliminar limites e lançar fora dogmas. Mas, se o crescimento mental existe, precisa significar crescimento em convicções cada vez mais definidas, em cada vez mais dogmas [...]. O mundo moderno é repleto de homens que se apegam tão fortemente a dogmas que nem sabem que são dogmas.[4]

O futuro do cristianismo não pertence àqueles que separam os dogmas do maravilhamento. O que verdadeiramente inspira admiração não são generalidades indefinidas sobre inclusão social, mas o fato de pertencermos a um povo presente no mundo inteiro e ao longo das eras, um povo que lê a mesma Bíblia, recita o mesmo credo e confessa as mesmas doutrinas.

Não sei o que o futuro reserva para a primeira igreja que mencionei, nem para a segunda. Sei, contudo, qual igreja eu prefiro visitar e qual igreja tem uma ligação mais próxima com os cristãos de todo o mundo e com os cristãos que nos antecederam. Sei qual igreja está mais próxima do testemunho global e histórico do cristianismo. Sei em razão dos dogmas em comum que aceitamos.

## As armadilhas da verdade

Pouco depois do início deste livro, identificamos quatro maneiras pelas quais nos afastamos da verdade. A primeira nasce de uma rancidez que cobre a vida espiritual e nos deixa vulneráveis a buscar emoções espirituais em outros lugares além da teologia cristã. A segunda constitui o caminho para o pragmatismo, a busca apenas pelas coisas práticas e, com isso, a criação de uma dicotomia falsa entre atos e credos. A terceira é se contentar com uma "inquietação" a respeito de ensinamentos cristãos, a ponto de nosso constrangimento e incômodo nos levarem a minimizar, negar ou alterar certos aspectos do cristianismo. A quarta consiste em buscar uma causa nobre com tamanho fervor que as coisas eternas são obscurecidas pelas terrenas e a cruz de Cristo é removida do centro da igreja.

Poderíamos relacionar outras formas de desvio, mas, cedo ou tarde, todas se mostrariam parecidas. É mais fácil identificar os caminhos que levam a erro e heresia porque são extremamente antigos e extremamente batidos. Foram colocados em uso muitas vezes ao longo da história.

Embora eu tenha focalizado as maneiras pelas quais podemos nos desviar em direção a heresias, o verdadeiro poder do evangelho atrai as pessoas para a ortodoxia. É mais difícil dar nomes e rótulos aos caminhos que conduzem à ortodoxia, pois há incontáveis formas pelas quais as pessoas encontram a verdade, ou melhor, pelas quais a verdade as encontra. A verdade as encontra porque ela está viva. Não ouvimos relatos de pessoas que se desviaram, sem perceber, para conversão, novo despertamento ou renovação espiritual. A graça nos atinge como um raio, uma força sobrenatural produzida pelo Espírito por meio do evangelho.

Sempre que alguém busca salvação em Cristo Jesus, um milagre ocorreu. Sempre que alguém que havia se afastado da fé é levado repentinamente de volta à excelência e à beleza da verdade cristã, algo inesperado e inexplicável ocorreu. Afastar-se é natural; descobrir é sobrenatural. Mesmo pessoas que vão desde a infância à igreja — onde ouvem o evangelho anos a fio, ou entoam teologia por meio de cânticos — podem experimentar um lampejo quando a verdade bíblica desce da mente para o coração, quando se apodera das afeições e nos enche de gratidão que leva a adoração reverente Àquele que nos salvou. Se somos despertados, é porque alguém nos despertou. Não podemos fazê-lo por nós mesmos. E sempre que voltamos a ser despertados ou revigorados pela verdade do evangelho, é porque o Espírito está operando.

*A história de Thomas Oden.* Em tempos recentes, temos visto diversos cristãos contarem histórias de desconstrução da fé ou de "desconversão" total. Muitos cristãos parecem se surpreender com esses relatos, talvez porque estejam mais habituados a ouvir uma narrativa após a outra de como as pessoas se aproximaram de Cristo, e não de como saíram da igreja. Conversões individuais não se transformam em manchete, mas isso se deve ao fato de que são muito mais numerosas.

De vez em quando, uma conversão talvez provoque certo burburinho, pois a mudança radical é tão inesperada. Foi o caso do teólogo Thomas Oden. Em meados do século 20, Oden ingressou no ministério com o desejo de usar a igreja como instrumento de mudança política. Considerava-se um "teólogo de movimento", sempre à procura de qualquer nova ideia que constituísse uma modernização aceitável do cristianismo. Posteriormente, ele escreveu: "Para mim, se uma ideia era anunciada como novidade, causava uma impressão muito mais favorável do que uma ideia que parecia ser antiga".[5] Sua igreja confessava o Credo Apostólico todas as semanas, mas ele tinha problemas com algumas das declarações ("'Ressurreição' e 'expiação' eram palavras com as quais eu engasgava"[6]) e as redefinia e reinterpretava de uma forma que ele próprio pudesse aceitá-las.

Depois de experimentar a maioria dos erros rejeitados de longa data pelo cristianismo, Oden se viu diante de um professor judeu russo baixinho e de barba que olhou para ele com fúria, levantou um dedo e disse: "Você vai continuar teologicamente inculto enquanto não estudar minuciosamente Atanásio, Agostinho e Aquino. [...] Para que você se torne, algum dia, um teólogo com credibilidade, e não um sabichão, terá de reconstruir a vida sobre uma base mais firme. Mesmo que seja pago para ser teólogo, você o é só de nome".[7]

Desafiado por esse professor, Oden percebeu que havia desconsiderado precipitadamente um vasto depósito de sabedoria histórica. Estudou com grande zelo os textos antigos do cristianismo clássico até que "saiu de um labirinto e voltou a ter prazer nos mistérios sagrados da fé e nos dilemas perenes da existência humana decaída".[8] Os textos clássicos deram nova forma a sua mente. Seu coração bateu mais forte ao descobrir a emoção da ortodoxia, não porque era nova, mas porque, embora fosse antiga, permanecia viva.

> Foi fascinante perceber que eu não estava aprendendo nada de novo; estava apenas reaprendendo o que havia sido reaprendido muitas vezes no passado a partir do testemunho apostólico. Fiquei admirado quando percebi que a sabedoria intergeracional da comunidade antiga de fé era completamente acessível dentro da modernidade. Não havia necessidade de me desculpar para

224 • A EMOÇÃO DA ORTODOXIA

colegas de universidade, não havia necessidade de rebaixar meus conhecimentos ao exigir que se conformassem a pressupostos modernos transitórios. A sabedoria estava ali, diante de mim, ainda pulsando na forma de uma comunidade viva e generosa que havia sobrevivido despercebida debaixo das ilusões da modernidade. [...] Eu havia me encantado com a novidade. Para ser honesto, havia me apaixonado pela heresia. Agora, estava despertando desse encantamento e deparando com dois mil anos de memória estável.[9]

Os dogmas e as doutrinas do cristianismo não reprimiram a mente inquiridora de Oden, nem o impediram de avançar em seus estudos. Antes, ele se percebeu mais livre do que antes, quando havia corrido atrás de um modismo após o outro nos meios acadêmicos.

Experimentei mais liberdade transcultural de investigação. Ideias teológicas que eu havia deixado de lado por muito tempo ganharam vida. [...] Senti-me incomparavelmente abençoado por ter recebido essa herança. [...] A mente cristã clássica fica à vontade em todos os ambientes culturais imagináveis.[10]

A jornada de Oden contraria todas as expectativas de hoje. É costumeiro dizer que as gerações vindouras de cristãos jamais concordarão com as partes impopulares da teologia cristã ou jamais permanecerão fiéis à visão moral de Jesus e dos apóstolos. Tenho convicção, porém, de que a fé que sobreviveu a tribulações e desafios muito maiores do que aqueles que enfrenta hoje permanecerá. Não há ideologia em nossa sociedade que possa se comparar à persistência e ao consenso do cristianismo apostólico que se estende ao longo de quase dois mil anos. Não importa o que aconteça em curto prazo com a adesão à fé cristã em meu país e na geração seguinte, eu aposto na ortodoxia.

## Os benefícios da heresia

De onde vem minha convicção? Da consciência de que ortodoxia e heresia não são forças equivalentes na batalha. Uma é real; a outra é falsa. Uma dá vida; a outra leva à morte. Uma é a hospedeira; a outra é a parasita. Com o tempo, a realidade fica evidente: a heresia nega a vida; a ortodoxia desafia a morte. A ortodoxia vencerá no final, não importa quão populares ou difundidas sejam as heresias e apostasias de hoje, pois a verdade não desapareceu. É uma realidade multifacetada e resplandecente que tem de ser encarada. A ortodoxia é a bola de demolição da heresia.

Sim, como cristãos precisamos condenar a heresia e advertir sobre erros teológicos, pois reconhecemos que as coisas que estão em jogo são importantes (até mesmo eternas!). No entanto, jamais devemos imaginar que ortodoxia e heresia são inimigas mortais, de poder semelhante, e que a primeira mal consegue se desvencilhar da segunda. Não. A força da ortodoxia é infinitamente maior, pois a verdade não pode ser derrotada. E Deus colocou armadilhas da verdade por toda parte. Em todo o nosso redor há placas de sinalização que apontam para a existência de Deus, enquanto as Escrituras apontam para a redenção que Cristo oferece.

Estranhamente, em certo sentido, a heresia pode servir à verdade. Agostinho escreveu: "A rejeição de hereges traz para o primeiro plano o credo de tua igreja e a sã doutrina que ela declara, pois é preciso haver também heresias para que aquilo que é aprovado seja elucidado para os fracos".[11] Não me entenda mal. Heresias provocaram destruição ao longo dos

226 • A EMOÇÃO DA ORTODOXIA

séculos e, como vírus, passam por mutações e se transformam. Muitas continuam a infectar a igreja ainda hoje. E, no entanto, sem minimizar seus efeitos destrutivos, podemos ser gratos pela forma como erros teológicos nos levam de volta à Bíblia a fim de que desenvolvamos entendimento ainda mais rico e pleno da fé. Quando surgem heresias, os cristãos voltam às Escrituras e, juntos em comunidade, esclarecem suas crenças. Portanto, as heresias que assolam a igreja podem, muitas vezes, servir de oportunidade para os cristãos, levando-nos a sondar os mistérios da fé que recebemos e nos aprofundar em nossas convicções. É por meio do surgimento de erros que a verdade volta a ser afirmada, afiada e adotada.

Quando os gnósticos tentaram nos convencer a desprezar o corpo humano, a igreja aprofundou seu entendimento da excelência da criação de Deus e da dádiva gloriosa de nossa natureza física.

Quando o herege Marcião procurou nos fazer rejeitar Israel e o Deus descrito no Antigo Testamento, a igreja valorizou ainda mais a Bíblia que Jesus lia e encontrou novas maneiras de entender como todas as Escrituras dão testemunho de Cristo, o foco da revelação divina.

Quando o docetismo quis negar a verdadeira humanidade de Jesus, a igreja passou a entender ainda melhor o milagre da encarnação, em que Deus se tornou humano a fim de ser verdadeiramente Emanuel, *Deus conosco*.

Quando os donatistas preferiram o cisma à comunhão com cristãos fracos e vacilantes, a igreja resplandeceu com brilho ainda maior como comunidade de pessoas que, por vezes, pisam na bola e que lutam constantemente, mas que são caracterizadas pela disposição de depender da misericórdia de Deus e, pelo poder do Espírito, crescer em graça e piedade.

O FUTURO DA ORTODOXIA • 227

Quando Pelágio asseverou o caráter inerentemente bom dos seres humanos e sua força de vontade, a igreja desenvolveu um retrato mais detalhado da absoluta pecaminosidade e da total incapacidade dos seres humanos de iniciar a salvação, bem como da graça incondicional de Deus que vem ao nosso encontro no momento de maior necessidade.

Quando Ário e outros hereges se colocaram fora dos limites do Trinitarianismo clássico, a igreja tornou ainda mais aguçado o conceito de Deus Triúno para que enxerguemos melhor a fonte de amor abnegado no cerne de toda a existência.

Quando teólogos de hoje negam a inspiração e a autoridade das Escrituras, a igreja trata da complexidade da Bíblia e encontra ainda mais glória e poder no tesouro da revelação de Deus.

Nos dias por vir, à medida que a igreja tiver de interagir com novas ideologias de gênero e com a definição fluida de casamento, desenvolveremos entendimento mais pleno da antropologia, bem como do significado e da teologia do corpo. Em nossa busca por recursos eternos para enfrentar os desafios de hoje, novos erros nos impelem para novas áreas do vasto campo de ortodoxia que herdamos, mas que ainda não exploramos.

## Olhar para trás e para a frente

É fato que ainda há muito mais a explorar. Podemos ter a expectativa de que o entendimento da fé cristã se aprofunde e cresça nos dias por vir. O objetivo do discipulado é desenvolvimento. E sempre que nós, discípulos, confrontamos novas ameaças e desafios, nosso entendimento da ortodoxia também se desenvolve.

Ao longo dos séculos, o entendimento da igreja se aprofundou à medida que teólogos estudaram as Escrituras e

228 • A EMOÇÃO DA ORTODOXIA

buscaram a melhor maneira de aplicar antigas verdades a novas situações. Passamos a compreender melhor a realidade da Trindade, o significado da expiação e o poder da Palavra revelada de Deus. Não se trata de nos afastarmos da simplicidade dos textos do Novo Testamento, das palavras inspiradas do testemunho apostólico. Trata-se, antes, de voltar ao passado a fim de que possamos avançar, de nos aprofundar até encontrar os tesouros necessários para enfrentar os desafios de hoje.

Uma ortodoxia imutável é caracterizada por expressões em perpétua mudança para que a essência permaneça inalterada. As expressões se desenvolvem continuamente a fim de garantir que a verdade imutável e eterna possa ser comunicada de modo constante em tempos inconstantes. Os credos expressam os elementos bíblicos fundamentais do evangelho imutável que somos chamados a proclamar em um mundo em contínua mudança. Voltamos repetidamente à Palavra de Deus e descobrimos novos e diferentes elementos que podemos extrair do único e verdadeiro evangelho e que nos ajudarão a ser fiéis em nosso tempo.

*A necessidade de discernimento.* A ortodoxia não nos fornece um conjunto perene de regras morais adequadas para todas as situações imagináveis. Antes, oferece um esquema da fé, uma estrutura por meio da qual podemos discernir e buscar uma aplicação oportuna de sabedoria moral. A sabedoria precisa ser cultivada por meio do crescimento em caráter cristão, ao mergulharmos na magnífica narrativa de nosso mundo, desdobrada nas Escrituras e recitada nos credos. A sabedoria nos leva a extrair recursos do passado, a contemplar as promessas para o futuro, a confiar na direção do Espírito no presente.

Não devemos imaginar que a ortodoxia é uma camisa de força que determina cada uma de nossas ações. Ela é mais semelhante a um roteiro que permite as improvisações necessárias em nossa caminhada com Cristo. Kevin Vanhoozer a descreve como um tipo de sabedoria "improvisadora", uma forma de obediência contínua que segue a mesma trilha, mas de forma diferente. "O grupo teatral da fé encena o mesmo drama; contudo, ele o faz em dez mil lugares diferentes, cada um com sua realidade social específica e seu cenário cultural."[12] A ortodoxia nos dá sabedoria para que, no momento de tomar decisões, compreendamos instintivamente qual é o melhor curso de ação, confiando na direção do Espírito.

*Vanguarda e retaguarda.* Muitas vezes, as pessoas falam da ortodoxia ou do cristianismo tradicional como se fosse um empecilho para o progresso. É fácil para alguns imaginar que a ortodoxia é regressiva, um obstáculo que faz a igreja desacelerar e a impede de ocupar a vanguarda do desenvolvimento social quanto a moralidade e costumes.

Se pensarmos em longo prazo, contudo, veremos que é o oposto. Os ortodoxos ocupam a vanguarda porque também ocupam a retaguarda. A ortodoxia é maior que nossa era. O Espírito de Deus antecede e sucede o espírito de nossa era. Os progressistas é que, cedo ou tarde, serão deixados para trás. Quem se casa com o mundo logo fica viúvo.

Sem dúvida a ortodoxia pode desacelerar determinado tipo de progresso, especialmente quando a perspectiva bíblica mostra que algumas ideias de "progresso" são mais uma jornada rumo a desastres. Blaise Pascal escreveu: "Quando tudo se move ao mesmo tempo, nada parece se mover, como quando estamos em um navio. Quando todos se movem rumo à depravação, ninguém parece estar se movendo, mas se alguém parar e servir de ponto fixo, mostrará para os outros que estão correndo em disparada".[13] A insistência da igreja em um ponto

230 • A EMOÇÃO DA ORTODOXIA

fixo lembra o mundo de que há um padrão transcendente com base no qual todos os movimentos aqui na terra serão julgados. Cristãos atuam como sal e desaceleram o processo de decomposição social. Os cristãos que permanecem ancorados na ortodoxia e se recusam a ser levados pelas correntezas do mundo serão, ao permanecer firmes, bênção para aqueles que se encontram ao seu redor, quer o mundo receba sua presença como bênção quer não.

A ortodoxia não desacelera o progresso; ela altera radicalmente o conceito de progresso do mundo. A fé cristã nos dá um cronograma diferente, uma nova visão do futuro. Pertencemos a uma comunidade global de fé que existia antes de nascermos e que existirá muito depois que morrermos. Na igreja, estamos *antes* e *depois* de qualquer coisa que o mundo considere progresso, pois sabemos de onde e de quem viemos e sabemos qual é nosso destino final.

## O futuro da igreja

O futuro da igreja não será concretizado por aqueles que se cansam da emoção da ortodoxia, mas por aqueles cujas raízes estão profundamente firmadas nas eras da igreja cristã e nas páginas da Palavra inspirada de Deus. O futuro da igreja não será concretizado por aqueles que pegam carona em modismos, que se atrelam a um momento ou movimento passageiro, como suposta garantia de sucesso. O futuro da igreja seguirá o caminho dos peregrinos que recebem, continuamente, poder do Espírito, que se emocionam com a descoberta e a definição de ortodoxia, homens e mulheres capazes de enxergar modas do passado e do presente, que não toleram as heresias tacanhas que mutilam a fé cristã; homens e mulheres que se apoiam inteiramente na riqueza da verdade que herdaram e que transmitirão à próxima geração. O futuro da igreja pertence àqueles que desejam escalar o monte, que anseiam se tornar cada vez mais semelhantes a Cristo e que confiam no Espírito para a salvação e a santificação, ao sermos renovados à imagem de nosso Salvador. O futuro da igreja depende da emoção da ortodoxia.

E como será esse futuro? Uma multidão de indivíduos outrora pecadores e agora santos, reunida em volta do trono, erguendo a voz em tom perfeito para louvar Aquele que é o Leão e o Cordeiro, unida ao cântico infindável de todos os anjos e poderes do céu. Cantaremos: "Santo, santo, santo é o Senhor, Deus de força e poder, os céus e a terra estão cheios de sua glória". Com a gloriosa companhia dos apóstolos, a nobre comunhão dos profetas e o exército de mártires vestidos de branco, daremos testemunho da majestade do Pai, do valor de seu Filho unigênito e do poder do Espírito Santo, nosso advogado e guia. Nesse momento eterno de aclamação — ao ver Jesus exaltado, o rei da glória que não desprezou o ventre da virgem — olharemos para todo o nosso sofrimento, para tribulações, tristezas e pecados do passado, e os veremos ser entretecidos na tapeçaria do plano eterno de Deus. E todas as nossas ínfimas tentativas de expressar o inexpressável, toda a insensatez dos erros e das heresias da humanidade, se desintegrarão diante da realidade sólida do Deus Triúno que salva e santifica.

Mesmo agora, a cada domingo, reunimo-nos em igrejas em todo o mundo e, por um momento, temos um vislumbre do que está por vir. Com grande dificuldade, por vezes um tanto desafinados ou em busca das palavras certas, temos um antegosto do futuro e sentimos a forte emoção de participar do cântico eterno. *Assim na terra como no céu.*

# Agradecimentos

Dediquei este livro a meu pai e a minha mãe porque sou grato por terem me ensinado fielmente as Escrituras e por terem me mostrado o mundo amplo e empolgante do cristianismo. Durante muitos anos, eles me apoiaram e me incentivaram em meu processo de crescer em conhecimento e entendimento de Deus e de sua revelação a nós.

Ao longo dos anos, tive o privilégio de interagir com centenas de pastores, dezenas de teólogos e estudiosos e um punhado de amigos que acreditam que a Palavra é vida e desejam fortalecer a fé da igreja na presente geração e na próxima. Também tenho uma dívida de gratidão para com alguns pensadores do passado, especialmente G. K. Chesterton, cujas analogias e argumentos estimularam meu pensamento ao longo dos anos. Outros fãs de Chesterton reconhecerão neste livro os frutos de algumas dessas esclarecedoras considerações.

Meu agente literário, Andrew Wolgemuth, me ajudou a enxugar o esboço e a apresentação, e meu editor, Ethan McCarthy, captou a visão do livro logo no início e me ajudou a manter o foco e evitar problemas durante as muitas revisões editoriais. Expresso gratidão especial a vocês, amigos e colegas Brandon Smith, Michael Kelley, Mike Ebert, Brandon Elrod e Ryan Whitaker Smith, e a Joshua Heavin, que foi muito além de todas as expectativas e fez comentários profundos

234 • A EMOÇÃO DA ORTODOXIA

e proveitosos sobre o primeiro rascunho deste manuscrito. Agradeço a Collin Hansen e a Ivan Mesa por me aconselharem durante a preparação da palestra inicial que se tornou a semente para este livro.

Como sempre, minha esposa, Corina, demonstrou graça e deu apoio durante os vários meses em que viajei diversas vezes para trabalhar neste texto. Peço a Deus que nossos filhos — Timothy, Julia e David — deem continuidade à missão de transmitir fielmente a ortodoxia às gerações por vir.

## Lista de leitura para os próximos passos

Se você deseja se aprofundar nos gloriosos mistérios da fé cristã, recomendo as seguintes obras:

**Donald Fairbairn e Ryan Reeves,** *The Story of Creeds and Confessions* **(Grand Rapids, MI: Baker Academic, 2019).** Esse é um dos melhores livros que encontrei sobre história da igreja, desenvolvimento da teologia cristã, concílios ecumênicos e a relação entre credos e confissões. Uma leitura prazerosa, explicativa, acessível e esclarecedora.

**Michael Reeves,** *Deleitando-se na Trindade: Uma introdução à fé cristã* **(São Paulo: Monergismo, 2015).** Uma introdução belamente escrita à teologia cristã; procura oferecer não apenas informação e conhecimento teológico, mas verdades que levam o coração a adorar. Reeves articula verdades bíblicas que estimularão a mente e farão o coração vibrar.

*The Ancient Faith Study Bible* **(Nashville: Holman Bible Publishers, 2019).** Essa Bíblia com notas de estudo de teólogos e pastores antigos tem como objetivo apresentar aos estudantes atuais da Palavra de Deus o legado que nos foi deixado pelos primeiros séculos da igreja. Os artigos e as notas de estudo nos elevam acima do presente momento cultural a fim de que possamos ser revigorados pela sabedoria e pelas reflexões dos crentes de outrora.

Christopher Hall, *Learning Theology with the Church Fathers* **(Downers Grove, IL: InterVarsity Press, 2002)**. Um excelente panorama do início do desenvolvimento teológico cristão. Hall fornece orientação quando necessário, mas, com frequência, deixa que os pais da igreja falem por si mesmos, fazendo uma ótima ponte entre a atualidade e o pensamento antigo.

**Agostinho de Hipona,** *Confissões* **(Petrópolis, RJ: Vozes, 2015)**. Essa obra conta a história do relacionamento de amor de um homem com Deus. Antes de tudo, Agostinho é um amante. Ele se lança de cabeça em suas paixões, sua vida acadêmica, sua reputação, sua promiscuidade e, então, por fim e para sempre, ele sonda as profundezas do Deus que o cativou com alegria.

**G. K. Chesterton,** *Ortodoxia* **(São Paulo: Mundo Cristão, 2008)**. Esse é o melhor ponto de ingresso na obra de Chesterton, especialmente para quem tem maior interesse em seu papel como apologista da fé cristã. *Ortodoxia* se parece, por vezes, com uma mistura entre buscar por pepitas de ouro em uma selva densa e andar em uma montanha-russa. Curta a experiência e guarde o tesouro.

**Atanásio,** *A encarnação do Verbo*, **Patrística, vol. 18 (São Paulo: Paulus, 2014)**. Um clássico de Atanásio, valente defensor da Trindade durante as controvérsias arianas no quarto século. A leitura vale a pena.

# A Definição Calcedônia

Seguindo, então, os santos Pais, todos nós, unanimemente, ensinamos que se deve confessar um só e mesmo Filho, nosso Senhor Jesus Cristo, perfeito quanto a sua divindade e perfeito quanto a sua humanidade, verdadeiro Deus e verdadeiro homem, constando de alma racional e de corpo; consubstancial ao Pai no tocante a sua divindade, e consubstancial a nós no tocante a sua humanidade; semelhante em tudo a nós, exceto no pecado; gerado pelo Pai antes dos séculos segundo a divindade, e, nestes últimos tempos, por nós e por nossa salvação, gerado da virgem Maria, mãe Deus, segundo a humanidade: um e o mesmo Cristo, Filho, Senhor, Unigênito, que deve ser reconhecido em duas naturezas, sem confusão, sem mudança, sem divisão, sem separação; não tendo diminuído a distinção das naturezas em virtude da união, mas, sim, tendo sido preservadas as propriedades de cada uma das naturezas, que concorrem para formar uma só Pessoa e uma só Subsistência, não sendo ele dividido ou separado em duas pessoas, mas um só e o mesmo Filho e Unigênito, Deus o Verbo, o Senhor Jesus Cristo, como declararam os profetas desde o início e, mais tarde, como o mesmo Senhor Jesus Cristo ensinou, e o Credo dos santos Pais nos transmitiu.[1]

# Uma Confissão Católica Reformadora

*Uma declaração de fé "protestante pura e simples" para celebrar os 500 anos da Reforma*

A CONFISSÃO DE FÉ CATÓLICA REFORMADORA
*O que nós, protestantes de diversas igrejas e tradições teológicas, afirmamos conjuntamente*

## "CREMOS..."

### Deus Triúno

Que há um só Deus, infinitamente grandioso e bom, o Criador e Sustentador de todas as coisas visíveis e invisíveis, a única fonte de luz e vida, que tem vida em si mesmo e vive eternamente em luz gloriosa e amor soberano em três pessoas — Pai, Filho e Espírito Santo (Mt 28.19; 2Co 13.13) — coiguais em natureza, majestade e glória. Tudo o que Deus faz ao criar, sustentar, julgar e redimir o mundo reflete quem Deus é, aquele cujas perfeições, que incluem amor, santidade, conhecimento, sabedoria, poder e justiça, têm sido reveladas na história da salvação. Deus intentou livremente, desde antes da fundação do mundo, eleger e formar um povo para si, para ser sua propriedade especial (Dt 7.6), para o louvor de sua glória (Ef 1.3-14).

## As Sagradas Escrituras

Que Deus falou e continua a falar nas Escrituras e por meio delas, a única regra e autoridade infalível e suficientemente clara para a fé, para o pensamento e para a vida cristãos (*sola scriptura*). As Escrituras são a Palavra inspirada e iluminadora de Deus nas palavras de seus servos (Sl 119.105), os profetas e apóstolos, uma comunicação própria graciosa da luz e vida de Deus, um meio de graça para o crescimento em conhecimento e santidade. Deve-se crer em tudo o que a Bíblia ensina, obedecer a todos os seus mandamentos, confiar em todas as suas promessas e respeitar tudo o que ela revela (2Tm 3.16).

## Seres humanos

Que Deus comunica sua bondade a todas as criaturas, mas em especial aos seres humanos, a quem ele criou segundo sua própria imagem, tanto homens quanto mulheres (Gn 1.26-27), de modo que todos os homens, mulheres e crianças foram presenteados graciosamente com dignidade inerente (direitos) e vocação como criaturas dele (responsabilidades).

## A condição caída

Que a bondade original da criação e do ser humano foi corrompida pelo pecado, a saber, a escolha autodestrutiva dos primeiros seres humanos de negar o Criador e a ordem criada ao optar por seu próprio caminho, violando a lei de Deus que rege a vida (Rm 3.23). Por meio da desobediência ao legislador, Adão e Eva trouxeram caos em lugar de ordem (Rm 8.20-21), condenação em lugar de aprovação divina e morte em lugar de vida para si mesmos e para seus descendentes (Sl 51.5; Rm 5.12-20).

## Jesus Cristo

Que Jesus Cristo é o Filho eterno de Deus que se tornou humano por nós e por nossa salvação (Jo 3.17), o único Mediador (*solus Christus*) entre Deus e a humanidade (1Tm 2.5), nascido da virgem Maria, o Filho de Davi, e servo da casa de Israel (Rm 1.3; 15.8), uma pessoa com duas naturezas, verdadeiro Deus e verdadeiro homem. Ele teve uma vida plenamente humana, tendo entrado na desordem e desolação da existência caída, ainda que sem pecado, e em suas palavras, ações, atitudes e sofrimento encarnou a livre e amorosa comunicação da própria luz (verdade) e da vida (salvação) de Deus.

## A obra expiatória de Cristo

Que Deus, rico em misericórdia para com os que não merecem, fez provisão graciosa para as transgressões, a corrupção e a culpa humanas de modo provisório e tipológico por meio do templo de Israel e das ofertas pelo pecado; depois, de modo definitivo e glorioso, na dádiva da morte sacrificial suficiente e perfeita e de uma vez por todas de Jesus na cruz (Rm 6.10; 1Pe 3.18) no templo de sua carne humana (Hb 10.11-12). Por meio de sua morte em nosso favor, ele revelou o amor de Deus e preservou a justiça divina ao remover nossa culpa, subjugar os poderes que nos mantinham cativos e nos reconciliar com Deus (Is 53.4-6; 2Co 5.21; Cl 2.14-15). É inteiramente pela graça (*sola gratia*), e não por meio de nossas obras ou méritos, que fomos perdoados; é exclusivamente pelo sangue derramado de Jesus, e não por nosso suor e lágrimas, que temos sido purificados.

## O evangelho

Que o evangelho consiste nas boas-novas de que o Deus Triúno derramou sua graça na vida, na morte, na ressurreição e na ascensão de seu Filho, o Senhor Jesus Cristo, para que por meio de sua obra pudéssemos ter paz com Deus (Rm 5.1). Jesus viveu em perfeita obediência, mas, mesmo assim, sofreu tudo o que os pecadores mereciam para que eles não precisassem buscar justiça própria, dependentes de suas próprias obras; antes, por meio da confiança nele como cumprimento das promessas divinas, pudessem ser justificados pela fé somente (*sola fide*) de modo a se tornar coerdeiros com ele. Cristo morreu no lugar de pecadores, absorvendo o salário do pecado (Rm 6.23), de modo que aqueles que confiam nele também morram com ele para o poder, para o castigo e (por fim) para a prática do pecado. Cristo ressuscitou como o primogênito de uma criação renovada e restaurada, de modo que aqueles que o Espírito une a ele pela fé são ressuscitados e feitos nova humanidade nele (Ef 2.15). Renovados e conformados à imagem de Deus, eles são, portanto, capacitados a viver plenamente a vida dele. Unidos com Cristo e vivificados nele, o único fundamento da salvação, os pecadores são reconciliados com Deus — justificados, adotados, santificados e, por fim, filhos da promessa glorificados.

## A pessoas e a obra do Espírito Santo

Que o Espírito Santo é a terceira pessoa da Trindade, a presença invisível porém ativa de Deus no mundo, que une os cristãos a Cristo, regenera-os e torna-os novas criaturas (Tt 3.5) com o coração voltado para a luz e para a vida do reino de Deus e para a paz e a justiça sobre a terra. O Espírito habita naqueles a quem vivifica com Cristo, por meio da fé os torna parte do corpo de Cristo e os conforma à imagem dele para que possam glorificá-lo à medida que crescem em conhecimento, sabedoria e amor a fim de se tornarem um povo com santidade madura, chegando à completa medida da estatura de Cristo (Ef 4.13). O Espírito é a luz da verdade e o fogo do amor que continua a santificar o povo de Deus, impelindo-o ao arrependimento e à fé, diversificando seus dons, dirigindo seu testemunho e conferindo poder a seu discipulado.

## A igreja

Que a igreja, una, santa, católica e apostólica é a nova sociedade divina, as primícias da nova criação, a reunião completa dos redimidos em todos os séculos, dos quais Cristo é Senhor e cabeça. A verdade de que Jesus, o Cristo, o Filho do Deus vivo, é o firme fundamento da igreja (Mt 16.16-18; 1Co 3.11). A igreja local é tanto embaixada quanto parábola do reino do céu, local terreno em que sua vontade é realizada e em que ele está agora presente; ela existe de modo visível em todo lugar em que dois ou três se reúnem em seu nome para proclamar e propagar o evangelho em palavras e obras de amor, e por meio da obediência às ordens do Senhor de batizar discípulos (Mt 28.19) e celebrar a Ceia do Senhor (Lc 22.19).

## Batismo e Ceia do Senhor

Que essas duas ordenanças, batismo e Ceia do Senhor, que alguns entre nós chamam "sacramentos", estão ligadas à Palavra pelo Espírito como palavras visíveis que proclamam a promessa do evangelho e, portanto, se tornam locais em que os recebedores encontram a Palavra novamente. Batismo e Ceia do Senhor comunicam vida em Cristo aos fiéis e os confirmam em sua certeza de que Cristo, a dádiva de Deus para o povo de Deus, é, verdadeiramente "por nós e por nossa salvação" e os alimenta em sua fé. Batismo e Ceia do Senhor são focos físicos de elementos importantes da Reforma: as dádivas de Deus (*sola gratia*) e a fé que se apropria de sua promessa (*sola fide*). São expressões palpáveis do evangelho na medida em que retratam de modo vívido nossa morte, ressurreição e inclusão no corpo de Jesus ("mesmo pão [...] um só corpo", 1Co 10.16-17), fielmente apresentando Cristo e a reconciliação que ele alcançou na cruz. Batismo e Ceia do Senhor fortalecem os fiéis ao recordar, proclamar e selar visivelmente a promessa graciosa de perdão dos pecados e comunhão com Deus e de uns com os outros por meio do sangue de Cristo que traz a paz (1Co 11.26; Cl 1.20).

## Vida santa

Que, por meio da participação no batismo e na Ceia do Senhor, bem como pela oração, pelo ministério da Palavra e por outras formas de culto em comunidade, crescemos em nossa nova realidade como povo de Deus, uma nação santa (1Pe 2.9-10), chamados para nos revestirmos de Cristo pelo seu Espírito que habita em nós. É pelo poder vivificador do Espírito que imitamos Cristo em nosso viver como seus discípulos, individual e conjuntamente, um sacerdócio real que proclama suas obras excelentes e oferece nosso corpo como sacrifício espiritual em adoração correta a Deus e em serviço sacrificial ao mundo por meio de obras de amor, compaixão pelos pobres e justiça aos oprimidos, e assim, sempre, em todo lugar e a todos dando testemunho sábio do caminho, da verdade e da vida de Jesus Cristo.

## Últimas coisas

Que no tempo e da forma determinados por Deus, o Cristo que ressuscitou e ascendeu fisicamente voltará de modo visível para consumar o propósito de Deus para todo o universo por meio da vitória sobre a morte e o diabo (1Co 15.26). Ele julgará o mundo e entregará todo aquele que persiste na descrença a um destino eterno longe dele, onde a vida e a luz dele não estão presentes. Contudo, ele preparará seu povo como uma noiva para o banquete de casamento do Cordeiro (Ap 19.7-9); dará descanso a corações inquietos e vida a corpos glorificados (1Co 15.42-44; Fp 3.21) enquanto exultam em alegre comunhão com seu Senhor e se deleitam no novo céu e na nova terra (Ap 21.1-2). Ali eles reinarão com ele (2Tm 2.12; Ap 22.5) e o verão face a face (1Co 13.12; Ap 22.4), para sempre enlevados em maravilhamento, amor e louvor.

*Soli Deo Gloria!*

# Notas

**Prefácio**

[1] Oliver O'Donovan, *Begotten or Made? Human Procreation and Medical Technique* (Nova York: Oxford University Press, 1984).

[2] Dorothy Sayers, *Creed or Chaos? And Other Essays in Popular Theology* (Londres: Methuen, 1947), p. 84.

## 1. Nisto eu creio

[1] Tolkien fez o seguinte comentário em referência a uma possível continuação para *O Senhor dos Anéis*: "Uma vez que estamos lidando com seres humanos, é inevitável que nos preocupemos com a característica mais lamentável de sua natureza, a saber, a rapidez com que se saciam com o bem". A experiência daquilo que é bom, de "paz, justiça e prosperidade", pode levar os seres humanos a se tornar "descontentes e irrequietos". J. R. R. Tolkien; Humphrey Carpenter e Christopher Tolkien, orgs., *The Letters of J. R. R. Tolkien*, Carta 256, 13 de maio de 1964. [No Brasil, *As cartas de J. R. R. Tolkien*. Curitiba: Arte & Letra, 2006.]

[2] "Os seres humanos precisam se admirar a fim de adorar, louvar e agradecer a um Deus tão bom e tão grande. A sabedoria começa com o maravilhamento, disse Sócrates. A incapacidade de nos admirar é sinal de uma civilização agonizante." Robert Cardinal Sarah, *The Day Is Now Far Spent* (San Francisco: Ignatius Press, 2019), p. 127.

[3] Tara Isabella Burton, *Strange Rites: New Religions for a Godless World* (Nova York: PublicAffairs, 2020), p. 2-3.

[4] No Antigo Testamento, o evangelho pode ser resumido como a seguinte mensagem: "O Deus de Israel reina!" (Is 40.9; 52.7). Jesus

248 • A EMOÇÃO DA ORTODOXIA

proclama a mesma mensagem, cujo foco é o reino, tendo como cenário o Antigo Testamento (Mc 1.14-15), ao pregar o evangelho do reino (Mt 4.23; 24.14). O restante do Novo Testamento preenche o termo "evangelho" com conteúdo adicional: Deus está reinando por meio de Jesus. O Messias crucificado e ressurreto é o rei do mundo. Jesus é o Deus que reina. A mensagem *de* Jesus (o reino de Deus está próximo) incorpora a mensagem *sobre* Jesus (Jesus é rei) e seus atos de salvação (1Co 15.1-8; Rm 1.1-4; 2Tm 2.8; At 2; 3.12-16; 13.16-41; 17.22-31). Agostinho de Hipona disse: "O nome 'Evangelista' é conferido apropriadamente aos narradores do nascimento, das ações, das palavras e dos sofrimentos de nosso Senhor Jesus Cristo. O termo 'evangelho' significa 'boas-novas' e pode ser usado para qualquer boa notícia, mas é aplicado apropriadamente à narrativa do Salvador". Kevin Knight, org., "Contra Faustum, Book II", *New Advent*, <www.newadventorg/fathers/140602.htm>, acesso em 14 de março de 2022. Para um resumo mais detalhado do evangelho, que inclui o anúncio régio dentro do enredo das Escrituras, bem como o propósito do evangelho ao dar origem à igreja, veja Trevin Wax, *Gospel Centered Teaching: Showing Christ in All the Scripture* (Nashville: B&H Publishing, 2013), p. 35-41, 49-51.

[5]J. I. Packer definiu seu papel como professor da seguinte forma: "O que direi a meus alunos é, em essência: 'Vejam! Esta é a coisa mais grandiosa de todos os tempos! E nós, cristãos, a maioria de nós, ainda não compreendeu seu tamanho. Somos cristãos há anos, e ainda não a compreendemos plenamente'". Faço minhas essas palavras ao descrever o evangelho. Alister McGrath, *J. I. Packer: His Life and Thought* (Downers Grove, IL: InterVarsity Press, 2020), p. 2.

[6]Dorothy Sayers, *Letters to a Diminished Church: Passionate Arguments for the Relevance of Christian Doctrine* (Nashville: W Publishing Group, 2004), p. 1. [No Brasil, *Cartas a uma igreja acanhada: Argumentos cativantes para a relevância da doutrina cristã*. Rio de Janeiro: Thomas Nelson Brasil, 2022.]

[7]Cass Eliott, "Make Your Own Kind of Music", Barry Mann, Cynthia Well, *Mama Cass Elliott*, Dunkill, ABC Records 45-4214, 1968.

[8]E. M. Bartlet, "Victory in Jesus", Albert E. Brumley & Sons, 1939.

[9]Vincent of Lerins, *The Commonitory of Vincent of Lerins: A New Translation* (Baltimore, MD: Joseph Robinson, 1847), p. 140. [No Brasil, Vicente de Lérins, *Comonitório: Regras para conhecer a fé verdadeira*. Niterói, RJ: Permanência, 2009.]

[10]"Cristianismo clássico" é a descrição apresentada por Thomas Oden como "fé da comunidade cristã sobre a qual geralmente costumava haver concordância substancial entre as tradições do Oriente e do Ocidente, abrangendo católicos, protestantes e ortodoxos [...] o consenso mais profundo celebrado com gratidão como ensino recebido pelos cristãos de contextos culturais extremamente distintos uns dos outros, sejam eles africanos ou asiáticos, orientais ou ocidentais, do século 6 ou 16". Thomas Oden, *Classic Christianity: A Systematic Theology* (Nova York: HarperOne, 1992), p. xiii.

[11]Quanto ao conceito que se tornou o título do livro mais bem-sucedido de apologética de C. S. Lewis, ele escreveu: "Em comparação com as eras, 'cristianismo puro e simples' não é, no fim das contas, uma transparência interdenominacional, mas algo afirmativo, coerente consigo mesmo e inesgotável". Prefácio em Saint Athanasius, *On the Incarnation* (Yonkers, NY: St. Vladimir's Seminary Press, 2011), p. 14. [No Brasil, Atanásio, *A encarnação do Verbo*, Patrística, vol. 18. São Paulo: Paulus, 2014.] De modo semelhante, "É em seu centro, onde habitam seus filhos mais fiéis, que as comunidades se encontram verdadeiramente mais próximas uma das outras em espírito, se não em doutrina. E isso indica que no centro de cada uma há algo, ou Alguém, que, em oposição a todas as divergências de crença, a todas as diferenças de temperamento, a todas as recordações de perseguição mútua, fala com a mesma voz". C. S. Lewis, *Mere Christianity* (Nova York: HarperOne, 2001), p. xii. [No Brasil, *Cristianismo puro e simples*. Rio de Janeiro: Thomas Nelson Brasil, 2019.]

[12]Donald Fairbairn e Ryan M. Reeves, *The Story of Creeds and Confessions Tracing the Development of the Christian Faith* (Grand Rapids, MI: Baker Academic, 2019), p. 7-9.

250 • A EMOÇÃO DA ORTODOXIA

[13]Veja uma investigação de algumas das diferenças mais importantes em Robert Plummer, org., *Journeys of Faith: Evangelicalism, Eastern Orthodoxy, Catholicism, and Anglicanism* (Grand Rapids, MI: Zondervan, 2012); James J. Stamoolis, org., *Three Views on Evangelicalism and Eastern Orthodoxy* (Grand Rapids, MI: Zondervan Academic, 2004); e Gregg Allison, *Roman Catholic Theology and Practice: An Evangelical Assessment* (Wheaton, IL: Crossway, 2014) [no Brasil, *Teologia e prática da Igreja Católica Romana: Uma avaliação evangélica*. São Paulo: Vida Nova, 2018].

## 2. Levados pela correnteza

[1]John Webster, "Habits: Cultivating the Theologian's Soul", *Stimulus* 7, n°. 1 (fev. de 1999), p. 16.

[2]Brian J. Dodd, *Empowered Church Leadership: Ministry in the Spirit According to Paul* (Downers Grove, IL: InterVarsity Press, 2003), p. 62-64. [No Brasil, *Liderança de poder na igreja: O ministério no Espírito segundo Paulo*. Rio de Janeiro: CPAD, 2005.]

## 3. Redescobrindo a aventura

[1]John Bunyan, *The Pilgrims Progress from This World, to That Which Is to Come* (Londres: N. Ponder, 1678).

[2]Vicente de Lérins explicou a diferença entre "aquilo que você recebeu e não as ideias que você criou; uma questão não de engenhosidade, mas de doutrina; não de aquisição pessoal, mas de tradição pública; uma questão colocada para você e não apresentada por você, em que você não deve ser o autor, mas o guardião, não o fundador, mas o compartilhador, não o líder, mas o seguidor". Vincent of Lerins, *Commonitory* 22.27, in: Thomas C. Oden, *Life in the Spirit* (San Francisco: Harper, 1992), p. 486.

[3]Veja 1Coríntios 5.11; 2Coríntios 6.14; Gálatas 1.6-9; 2.4-5; Efésios 5.2-3; Colossenses 2.8; 1Tessalonicenses 4.3-5; 5.5-7; 1Timóteo 1.3-11, 18-19; 4.1; 6.3-5,20-21; 2Timóteo 1.13-14; 2.15-19,23-26; 3.7-8; 4.3-5; Tito 1.13-14,16; Hebreus 13.9; 2Pedro 2.1-3; 3.17-18; 1João 2.22; 4.1-3; 2João 1.7-10; Judas 1.3-4.

[4]Thomas F. Torrance resume da seguinte forma o conceito de igreja do pai apostólico Clemente de Alexandria: "Por um lado, a fé parece determinada e limitada, sob o controle da forma precisa que a verdade de Deus assumiu na encarnação de sua Palavra; por outro lado, contudo, a fé parece indeterminada e ilimitada, por meio de sua correlação com a realidade ilimitada e imensurável de Deus que transcende toda compreensão finita. Por um lado, portanto, a fé é caracterizada por uma certeza de convicção que extrai sua força da verdade que o próprio Deus nos impôs; por outro lado, contudo, a fé é caracterizada por um enfoque semântico aberto e cada vez mais amplo que responde ao mistério insondável e à natureza inexaurível de Deus". Thomas F. Torrance, *The Trinitarian Faith: The Evangelical Theology of the Ancient Catholic Church*, 2ª ed. (Londres: T&T Clark, 2016), p. 22.

[5]Michael Kelley, *Wednesdays Were Pretty Normal* (Nashville: Broadman and Holman, 2012), p. 49.

[6]Torrance, *The Trinitarian Faith*, p. 27.

[7]Bill Watterson, *The Complete Calvin and Hobbes* (Kansas City, MO: Andrews McMeel Publishing, 2005).

[8]John Behr, *Formation of Christian Theology* (Crestwood, NY: St. Vladimir's Seminary Press, 2005), Vol. 2: *The Nicene Faith*, p. 83-95.

[9]Michael J. Ovey, "The Art of Imperious Ignorance", *Themelios* 41, nº. 1 (abr. de 2016), <www.thegospelcoalition.org/themelios/article/the-art-of-imperious-ignorance/>.

[10]Ovey, "The Art of Imperious Ignorance".

[11]G. K. Chesterton, *Orthodoxy*, com anotações e guia de leitura de Trevin Wax (Nashville: B&H Academic, 2022), p. 39-40. [No Brasil, *Ortodoxia*, tradução de Almiro Pisetta. São Paulo: Mundo Cristão, 2008.]

[12]Agostinho advertiu acerca da ilusão de pensar que compreendemos plenamente os mistérios que proclamamos. "Pois, se foste capaz de compreender plenamente aquilo que disseste, não falaste de Deus. Se foste capaz de compreendê-lo, compreendeste alguma outra coisa e não Deus. Se foste capaz de compreendê-lo como imaginas,

ao imaginar tal coisa enganas a ti mesmo". Augustine, *Sermons on the New Testament Lessons 2*, NPNE 6 (Peabody, MA: Hendrickson, 1994), p. 263. Citado em Christopher A. Hall, *Learning Theology with the Church Fathers* (Downers Grove, IL: IVP Academic, 2002), p. 77.

[13] Inácio, em sua carta aos cristãos de Éfeso, escreveu: "Em vossa unanimidade e em vosso harmonioso amor Jesus Cristo é entoado. Agora, cada um de vós deve participar do coro a fim de que, estando em harmoniosa unanimidade, imiteis o tom de Deus para cantar em unidade, a uma só voz, por meio de Jesus Cristo para o Pai, a fim de que ele também possa vos ouvir e reconhecer por meio de vossas boas ações como membros de seu Filho". Rick Brannan, *The Apostolic Fathers: A New Translation* (Bellingham, WA: Lexham Press, 2017), p. 72.

[14] Veja John Dickson, *Bullies and Saints: An Honest Look at the Good and Evil of Christian History* (Grand Rapids, MI: Zondervan, 2021).

[15] Felizmente, temos a direção do Espírito ao entoar a melodia do evangelho. Basílio de Cesareia escreveu: "É impossível manter a vida de santidade sem o Espírito. Seria mais fácil um exército prosseguir com suas manobras sem um general, ou um coral escolher cantar de modo afinado sem um regente". *On the Holy Spirit*, in: Christopher A. Hall, *Learning Theology with the Church Fathers* (Downers Grove, IL: IVP Academic, 2002), p. 100.

[16] J. R. R. Tolkien, *The Lord of the Rings: 50th Anniversary Edition* (Nova York: Houghton Mifflin Co., 2004), p. 712.

[17] Planned Parenthood of Southeastern Pennsylvania, et al. v. Robert P. Casey, et al., 505 US 833 (1992), <www.law.cornell.edu/supremecourt/text/505/833>.

[18] C. S. Lewis, *The Abolition of Man* (Nova York: HarperOne, 2001), p. 77. [No Brasil, *A abolição do homem*. Rio de Janeiro: Thomas Nelson Brasil, 2017.]

## 4. Por que os detalhes são importantes

[1] Veja Romanos 10.16; 2Tessalonicenses 1.8; 1Pedro 4.17; 2João 1.9; 3João 1.3-4.

[2]Henry Wadsworth Longfellow, *Tales of a Wayside Inn* (Boston: Ticknor and Fields, 1864), p. 12.

[3]Veja 1Timóteo 1.10; 6.3; 2Timóteo 1.13; 4.3; Tito 1.9,13; 2.1,8.

[4]Assembly of Divines, *The Westminster Shorter Catechism* (Londres: 1648), pergunta 3.

[5]"Obediência da fé" é uma expressão que Paulo usa no início e no final de sua carta mais famosa. Veja Romanos 1.5; 16.26 (A21).

[6]D. A. Carson, "On Disputable Matters", *Themelios* 40, nº. 3 (dez. de 2015), <www.thegospelcoalition.org/themelios/article/on-disputable-matters/>.

[7]Dois livros explicam bem essas distinções de importância doutrinária: Gavin Ortlund, *Finding the Right Hills to Die On: The Case for Theological Triage* (Wheaton, IL: Crossway, 2020); e Rhyne Putman, *When Theology Divides the People of God: An Evangelical Approach to Theological Diversity* (Wheaton, IL: Crossway, 2020).

[8]Gregório de Nazianzo adverte a respeito daqueles que se tornam "como os promotores de lutas nos teatros, e nem mesmo o tipo de luta realizada de acordo com as regras do esporte e que leva à vitória de um dos antagonistas, mas o tipo que é encenado a fim de dar aos espectadores desprovidos de senso crítico impressões visuais e levá-los a aplaudir. Em cada quadra da cidade se ouve o burburinho de suas discussões, todos os encontros se tornam maçantes com seu contrassenso enfadonho". St. Gregory of Nazianzus, *On God and Christ: The Five Theological Orations and Two Letters to Cledonius* (Crestwood, NY: St. Vladimir's Seminary Press, 2002), p. 25-26.

[9]Søren Kierkegaard, *Provocations: The Spiritual Writings of Kierkegaard*, Charles E. Moore, org. (Farmington, PA: The Bruderhof Foundation, 2002), p. 201.

[10]A teóloga Katherine Sonderegger escreve: "O Eu Sou, o Único, revela seu grande Mistério, a Vida além de todo o pensamento, em sua designação própria e na presença de Moisés: o Abrasador que não pode ser contido. [...] Esse Nome é a grande explosão exatamente no centro das Escrituras. Eis aqui a erupção abrasadora do

254 • A EMOÇÃO DA ORTODOXIA

Sujeito Divino que profere seu próprio Nome inefável. [...] Quando Jesus pronuncia seu nome, Eu Sou, na noite de seu julgamento, na escuridão do Getsêmani, os soldados caem como que mortos; a explosão no cerne das Escrituras foi declarada junto a seus ouvidos". Katherine Sonderegger, *Systematic Theology: Volume 1, The Doctrine of God* (Minneapolis, MN: Fortress Press, 2015), p. 88, 221-222.

[11]Peter Kreeft, *Christianity for Modern Pagans: Pascal's Pensées Edited, Outlined, and Explained* (San Francisco: Ignatius Press, 1993), p. 31.

[12]Stephen C. Meyer, *Return of the God Hypothesis: Three Scientific Discoveries that Reveal the Mind Behind the Universe* (Nova York: HarperOne, 2021).

[13]Alan Jacobs, *Original Sin: A Cultural History* (Nova York: Harper One, 2008), p. 76. G. K. Chesterton escreveu: "O cristianismo prega uma ideia obviamente pouco atraente, o pecado original; quando aguardamos seus resultados, porém, eles são compaixão e fraternidade, e um trovão de riso e piedade; pois somente com o pecado original podemos, ao mesmo tempo, ter pena do mendigo e desconfiar do rei". G. K. Chesterton, *Orthodoxy*, com anotações e guia de estudo de Trevin Wax (Nashville: B&H Academic, 2022), p. 227. [No Brasil, *Ortodoxia*, tradução de Almiro Pisetta. São Paulo: Mundo Cristão, 2008.]

[14]Kreeft, *Christianity for Modern Pagans*, p. 279.

[15]Dorothy Sayers, *Letters to a Diminished Church: Passionate Arguments for the Relevance of Christian Doctrine* (Nashville: W Publishing Group, 2004), p. 14. [No Brasil, *Cartas a uma igreja acanhada: Argumentos cativantes para a relevância da doutrina cristã*. Rio de Janeiro: Thomas Nelson Brasil, 2022.]

[16]Sayers, *Letters to a Diminished Church*, p. 20.

[17]G. K. Chesterton, *Saint Thomas Aquinas* (Nova York: Doubleday, 1956), p. 116. [No Brasil, *Santo Tomás de Aquino: Biografia*. São Paulo, LTr, 2003.]

### 5. A estreiteza da heresia
[1]Veja Gênesis 2.24; Efésios 5.31.

[2]Veja um panorama de ensino cristão bíblico e histórico sobre casamento em S. Donald Fortson e Rollin G. Grams, *Unchanging Witness: The Consistent Christian Teaching on Homosexuality in Scripture and Tradition* (Nashville: B&H Academic, 2016). Veja também a declaração: Evangelicals and Catholics Together, "The Two Shall Become One Flesh", *First Things* (mar. de 2015), <www.firstthings.com/article/2015/03/the-two-shall-become-one-flesh>.

[3]Kevin Vanhoozer, *Faith Speaking Understanding: Performing the Drama of Doctrine* (Louisville, KY: Westminster John Knox, 2014), p. 111. [No Brasil, *Encenando o drama da doutrina: Teologia a serviço da igreja*. São Paulo: Vida Nova, 2016.]

[4]Philip Schaff, org., *The Creeds of Christendom, with a History and Critical Notes*, 6ª ed., revisão de David Schaff (Grand Rapids, MI: Baker, 1998), 3 vols, p. 62-63.

[5]Paul Gavrilyuk, *Suffering of the Impassible God: the Dialectics of Patristic Thought* (Nova York: Oxford University Press, 2004), p. 81. Há mais sobre esse assunto em "The Second Discourse of Great Seath", Marvin Meyer, org., in: *The Nag Hammadi Scriptures* (Nova York: HarperOne, 2007), p. 473-86. Ireneu de Lião combateu essa crença ao confrontar os erros de Saturnino e Basílides; este último afirmava que Simão de Cirene "por ignorância e equívoco" foi confundido com Jesus e crucificado em seu lugar, enquanto Jesus assumiu a forma de Simão, observou o que se passava e "os ridicularizou". *St. Irenaeus: Against the Heresies*, volume I, livro I, tradução e anotações de Dominic J. Unger (Nova York: The Newman Press, 1992), p. 86. [No Brasil, *Contra as heresias*. Patrística. São Paulo: Paulus, 1995.] Esse também é o posicionamento apresentado no Alcorão (4.157): "Eles também foram excluídos por dizerem: 'Matamos o Messias, Jesus filho de Maria, mensageiro de Deus'. Na realidade não o mataram nem o crucificaram, mas lhes pareceu que o fizeram". De acordo com *The Study Quran*, esse versículo "é amplamente compreendido na tradição islâmica com o sentido de que Jesus não foi crucificado nem morto; apenas *pareceu-lhes* que ele o foi, isto é, pareceu aos judeus, bem como

256 • A EMOÇÃO DA ORTODOXIA

à maioria dos seguidores de Jesus. São apresentados diversos relatos para explicar como isso *lhes pareceu*. De acordo com alguns comentaristas, quando as autoridades judaicas vieram prender Jesus, ele estava no meio de um grupo de seguidores. As autoridades não sabiam qual deles era Jesus, pois uma dissimulação divina os fez parecer todos iguais e, portanto, um dos seguidores de Jesus foi levado e morto em seu lugar. Alguns relatos mostram que um dos seguidores de Jesus se voluntariou a fim de se sacrificar ao assumir a aparência de Jesus". Seyyed Hossein Nasr, org., *The Study Quran: A New Translation and Commentary* (Nova York: HarperOne, 2015), p. 262.

[6]Ignatius, "Letter to the Trallians", in: *The Apostolic Fathers: A New Translation*, tradução de Rick Brannan (Bellingham, WA: Lexham Press, 2017), p. 95.

[7]Ignatius, "Letter to the Smyrnaeans", in: *The Apostolic Fathers: A New Translation*, tradução de Rick Brannan (Bellingham, WA: Lexham Press, 2017), p. 111.

[8]Veja um breve panorama da vida e do legado de Atanásio em Justo González, "Athanasius of Alexandria", in: *The Story of Christianity* (Peabody, MA: Prince Press, 2007), p. 173-180. [No Brasil, *História ilustrada do cristianismo*, 2º ed., 2 vols. São Paulo: Vida Nova, 2011.]

[9]Blaise Pascal, *Pensées* (Londres: Penguin Classics UK, 2003), nº 733.

[10]G. K. Chesterton, *Orthodoxy*, com anotações e guia de leitura de Trevin Wax (Nashville: B&H Academic, 2022), p. 144. [No Brasil, *Ortodoxia*, tradução de Almiro Pisetta. São Paulo: Mundo Cristão, 2008.]

[11]Devo essa terminologia a Matthew Lee Anderson, a quem cito no seguinte artigo: "Is Marriage an 'Architectural Doctrine' of the Christian Faith?", The Gospel Coalition (29 de fev. de 2016), <www.the gospelcoalition.org/blogs/trevin-wax/is-marriage-an-architectural-doctrine-of-the-christian-faith>. Veja também Matthew Lee Anderson, "Marriage as Moral Orthodoxy", *Mere Orthodoxy* (3 de nov. de 2021), <https://mereorthodoxy.com/marriage-as-moral-orthodoxy/>.

[12]Essa é a repetição de um erro com o qual Atanásio deparou mais de mil anos atrás quando, em resposta a pessoas que desejavam falar de

Deus principalmente de modo filosófico, ele disse: "É mais piedoso e mais preciso mostrar Deus a partir do Filho e chamá-lo Pai do que designá-lo somente a partir de suas obras e chamá-lo 'Não Originado'", *Apologia contra os arianos*, 1.34.

[13] Michael J. McClymond, *The Devil's Redemption: A New History and Interpretation of Christian Universalism* (Grand Rapids, MI: Baker Academic, 2018), p. 1004.

## 6. A verdade enfrenta o mundo

[1] Veja Mateus 5.13; Marcos 9.50; Lucas 14.34-35.

[2] A expressão "interação missionária" foi popularizada pelo teólogo missionário Lesslie Newbigin. Um resumo pode ser encontrado em Michael Goheen, "A Missionary Encounter with the West: A Guide to Lesslie Newbigin", *Mere Orthodoxy* (2 de nov. de 2021), <https://mereorthodoxy.com/lesslie-newbigin/>.

[3] Veja Mateus 5.10-12; 10.16-18; Marcos 10.29-30; João 15.19-20; 16.33; Apocalipse 2.10-11.

[4] David L. Eastman, *Early North African Christianity: Turning Points in the Development of the Church* (Grand Rapids: Baker Academic, 2021), p. 19-35. [No Brasil, *Cristianismo primitivo no norte da África: Como teólogos africanos moldaram a teologia cristã*. Rio de Janeiro: Pro Nobis, 2022.] Stefana Dan Laing, *Retrieving History: Memory and Identity Formation in the Early Church* (Grand Rapids, MI: Baker Academic, 2017), p. 91-94.

[5] Yuval Noah Harari, *Sapiens: A Brief History of Humankind* (Nova York: Harper, 2015), p. 28, 108. [No Brasil, *Sapiens: Uma breve história da humanidade*. Porto Alegre: L&PM, 2018.]

[6] Kyle Harper, *From Shame to Sin: The Christian Transformation of Sexual Morality in Late Antiquity* (Cambridge, MA: Harvard University Press, 2016), p. 87.

[7] Steven D. Smith, *Pagans and Christians in the City: Culture Wars from the Tiber to the Potomac* (Grand Rapids, MI: Eerdmans, 2018), p. 122.

[8] Veja Lucas 6.24-26; 8.14; 11.39-40; 12.20-21,31-34; 14.33; 16.13-15, 19-31; 18.22,24.

[9]Donald Fairbairn, *The Global Church: The First Eight Centuries, From Pentecost through the Rise of Islam* (Grand Rapids, MI: Zondervan Academic, 2021), p. 205-224.

[10]Para mais antecedentes e uma análise da discussão nestoriana e do concílio de Éfeso, veja Stephen W. Need, *Truly Divine and Truly Human: The Story of Christ and the Seven Ecumenical Councils* (Londres: SPCK, 2008), p. 81-92.

[11]Aleksey Stepanovic Chomjakoy, citado in: Jaroslav Pelikan, *Credo: Historical and Theological Guide to Creeds and Confessions of Faith in the Christian Tradition* (New Haven, CT: Yale University Press, 2003), p. 345-346.

## 7. Prêmio eterno, batalha épica

[1]"Há dois caminhos, um de vida e um de morte, e há uma grande diferença entre os dois caminhos", in: "The Didache (The Teaching of the Twelve Apostles)", *The Apostolic Fathers: A New Translation*, trad. Rick Brannan (Bellingham, WA: Lexham Press, 2017), p. 131.

[2]Veja 1Corintios 5.11; 2Corintios 6.14; Gálatas 1.6-9; 2.4-5; Efésios 5.2-3; Colossenses 2.8; 1Tessalonicenses 4.3-5; 5.5-7; 1Timóteo 1.3-11, 18-19; 4.1; 6.3-5,20-21; 2Timóteo 1.13-14; 2.15-19,23-26; 3.7-8; 4.3-5; Tito 1.3-14, 16; Hebreus 13.9; 2Pedro 2.1-3; 3.17-18; 1João 2.22; 4.1-3; 2João 1.7-10; Judas 1.3-4.

[3]Veja Salmos 5; 6; 11; 12; 35; 37; 40; 52; 54; 56—59; 69; 79; 83; 94; 109; 137; 139; 143.

[4]Kevin Vanhoozer, *Pictures at a Theological Exhibition: Scenes of a Church's Worship, Witness, and Wisdom* (Downers Grove, IL: IVP Academic, 2016), p. 63. [No Brasil, *Quadros de uma exposição teológica: Cenas de adoração, testemunho e sabedoria da Igreja*. Brasília, DF: Monergismo, 2017.]

[5]Karl Barth et al., "Declaração teológica do presente estado da igreja evangélica alemã", ou Declaração de Barmen, Sínodo de Barmen (31 de mai. de 1934).

[6]Alan Jacobs, *Breaking Bread with the Dead: A Reader's Guide to a More Tranquil Mind* (Nova York: Penguin, 2020), p. 11-26.

NOTAS • 259

[7]Tim Keller, "The Fading of Forgiveness: Tracing the Disappearance of the Thing We Need Most", *Comment* (16 de set. de 2021), <https://comment.org/the-fading-of-forgiveness/>.

[8]Tara Isabella Burton, *Strange Rites: New Religions for a Godless World* (Nova York: PublicAffairs, 2020), p. 178.

[9]"A santidade não deve permanecer escondida nas câmaras de corações piedosos; antes, deve ser demonstrada no âmbito público do lar, da escola, da cultura e da política." Vincent Bacote, *The Political Disciple: A Theology of Public Life* (Grand Rapids, MI: Zondervan, 2015), p. 70. Veja também comentários sobre retidão pública em Carl F. Ellis Jr, *Free at Last? The Gospel in the African-American Experience*, 2ª ed. (Downers Grove, IL: InterVarsity Press, 1996), p. 190-191.

[10]A esse respeito, veja Saint Basil the Great, *On Social Justice* (Crestwood, NY: St. Vladimir's Seminary Press, 2009); Timothy J. Keller, *Generous Justice: How God's Grace Makes Us Just* (Nova York: Penguin, 2012) [no Brasil, *Justiça generosa: A graça de Deus e a justiça social*. São Paulo: Vida Nova, 2013]; e John Stott, *Issues Facing Christians Today*, 4ª ed. (Grand Rapids, MI: Zondervan, 2006) [no Brasil, *O cristão em uma sociedade não cristã: Como posicionar-se biblicamente diante dos desafios contemporâneos*. Rio de Janeiro: Thomas Nelson Brasil, 2019].

[11]John Chrysostom, *Baptismal Instructions*, tradução e anotações de Paul W. Harkins (Londres: Longmans, Green and Co, 1963), p. 23.

[12]Para mais sobre o apóstolo Paulo e a perspectiva cristã primitiva do universo como âmbito repleto de drama espiritual, "cheio de seres espirituais sobrenaturais, anjos e demônios capazes de percorrer o mundo físico", veja Esther Acolatse, *Powers, Principalities, and the Spirit: Biblical Realism in Africa and the West* (Grand Rapids, MI: Eerdmans, 2018).

[13]John Chrysostom, *Homilies on Acts* 15, NPNF 11, 97, tradução modificada por Christopher A. Hall, *Learning Theology with the Church Fathers* (Downers Grove, IL: IVP Academic, 2002), p. 203.

[14]Saint Cyprian, *The Lapsed*, tradução e anotações de Maurice Bénevot (Nova York: The Newman Press, 1957), p. 21-22.

260 • A EMOÇÃO DA ORTODOXIA

[15]Veja Mateus 6.19-21,24; 19.23-24; Marcos 4.19; Lucas 6.24; 12.15-21, 33-34; 16.13; 18.22-26.

[16]Paul Copan, "How Universalism, 'the Opiate of the Theologians', Went Mainstream", *Christianity Today* (11 de mar. de 2019), <www.christianitytoday.com/et/2019/march-web-only/michael-meclymond-devils-redemption-universalism.html>.

[17]Augustine, *Confessions*, tradução de Sarah Ruden (Nova York: Modern Library, 2017), p. 314.

[18]Alan Jacobs, *Original Sin: A Cultural History* (Nova York: HarperOne, 2008), p. 54.

[19]Thomas Oden, *The Justification Reader* (Grand Rapids, MI: Eerdmans, 2002), p. 46.

[20]Martinho Lutero chamou o pelagianismo de "arqui-heresia" que "sempre se interpôs e que se gruda à verdadeira pregação como barro em uma roda". Esther Chung-Kim et al., orgs., *Acts: New Testament, Reformation Commentary on Scripture* (Downers Grove, IL: IVP Academic, 2014), vol. 6, p. 204. [No Brasil, *Comentário Bíblico da Reforma: Atos*. São Paulo: Cultura Cristã, 2021.]

[21]Veja um breve resumo das perspectivas da "influência moral" e da "vida exemplar" em Michael F. Bird, *Evangelical Theology: A Biblical and Systematic Introduction*, 2ª ed. (Grand Rapids, MI: Zondervan Academic, 2020), p. 453-454.

[22]Zacharias Ursinus, *Heidelberg Catechism* (Blantyre, Malawi: Christian Literature Association in Malawi, 2003), n°. 1563.

## 8. Visão emocionante

[1]Veja Gálatas 5.7; 1Tessalonicenses 2.18; Hebreus 12.1.

[2]Uma amostra das homilias de Basílio de Cesareia sobre riqueza e pobreza pode ser encontrada em Saint Basil the Great, *On Social Justice* (Crestwood, NY: St. Vladimir's Seminary Press, 2009). Quase todos os sermões das *Homilias sobre Filipenses*, de João Crisóstomo tratam da questão de riqueza e pobreza. John Chrysostom, *Homilies on Philippians*, tradução com introdução e notas de Pauline Allen (Atlanta, GA: Society of Biblical Literature, 2013).

[3]C. S. Lewis, *The Great Divorce* (Nova York: Harper Collins, 2001), p. 114. [No Brasil, *O grande divórcio*. Rio de Janeiro: Thomas Nelson Brasil, 2020.]

[4]Veja um resumo da controvérsia donatista e do papel de Agostinho em "The Shepherd and the Donatists", in: Justo González, *The Mestizo Augustine: A Theologian Between Two Cultures* (Downers Grove, IL: IVP Academic, 2016), p. 99-125.

[5]John Webster, *Christ and Salvation: Expositions and Proclamations* (Bellingham, WA: Lexham Press, 2020), p. 41-42.

## 9. Coração pulsante

[1]Sinclair Ferguson, *The Whole Christ: Legalism, Antinomianism, and Gospel Assurance—Why the Marrow Controversy Still Matters* (Wheaton, IL: Crossway, 2016), p. 71-12. [No Brasil, *Somente Cristo: Legalismo, antinomianismo e a certeza do evangelho*. São Paulo: Vida Nova, 2019.]

[2]Jaroslav Pelikan, *The Vindication of Tradition* (New Haven, CT: Yale University Press, 1984), p. 65.

[3]Essa é uma breve descrição daquilo que costuma ser chamado "individualismo expressivo". Para uma análise acadêmica dessa cosmovisão, realizada por vários sociólogos e estudiosos, veja Robert Bellah; Richard Madsen; William Sullivan; Ann Swidler; Steven Tipton, *Habits of the Heart: Individualism and Commitment in American Life* (Berkeley, CA: University of California Press, 2017). Yuval Levin define "individualismo expressivo" da seguinte forma: "Essa expressão indica não apenas um desejo de trilhar o próprio caminho, mas também o anseio por realização pela definição e articulação da própria identidade. É um ímpeto para ser mais daquilo que você já é e também viver em sociedade ao evidenciar mais plenamente quem você é. A capacidade de indivíduos de definir os termos de sua própria existência ao definir sua identidade pessoal é, cada vez mais, equiparada a liberdade e ao significado de alguns de nossos direitos mais básicos e recebe lugar de honra em nosso entendimento de nós mesmos". Yuval Levin, *The Fractured Republic: Renewing America's Social*

*Contract in the Age of Individualism* (Neova York: Basic Books, 2017), p. 148. Definição semelhante é fornecida pelo filósofo Charles Taylor, que usa a expressão "a era da autenticidade". Podemos definir "autenticidade" de diferentes maneiras. Quando falamos de autenticidade como o oposto de hipocrisia, esforçar-se por ser autêntico se torna algo bom. No entanto, Taylor não usa autenticidade como sinônimo de integridade ou honestidade. Ele emprega o termo de uma forma que apresenta a autenticidade como oposto de conformidade. Esta é a definição de Taylor: "Refiro-me ao entendimento da vida que surge com o expressivismo romântico do final do século 18, segundo o qual cada um de nós tem sua própria maneira de concretizar nossa humanidade e que é importante encontrar e vivenciar essa maneira e não se render à conformidade com um modelo exterior imposto sobre nós pela sociedade, pela geração anterior ou por autoridades religiosas ou políticas". Charles Taylor, *A Secular Age* (Cambridge, MA: Harvard University Press, 2009), p. 475. [No Brasil, *Uma era secular*. São Leopoldo, RS: Usininos, 2010.] A chave aqui é o fato de o propósito da vida consistir em encontrar nossa identidade mais profunda e, então, expressá-la para o mundo e construir essa identidade de maneiras contrárias ao que família, amigos, afiliações políticas, gerações anteriores ou autoridades religiosas talvez digam. (Caso você esteja se perguntando que forma essa ideia assume na cultura pop, pense nos vários filmes da Disney cujo enredo consiste em alguém que encontra e constrói sua identidade própria, apesar daqueles que se opõem!) Descrevo o individualismo expressivo como a abordagem de "olhar para dentro" da vida. Veja Trevin Wax, *Rethink Your Self: The Power of Looking Up Before Looking In* (Nashville: Broadman and Holman, 2020).

[4] "O trabalho da teologia consiste na reapropriação constante, nuançada e piedosa do cerne da fé cristã e sua comunicação criteriosa e sensível ao mundo moderno em que vivemos." Christopher Hall, *Learning Theology with the Church Fathers* (Downers Grove, IL: InterVarsity Press, 2002), p. 27.

[5]S. J. Stone, "The Church's One Foundation is Jesus Christ Her Lord", hino (1886).

## 10. O futuro da ortodoxia

[1]C. S. Lewis, *God in the Dock: Essays on Theology and Ethics* (Grand Rapids, MI: Eerdmans, 1970), p. 141. [No Brasil, *Deus no banco dos réus*. Rio de Janeiro: Thomas Nelson Brasil, 2018.]

[2]Lewis, *God in the Dock*, p. 142-143.

[3]G. K. Chesterton, *Charles Dickens*, Complete Works 15:163.

[4]G. K. Chesterton, *Heretics and Orthodoxy: Legacy of Faith Series* (Nashville: Broadman and Holman, 2017), p. 197, 207.

[5]Thomas Oden, *A Change of Heart: A Personal and Theological Memoir* (Downers Grove, IL: IVP Academic, 2014), p. 80.

[6]Oden, *A Change of Heart*, p. 86.

[7]Oden, *A Change of Heart*, p. 136-137.

[8]Oden, *A Change of Heart*, p. 137-138.

[9]Oden, *A Change of Heart*, p. 140.

[10]Oden, *A Change of Heart*, p. 144.

[11]Augustine, *Confessions: A New Translation*, tradução de Peter Constantine (Nova York: Livcright Publishing Corporation, 2018), p. 134-135.

[12]Kevin Vanhoozer, *Faith Speaking Understanding: Performing the Drama of Doctrine* (Louisville, KY: Westminster John Knox, 2014), p. 201. [No Brasil, *Encenando o drama da doutrina: Teologia a serviço da igreja*. São Paulo: Vida Nova, 2016.]

[13]Peter Kreeft, *Christianity for Modern Pagans: Pascal's Pensées Edited, Outlined, and Explained* (San Francisco: Ignatius Press, 1993), p. 95.

## A Definição Calcedônia

[1]Philip Schaff, org., The *Creeds of Christendom, with a History and Critical Notes*, 6ª ed., revisão de David Schaff (Grand Rapids, MI: Baker, 1998), 3 vols., 2:62-63.

Compartilhe suas impressões de leitura,
mencionando o título da obra, pelo e-mail
**opiniao-do-leitor@mundocristao.com.br**
ou por nossas redes sociais

Esta obra foi composta com tipografia Palatino
e impressa em papel Pólen Natural 70 g/m² na gráfica Assahi